U0493112

# 法治视野下<br>中部贫困地区经济社会<br>发展竞争力比较研究

徐丽媛◎著

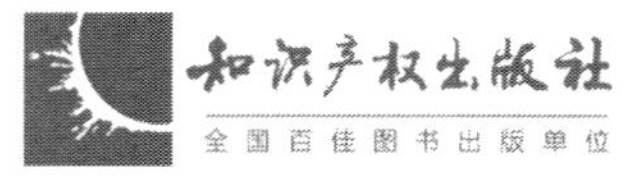

**图书在版编目（CIP）数据**

法治视野下中部贫困地区经济社会发展竞争力比较研究/徐丽媛著. —北京：知识产权出版社，2016. 11

ISBN 978-7-5130-4548-3

Ⅰ. ①法⋯　Ⅱ. ①徐⋯　Ⅲ. ①不发达地区—区域经济发展—研究—中国　Ⅳ. ①F127

中国版本图书馆 CIP 数据核字（2016）第 258764 号

**内容提要**

本书突破关于贫困地区经济社会发展研究重于发展模式、路径等传统分析的局限性，选择中部贫困地区经济社会发展竞争力比较作为研究焦点，构建中部贫困地区经济社会发展竞争力评价体系，并将其放在法治化的大背景下进行理论与实证分析，寻求中部贫困地区依法治贫与提升竞争力的和谐之道。

**责任编辑**：栾晓航　　**责任校对**：谷　洋
**装帧设计**：邵建文　　**责任出版**：卢运霞

**法治视野下中部贫困地区经济社会发展竞争力比较研究**
徐丽媛　著

---

**出版发行**：知识产权出版社有限责任公司　　**网　　址**：http://www. ipph. cn
**社　　址**：北京市海淀区西外太平庄 55 号　　**邮　　编**：100081
**责编电话**：010-82000860 转 8382　　**责编邮箱**：luanxiaohang@ cnipr. com
**发行电话**：010-82000860 转 8101/8102　　**发行传真**：010-82000893/82005070/82000270
**印　　刷**：北京中献拓方科技发展有限公司　　**经　　销**：各大网上书店、新华书店及相关专业书店
**开　　本**：720mm×1000mm　1/16　　**印　　张**：17. 25
**版　　次**：2016 年 11 月第 1 版　　**印　　次**：2016 年 11 月第 1 次印刷
**字　　数**：305 千字　　**定　　价**：68. 00 元
ISBN 978-7-5130-4548-3

---

# 序

# PREFACE

我国政府历来重视扶贫攻坚问题，2014年的《政府工作报告》指出，“要继续向贫困宣战，决不让贫困代代相传”，“创新扶贫开发方式。加快推进集中连片特殊困难地区区域发展与扶贫攻坚。国家加大对跨区域重大基础设施建设和经济协作的支持，加强生态保护和基本公共服务。地方要优化整合扶贫资源，实行精准扶贫，确保扶贫到村到户”。党的十八届五中全会进而提出全面建成小康社会新的目标：到2020年农村贫困县全部摘帽，解决区域性整体贫困。这些指导方针集中体现了党和国家带领全国人民战胜贫困、全面建成小康社会的坚强决心。本书选题呼应了上述要求，而其原型则是由我指导的南昌大学管理科学与工程专业徐丽媛博士的学位论文。

中国的中部贫困地区与中部革命老区存在高度的重合，90%以上的贫困地区都是革命老区，它们的脱贫致富不仅是重要的经济发展问题，也是重大的社会政治问题。徐丽媛博士通过实践调查、案例研究和理论概括，突破关于中部贫困地区经济社会发展研究重于发展模式、路径等传统分析的局限性，选择经济社会发展竞争力比较作为研究契入点，并将其放在法治化的大背景下进行分析，获取了大量的数据，提炼出一些比较重要的结论及有针对性的政策建议，体现了她认真治学的精神和较好的研究能力。

综观本书，我认为作者的主要建树如下：

第一，界定了中部贫困地区经济社会发展竞争力的内涵。作者认为，目前中部贫困地区经济社会发展竞争力正处于“要素推动阶段”，提出了中部贫困地区经济社会发展竞争力“以人为本”“效率与公平统一”“内生能力培育”以及“环境友好”四个方面的价值取向。作者还进一步分析了提升中部贫困地区经济社会发展竞争力与缓解贫困互相促进、互为因果的关系，指出中部贫困地区经济社会发展竞争力的最终目标是脱贫。

第二，构建了中部贫困地区经济社会发展竞争力评价指标体系。作者在大量文献考察和数据收集的基础上，结合贫困地区的特点，聚集中部六省政府相关岗位专业人士和高校相关领域专家的智慧，分解出“禀赋基础、市场活力、内生能力和制度保障”四个一级指标，“经济水平、资源环境、贫困程度、开放程度、竞争强度、投入能力、人力资本、科技创新、减贫潜力、公共服务、社会稳定和制度扶贫”12个二级指标，以及42个三级指标，构建了中部贫困地区经济社会发展竞争力评价指标体系，并对三级指标进行了客观赋权。

第三，对中部地区130个贫困县的经济社会发展竞争力进行了静态和动态的实证分析。作者采用两层评价法对中部贫困地区经济社会发展竞争力进行系统评价分析，首先在整体评级指标体系的基础上建立综合实力评价指标，运用因子分析法评价出中部六省130个贫困老区中20个竞争力评价代表县；然后，以2011—2013年的面板数据为基础，运用熵权TOPSIS法对这20个贫困县经济社会发展竞争力进行了动静态评价和分析。研究中得出了一些新的发现，如相比于综合实力，中部贫困地区经济社会发展竞争力在排名上有一些重大变化，这与理论上综合实力与综合竞争力关系的论述相符合；静态上，中部贫困地区经济社会发展竞争力相差不大且普遍不高；动态上，中部贫困地区经济社会发展竞争力排名三年内整体变动不大，但个别县有较大的调整；总体上，中部贫困地区经济社会发展竞争力处于较低的阶段。根据实证分析的主要结论，结合全文定性分析，从管理学和法学二元视角给出了一些提升中部贫困地区经济社会发展竞争力的针对性建议。

本书资料丰富翔实，立论有序有据，值得推荐阅读或检索参考。当然，本书也有值得进一步提高的地方，比如，中部贫困地区经济社会发展竞争力评价体系可从时空上进一步展开；贫困地区与非贫困地区经济社会发展竞争力比较的实证分析有待继续研究，提升中部贫困地区经济社会发展竞争力的法律对策还可深入探讨。我希望，徐丽媛博士在本书出版的基础上，抓住中部贫困地区经济社会发展竞争力比较研究这个重大的现实问题，再接再厉，取得更加丰硕的成果。

是为序。

南昌大学中国中部经济社会发展研究中心主任

研究员　博士生导师　郑克强

2016年7月22日

# 目录

# CONTENTS

# 第1章 绪　　论

## 1.1 研究背景及意义

### 1.1.1 研究背景

改革开放特别是进入新世纪以来，中部地区（包括江西、湖南、湖北、安徽、河南和山西六省）贫困地区（国家扶贫工作重点县）同全国一样，经济社会总体上有了较大发展，人们生活面貌发生了翻天覆地变化，贫困人口也在不断减少。然而，由于诸多原因，这些地区的经济社会至今发展不快，经济总量偏小，工业基础薄弱，基础设施建设较差，社会事业发展严重滞后，贫困问题依然突出，贫困地区数量占全国的四分之一以上，2013年，中部地区共有贫困人口2669万人，占全国贫困人口的32.36%，其中大多数贫困人口聚集在贫困地区，如中部130个贫困地区贫困人口共1323.03万余人，占中部六省贫困人口的49.57%。江西省21个贫困地区贫困人口共178.82万人，占江西总贫困人口的55%左右；湖南省20个贫困老区县市农村贫困人口共234万人，占湖南省贫困人口的37%，等等，这种状况与坚持科学发展观和构建社会主义和谐社会的要求，与全面建设小康社会的目标任务，都形成了强烈的反差与不协调。

党的十七大报告明确指出："加大对革命老区、民族地区、边疆地区、贫困地区发展扶持力度。"十八大报告进一步细化"采取对口支援等多种形式，加大对革命老区、民族地区、边疆地区、贫困地区扶持力度"，促进区域协调发展。2013年3月17日，第十二届全国人民代表大会第一次会议上，国家主席习近平多次谈到了"中国梦"，要实现"国家富强、民族振兴、人民幸福"，而彻底改变贫困地区长期贫困面貌，大幅提高贫困群众生活水平，实现共同富裕，正是实现中华民族伟大复兴中国梦的重要内容。李克强总理在《2014年政府工作报告》中指出，"要继续向贫困宣战，决不让贫困代代相传”“加快推进集中连片特殊困难地区区域发展与扶贫攻坚……实行精准扶贫，确保扶贫到村到户。”这些都集中体现了中央领导集体带领全国人民战胜贫困、全面建成小康社会的坚强决心。

如何实现中部贫困地区稳步脱贫和持续发展呢？本书认为培育中部贫困地区经济社会发展竞争力是关键。马克思说：“竞争是挡不住的洪流。”[1] 竞争有利于倒逼各地区改进发展模式，提高政府执政水平。为了自身的发展各区域都积极致力于培育、提升区域竞争力，即努力提高吸引、争夺、控制和转化资源的能力。中部贫困地区由于先天性发展不足，经济社会各方面发展落后，要想在激烈的市场竞争中实现生存和发展，必须挖掘自身的比较优势，填补现有不足，两者相结合增强自身的区域竞争力。十八大报告强调，到2020年实现全面建成小康社会宏伟目标。中部贫困地区要实现摆脱贫困全民奔小康的宏伟目标，关键是要提升经济社会发展竞争力，将自身置于全国、甚至全世界竞争洪流之中，看清优势与劣势，针对性地进行改进并增强自我发展能力。

从竞争力角度来研究区域经济社会发展，这是一个前沿问题。从竞争力角度来研究中部贫困地区经济社会发展，更是一个全新的领域。而将其放在法治视野下进行研究，符合依法治国的理念。当然，中部贫困地区经济社会发展竞争力比较研究要强调的不完全是排名次序，而是中部贫困地区在各方面发展的差异，帮助中部各贫困地区了解自身的强项与不足，从而制定发展战略，发挥优势，扬长避短。为此，本书立意于此，在阐述中部贫困地区经济社会发展竞争力内涵与价值取向的基础上，对中部贫困地区经济社会发展竞争力进行评价比较，以期全面了解中部地区贫困地区的社会经济发展状况，挖掘其各自具有优势的潜在能力，并深入剖析经济发展的影响因素，在基础上提出相应的政策建议。挖掘加快贫困地区经济社会发展的新思路、新办法、新措施，不仅有利于中部地区崛起战略目标的实现，而且有利于推动社会主义和谐社会的建设，也有利于中华民族伟大复兴中国梦的实现。

### 1.1.2 研究意义

1. 学术价值

本研究的学术价值主要表现在以下四方面：

（1）体现了科学发展观的本质内涵。科学发展观是中国特色社会主义理论体系的最新成果，是坚持以人为本，全面、协调、可持续的发展观，其数

---

[1] 马克思，恩格斯．马克思恩格斯全集［M］．第一卷．北京：人民出版社，1956：612.

量维（发展）、质量维（协调）、时间维（持续）三方面的特征，从根本上呈现了对发展的完满追求，创造性地回答了“实现什么样的发展、怎样发展”的问题。研究中部贫困地区经济社会发展竞争力问题，就是要通过定量和定性分析为其制定科学发展政策提供依据。

（2）通过县域法治丰富依法治贫理论。依法治国是我国宪法的重要原则之一。《中华人民共和国宪法》第五条第1款明确规定，中华人民共和国实行依法治国，建设社会主义法治国家。党的十八大报告将依法治国定位为治国理政的基本方式，并明确提出，要更加注重发挥法治在国家治理和社会管理中的重要作用。全面推进依法治国，不仅需要在国家层面加强实施，而且，各省、市、县作为地方也应积极投身于依法治国的伟大实践。特别是，作为承上启下的一级行政区域——县，县域推行法治更能进一步丰富依法治贫的理论。

（3）拓宽了区域竞争力理论的研究视角。现有区域竞争力研究主要集中于国家竞争力、省域竞争力、城市竞争力、产业竞争力等领域的研究，虽然也有对县域竞争力的研究，但都忽视了贫困地区竞争力问题，对中部贫困地区经济社会发展竞争力进行比较研究，填补了现有区域竞争力研究的空白。

（4）本研究一方面利用竞争力理论、区域经济发展理论、贫困地区追赶发达地区的后发优势理论、可持续发展理论和反贫困等理论，深度诠释中部贫困地区落后与欠发达的原因，并为其转型发展和脱贫致富提供理论思路。另一方面综合运用区域经济学、管理学、统计学的理论工具和方法，既有定性分析，也有定量分析，有利于不同学科研究思想和研究方法的交叉与融合。

2. 实践意义

地区经济发展实践者的关键主题就是，为区域创造竞争优势[1]。因此，区域竞争力是区域发展过程中重要的研究主题。研究中部贫困地区经济社会发展竞争力比较问题具有以下实践意义：

第一，是适应日益激烈的竞争的需要。一方面，经济发展呈现全球化和国际化，这使得经济活动超出国家、地区的界限，各种资源在全国，甚至全球范围内实现整合，这给中部贫困地区经济社会发展带来了巨大冲击和挑战。另一方面，由于国家资源的有限性，各贫困地区之间争夺国家各种财政和政策支持的竞争日益激烈。要在各种竞争中实现经济社会的持续发展，培育区域竞争力是中部贫困地区应对各种冲击与挑战的有效方式。

第二，是中部贫困地区可持续发展的需要。20世纪90年代以来，我国制

[1] Barclays. Competing with the world：World best Practice in Regional Economic Development［M］. London：Barclays Bank PLC，2002.

定了可持续发展的战略。如何将竞争力提升与可持续发展结合起来，是中部贫困地区实施可持续发展战略的必然要求。走可持续发展的道路，需要实现经济、社会、资源环境的协调发展。因此，培育中部贫困地区经济社会发展竞争力就是通过合理利用当地的劳动力资源、自然资源与环境资源，因地制宜，发挥竞争优势，寻求适合自己发展的产业，从而实现中部贫困地区脱贫致富，走向可持续的发展道路。

第三，是扶贫战略由救济式扶贫向开发式扶贫转变，挖掘贫困地区内在发展动力的要求。我国历来扶贫经验告诉我们，开发式扶贫是贫困脱贫致富的成功之路，而开发式扶贫的关键是以产业开发为支撑，形成优势产业、支柱产业和龙头产业，形成贫困地区自我发展的内生动力。因此，中部贫困地区竞争力的研究就是挖掘其自我发展的内生动力的过程，对其发展具有重要的指导意义。

第四，有助于为中部贫困地区发展提供理论指导和科学的决策参考。中部贫困地区经济社会发展竞争力研究的目的，就是通过对影响其经济社会发展竞争力的各种要素进行分析，并据此提出提升中部贫困地区竞争力的对策。竞争力研究的过程就是掌握竞争规律，加深竞争理论认识的过程。同时，通过对中部贫困地区竞争力的实证分析，掌握其现在的发展水平，识别影响其竞争力的各种要素，使各个中部贫困地区准确认识其自身发展的优势、劣势、机遇和挑战，从而使各县了解其竞争力强的因素和竞争力弱的因素，为中部贫困地区领导制定科学详细的提供依据和参考。

## 1.2　国内外研究现状述评

关于本选题相关问题的研究，国内外已有较多的前人研究成果，如在中国知网 1960 年 1 月至 2014 年 3 月上的搜索、整理统计后发现我国学者对此问题的研究如表 1-1 所示，这些研究表明对贫困地区、经济社会发展竞争力等综合普遍问题研究者较多，对于有针对性的中部贫困地区经济社会发展竞争力评价研究者较少，可见本选题可研究性较强，一定程度上能弥补此方面研究的空白。尽管现有研究数量有多有少，深度有深有浅，但对前人研究成果的总体回顾，可以为现在的研究提供借鉴，使研究更为深入细致，以期实现对前人的超越。为此，本书主要围绕有关本选题的两个核心问题，即贫困地区发展问题和贫困地区经济社会发展竞争力比较问题等，对前人的研究成果进行简要的归纳与评述。

表 1-1　中部贫困地区经济社会发展竞争力检索统计

（1960 年 1 月—2014 年 3 月）　　单位：篇

| 主题 | 总计 | 期刊论文 | 博硕士论文 | 报纸 |
|---|---|---|---|---|
| 贫困地区 | 20604 | 17208 | 1478 | 1918 |
| 中部贫困地区 | 122 | 54 | 41 | 27 |
| 区域竞争力 | 3351 | 1728 | 928 | 695 |
| 县域竞争力 | 445 | 231 | 74 | 140 |
| 贫困县竞争力 | 36 | 18 | 14 | 4 |

### 1.2.1　国外研究状况

在西方国家，欠发达地区或贫困地区发展问题一开始就成为发展经济学和区域经济学的重要研究对象，其研究成果较多。发展经济学自二战后出现以来，经历了三个阶段，在不同阶段，对经济较为落后的发展中国家经济怎样发展的思路有所不同，经济政策取向也有相应变化：

1. 20 世纪 40 年代至 60 年代，结构主义的发展思路和偏重计划的政策取向

结构主义主要理论有大推动、贫穷的恶性循环、平衡增长、低水平均衡陷阱和关键性最低努力、二元经济理论等，这些主流思想主要强调三点：工业化、资本积累和计划。结构主义理论强调实施工业化，即通过工业扩张使发展中国家从一个以农业占统治地位的二元经济转向以工业、服务业为主的结构❶。保罗 · N. 罗森斯坦—罗丹（1943），阿瑟 · 刘易斯（1955）以不同的世界观和分析方法，都认为：工业化是发展过程中的主要问题。劳尔 · 普雷维什和拉丁美洲经济委员会的成员提出了工业化的理由：他们强调原料生产国贸易条件的恶化是不可避免的，这是由于对初级产品比对工业品的需求收入弹性较低，市场力量也集中在工业化国家手中。❷ 对于如何进行工业化，结构主义重视资本积累，认为资本稀缺是制约发展中国家经济增长的主要因素，资本积累则是加速发展和实现工业化的关键。如美国经济学家罗斯托《经济增长阶段论》（1961）一书中就把增加投资至少达到总产值的 10% 当作“经济起飞”的一个重要特征❸。阿瑟 · 刘易斯在《经济增长理论》一书第五

❶ 张培刚 . 发展经济学教程［M］. 北京：经济科学出版社，2007：48-49.

❷ 杨敬年 . 西方发展经济学概论［M］. 天津：天津人民出版社，1988：60.

❸ 杨敬年 . 西方发展经济学概论［M］. 天津：天津人民出版社，1988：105.

章“资本”中也特别强调投资的重要性。[1] 由谁来推动工业化，结构主义认为应由国家担当规划和推动工业化的重任，而国家推动工业化的有力手段则是像五年计划那样的综合性总体计划，以规划国民经济的发展速度和各部门的投资比例。

2. 20世纪60年代至70年代，新古典主义的发展思路与偏重市场的政向

在发展中国家，结构主义并没有取得预期的经济成效，新古典主义思想开始盛行。内容上，新古典主义发展思想更多关注农民行为，如西奥多·舒尔茨（1964）认为，在发达国家和发展中国家，人的行为特征并无二致，穷人的行为准则同样是“利益最大化”[2]。迪帕克·拉尔指出，农民不积极采取新技术也是一种理性行为，因为收入仅够糊口的农民不敢贸然采取技术。一旦具备相应条件，如风险化解措施、资金扶持和提供补充投入，农民就会对新技术表现出极大的热情。绿色革命的成功就是典型例子。新古典主义发展思想也偏重市场的作用，反对国家干预，倡导自由竞争和自由放任。方法上，新古典主义发展思想更多运用严密性分析发展问题，构建各种模型，同时经验主义更为明显，企图用各国的比较数据说明发展过程的性质，如西蒙·库兹涅茨（1966）在其《现代经济增长》一书中就考察13~15个现在的发达国家，来说明经济增长中国内总产值、人均产值、人口的发展情况[3]。

3. 20世纪80年代以后，新古典政治经济学的思路与偏重制度的政策取向

新古典政治经济学一定程度上继承了古典政治经济学家亚当·斯密、大卫·李嘉图、穆勒等的发展思想，关注政治、法律、文化、制度等对经济发展的影响。强调经济发展不可能是纯粹的经济现象，相反，经济发展受到制度、政治、法律、文化等因素的深刻影响。如科斯认为，经济学应该将法律、政治等工具运用到经济制度分析中来，我们每个人都生活在一种经济制度中，制度决定着经济绩效[4]。道格拉斯·诺斯（1994）也指出，“政府政体可以显著地塑造经济绩效”[5]。新古典政治经济学试图从制度内生性寻求经济社会落后的原因，而对各种经济主体如个人、企事业单位、政府的行为方式的研究，

[1] ［英］阿瑟·刘易斯．经济增长理论［M］．周师铭，沈丙杰，沈伯根，译．北京：商务印书馆，2005：244-245．

[2] 张培刚．发展经济学教程［M］．北京：经济科学出版社，2007：53．

[3] 西蒙·库兹涅茨．现代经济增长［M］．北京：北京经济学院出版社，1989．

[4] 科斯，等．制度、契约与组织［M］．北京：经济科学出版社，2003．

[5] North D. Economic Performance Through Time［J］. American Economic Review，1994（5）．转引自邹薇．经济发展理论的新古典政治经济学与发展经济学的创新［J］．江苏行政学院学报，2005（2）：52-54．

正是制度分析的主要领域，这对于社会经济结构转型期的经济发展具有非常重要作用。

西方发展经济学和区域经济学对欠发达地区或贫困地区发展问题的研究，如对农业发展的重视、对制度、政治、法律、文化等经济发展影响因素的关注，对区位因素的关注、增长极的建立，以及如何承接产业梯度转移理论等，有相当值得借鉴的地方。现在西方经济学的新发展在于，研究知识、人力资源积累及内生技术等对经济增长的影响，如卢卡斯构建了的“专业化人力资本积累增长模式”、罗默构建了的“收益递增经济增长模式”❶ 等；熊彼特的创新思想被许多学者发展研究为对经济社会发展起积极促进作用的重要问题❷；生态环境问题广受关注，区域可持续发展成为研究热点；其他如区域经济社会发展的财政政策、金融政策是学者重点研究对象。这些研究前沿为我国中部贫困地区经济社会发展政策的制度提供了重要的参考和方向。

### 1.2.2 国内研究现状

#### 1.2.2.1 贫困地区发展问题

1. 贫困地区的定义与划分

贫困地区，国家基于扶贫的视角提出的地域概念。贫困地区暂没有明确统一的定义，阎文学、母青松（1986）从贫困地区的特征角度对其含义作了界定，指出贫困地区是一个相对的、具体的、动态的经济范畴，指生活资料缺乏❸。费孝通（1986）认为贫困地区是比较出来的，反映了中国农村经济发展的地区差距问题❹。张俊飚（2002）认为人们常称的“贫困县”即为贫困地区❺。严江（2005）认为贫困地区是区域系统中一类特殊的问题区域。显著特征是不仅经济条件、基础设施严重滞后，且自然条件也非常恶劣，生态脆弱，资源浪费惊人，环境污染严重，缺乏可持续发展的必要条件❻。

---

❶ 高志刚．区域经济发展理论的演变及研究前沿［J］．新疆教育学院学报，2002（3）：9-11.

❷ 如研究创新理论的著名学者尼尔森所言：熊彼特以他那种方式树起了创新的旗帜，引起了人们的注意。显然，熊彼特成了激发经济学家转向创新领域研究的源泉，他甚至是使创新研究变得正当合法化的源泉。见 Nelson R R. The Sources of Economic Growth［M］. Harvard University Press 1996：87.

❸ 阎文学，母青松．贫困地区的含义和分类［J］．农业经济问题，1986（8）：22-23.

❹ 费孝通．关于贫困地区的概念、原因及开发途径［J］．农业现代化研究，1986（6）：1-4.

❺ 张俊飚．中西部贫困地区可持续发展问题研究［D］．武汉：华中农业大学，2002（5）：6-9.

❻ 严江．四川贫困地区可持续发展研究［D］．成都：四川大学，2005（10）：1-3.

对于贫困地区的分类，1986 年，中国科学院、国家计委地理所根据大的自然条件、社会经济条件地域组合的类似性，以及贫困地区的主要障碍性因素的相似性，并考虑未来发展的综合因素，将 18 片贫困地区确定为 6 种类型、22 个亚类型❶。如表 1-2 所示。

**表 1-2　贫困地区的分类**

| 贫困地区类型 | 范　　围 | 主要特征 | 22 个亚类型 |
| --- | --- | --- | --- |
| 黄土高原丘陵沟壑区贫困类型 | 太行山以西，日月山以东，秦岭、伏牛山以北，长城以南 | 水土流失严重；干旱缺水；燃料、木料、饲料、肥料短缺；地方病蔓延；生产水平低下；地区结构偏于农业 | 陇中及东部丘陵山区、吕梁山区、宁南干旱山区、陕北黄土丘陵山区 |
| 东西部平原与山地接壤带贫困类型 | 从大兴安岭经燕山、太行山、巫山、武陵山直到苗岭一线，两种地形接壤地带 | 自然条件多变；开发利用不合理、资源破坏严重；水灾多；产业结构不合理 | 坝上风沙高原区、秦巴山区、太行土石山区、武陵山区 |
| 西南喀斯特山区贫困类型 | 包括云贵高原及其边缘山地，西起横断山，东至九万大山，北至乌蒙山，南达滇南山地 | 广大石灰类山区，植被稀疏，岩溶发育、水土流失非常严重；山大沟深、交通闭塞；社会发育低；产业结构不合理，生产水平低下 | 乌蒙山区、滇南山区、九万大山区、横断山区、桂西北山区 |
| 东部丘陵山区贫困类型 | 黄河以南、京广铁路以东的贫困山区丘陵地带，包括鲁中南沂蒙山区、武夷山区、井冈山区、大别山区以及闽粤两省的东南沿海部分山区 | 干旱、洪涝、低温连雨的不利天气；地产土壤；开发利用不合理，资源破坏严重 | 沂蒙山区、大别山区、湘赣丘陵山区、闽粤丘陵山区 |

❶ 侯景新. 落后地区开发通论［M］. 北京：中国轻工业出版社，1999：9-11.

续表

| 贫困地区类型 | 范　围 | 主要特征 | 22个亚类型 |
| --- | --- | --- | --- |
| 青藏高原贫困类型 | 包括西藏自治区的全部，青海省的大部分，以及甘、川、滇的一部分 | 大部分地区自然条件恶劣、缺乏生产和生活条件 | 西藏高原山区、青海高原山区 |
| 蒙新干旱区贫困类型 | 包括内蒙古高原、新疆盆地，涉及内蒙古东南部农牧交错、沙化和半沙化以及南疆西部地区 | 干旱少雨；冬季严寒；缺林少牧、植被稀疏；土地沙化严重；农牧矛盾突出、生产水平偏低 | 内蒙古高原东南沙化区、新疆西部干旱区 |

郭来喜、姜德华（1995）❶ 将1994年划定的592个贫困县按照按环境的相似性和地带性大体分为三大类型：第一类，中部山地高原环境脆弱贫困带（包括蒙古高原东南边缘风蚀沙化贫困区、黄土高原沟壑水土严重流失贫困区、秦巴山地生态恶化贫困区、喀斯特高原丘陵环境危急贫困区、横断山脉高山峡谷封闭型贫困区五个亚类型）；第二类，西部沙漠高寒山原环境恶劣贫困带（包括新疆沙漠干旱贫困区及青藏高原高寒区两个亚类型）；东部平原山丘环境危急及老革命根据地孤岛型贫困带（东北沿边贫困区、平原低洼盐碱贫困区、岛状山丘老革命根据地贫困区三个亚类型）。

贾若祥、侯晓丽（2011）❷ 认为我国新划定的贫困地区中呈现集中连片分布或基本呈现集中连片分布的贫困县共计有373个，分布在乌蒙山区、横断山区、秦巴山区、六盘山及陇中南地区、武陵山区、吕梁山区、太行山区、大小兴安岭南麓、南疆地区、三江源地区、桂黔川滇毗邻地区、赣南地区、琼中地区共计13个片区。并从开发的角度将这些贫困地区主要划分为两大类：生态脆弱型集中连片贫困地区和生存条件待改善型集中连片贫困地区。认为对于生态脆弱型集中连片贫困地区，扶贫开发重点是推进生态移民，在条件适宜地区同时推进就地扶贫；而对于生存条件待改善型集中连片贫困地区，扶贫开发的重点是生活条件，通过不断改善当地的生产生活条件，促进人口向中心城镇集聚，按照“点状开发、面上保护”的思路，推进脱贫致富。

---

❶ 郭来喜，姜德华．中国贫困地区环境类型研究［J］．地理研究，1995（6）：1-7.

❷ 贾若祥，侯晓丽．我国主要贫困地区分布新格局及扶贫开发新思路［J］．中国发展观察，2011（7）：27-30.

2. 贫困地区致贫的原因分析

贫困地区致贫的原因，不同的学者从不同角度考虑，提出不同的观点，主要有：陈栋生（1988）[1]认为贫困地区之所以“贫困”，是在原有历史基础上，经济、社会、文化、自然条件、生态环境，多种因素交织作用的结果。冯宗宪、张红十（1992）[2]认为贫困地区较差的地理环境、生产布局的时序、不发达的经济、长期供给投入不足、入不敷出等因素，使交通结构与功能方面存在严重缺陷，制约了国民经济的发展。佟玉权、龙花楼（2003）[3]认为贫困、人口和环境之间形成的一种恶性循环，即“PPE 怪圈”：贫困导致人口增长和生态环境趋向脆弱；反过来人口增加又使贫困加剧，致使生态环境更加脆弱；脆弱的生态环境使贫困变本加厉。王科（2008）[4]认为当前我国贫困地区扶贫绩效不明显、返贫率高等一系列问题都是由于贫困地区“缺乏自我发展能力”所造成的表象性问题。贾若祥、侯晓丽（2011）[5]认为贫困地区致贫的因素主要有三方面：生产生活条件十分恶劣、自然灾害多；基本公共服务滞后，自我发展能力弱；生态环境保护任务重，缺乏足够的生态补偿资金。骆伦良等（2013）[6]认为金融支持对连片特殊贫困地区的发展非常重要，但是金融机构的相关特性与贫困地区的发展存在较大矛盾，这阻碍了贫困地区的发展，需要风险分担机制和扶持政策化解。

3. 贫困地区发展对策研究

整体发展视角。早在 20 世纪 80 年代，陈栋生（1988）就对贫困地区致贫的原因进行分析，并从产业发展、交通设施、对外开放、加强政府领导等方面提出了针对性的建议[7][8]。厉以宁（1997）认为贫困地区拥有资源的潜在优势，它能否转化为实际优势，取决于对生产要素的利用和组合的条件，条件成熟了则需要资金的投入，资金主要来源于内部储蓄和外来资金，政府应

---

[1] 陈栋生．关于贫困地区经济发展的几个问题［J］．江西社会科学，1988（5）：14-18.

[2] 冯宗宪，张红十．中国贫困地区交通落后的实质及其成因分析［J］．人文地理，1992（9）：34-39.

[3] 佟玉权，龙花楼．脆弱生态环境耦合下的贫困地区可持续发展研究［J］．中国人口·资源与环境，2003（2）：47-51.

[4] 王科．中国贫困地区自我发展能力解构与培育——基于主体功能区的新视角［J］．甘肃社会科学，2008（3）：100-103.

[5] 贾若祥，侯晓丽．我国主要贫困地区分布新格局及扶贫开发新思路［J］．中国发展观察，2011（7）：27-30.

[6] 骆伦良，等．金融支持连片特殊贫困地区经济发展研究［J］．区域金融研究，2013（3）：23-29.

[7] 陈栋生．关于贫困地区经济发展的几个问题［J］．江西社会科学，1988（5）：14-18.

[8] 厉以宁．贫困经济发展的五个问题［J］．特区经济，1997（4）：9-11.

积极促成储蓄转化成投资，并创造良好的投资环境，吸引外资。同时贫困地区的发展应是可持续发展，应注重政府在资源环境保护中的作用。肖慈方(2004)[1]从欠发达地区的一般社会经济特征出发，运用区域经济学、发展经济学、制度经济学等学科的理论和方法重点比较了世界各国开发欠发达地区的基本理论思路、开发模式、人力资源的开发、技术创新的组织与推广、制度创新和对外开放等。在主体功能区规划战略提出之际，学者结合贫困地区在主体功能区规划中的地位，适时提出了贫困地区的发展战略，如高新才，王科（2008）[2]针对贫困地区发展的现实困境，总结得出“千扶贫、万扶贫，提高贫困区域自我发展能力是第一条”的思路，提出了实施生态补偿、提供均等化的基本公共服务和培育特色产业等发展政策。陈怀远（2011）[3]认为欠发达地区应该在交通、通信及流通网络等“硬”环境和市场体系、政策法规等“软”环境方面加强建设。2013年11月第四届中国贫困地区可持续发展战略论坛在江苏省宿迁市举行，提出“贫困地区可持续发展要激发内生动力”的思想。会上，厉以宁认为改革的出路在于调动每个人的积极性；北京大学贫困地区发展研究院院长朱善利在会议总结时指出，扶贫是一个历史性难题，精神扶贫比物质扶贫更加重要，未来的扶贫工作将更加注重扶贫质量的提升[4]。

资源保护与可持续发展视角。严江（2007）[5]将贫困地区的扶贫开发与生态脆弱区的生态重建结合起来，对构建可持续的扶贫开发模式问题进行探讨。熊理然，成卓（2008）[6]在贫困地区区域特征分析的基础上指出，我国贫困地区实际上承担了重要的生态保障区、中国原生态文化的发源区、中国重要的战略资源储备区和中国国防安全的前沿阵地等功能，并在此基础上提出了中国农村反贫困战略应有的转型。时岩（2009）[7]基于产业生态学视角构筑符合可持续发展要求的欠发达区域特色资源产业化生态模式。王思铁、

---

[1] 肖慈方．中外欠发达地区经济开发的比较研究［D］．成都：四川大学，2004.

[2] 高新才，王科．主体功能区视野的贫困地区发展能力培育［J］．改革，2008（5）：144-149.

[3] 陈怀远．加快欠发达地区经济社会发展的路径选择［J］．经济研究导刊，2011（27）137-138.

[4] 陈兵，李文博．第四届中国贫困地区可持续发展战略论坛提出贫困地区可持续发展要激发内生动力［N］．农民日报，2013-11-13.

[5] 严江．四川贫困地区可持续发展研究［D］．成都：四川大学，2005.

[6] 熊理然，成卓．中国贫困地区的功能定位与反贫困战略调整研究［J］．农业经济问题，2008（2）：76-80.

[7] 时岩．中西部欠发达区域特色资源产业化模式研究——基于产业生态学视角［D］．南昌：江西财经大学，2009.

倪国良（2013）[1] 居于创建“美丽中国”的思路，将生态文明建设和扶贫开发联系在一起论述，认为贫困地区的发展应将生态环境建设和经济发展放在同等重要的地位，适度开发、发展生态经济、加大智力与科技扶贫力度和重视生态文化等策略，实现经济、社会和生态的协调发展。

集中连片贫困地区发展视角。自“十二五”规划明确提出“加快解决集中连片特殊困难地区的贫困问题”以来，《武陵山片区区域发展与扶贫攻坚规划》（2011—2020）自2011年率先被启动以来，乌蒙山、秦巴山、滇桂黔石漠化、六盘山、滇西边境、大兴安岭南麓、燕山—太行山、吕梁山、大别山、罗霄山片区规划至2013年也已被全部启动，这为集中连片贫困地区的发展提供明确的政策与规划支持。另外，许多学者对集中连片特困地区的发展问题也进行了大量的研究，并产生了系列成果。王思铁（2011）[2] 对连片特困地区的概念和特征进行了论述。李乐为，岑乾明（2011）[3] 基于实证分析的视角，针对贫困地区集中连片的特征，指出连片贫困地区的发展应走“内涵互助”、整体跨越的道路，加强相互之间公共产品与服务的供给，走跨行政区域协同供给的战略路径。黄征学，胡勇，贾若祥（2011）[4] 结合临沂沂蒙山区脱贫致富的经验与启示，指出集中连片贫困地区应在发展特色优势产业、针对不同类型的贫困地区实施差异化的开发政策、加强与发达地区的融合，及差异化的扶贫方式四个方面有所突破。苏明（2013）[5] 就集中连片贫困地区的财政与税收问题，胡勇（2013）[6] 就集中连片贫困地区农村产业发展转型升级问题等进行了深入研究。

关于国外如美国、巴西、日本、印度等国贫困地区开发的经验与借鉴，学者的论述的数量较多，内容也都较为全面。此外，贫困地区发展中的科技、教育、金融、政府作用、法律规制等问题，也是学者关注的重要内容。这些

---

❶ 王思铁，倪国良．开创生态文明与扶贫开发新局面实现“美丽中国”［EB/OL］．http：//blog. sina. com. cn/s/blog_ 599a3d490101db8r. html，23013-4-16.

❷ 王思铁．连片特困地区的概念及其特征［EB/OL］．http：//blog. sina. com. cn/s/blog_ 599a3d490100xx3d. html，2011-9-28.

❸ 李乐为，岑乾明．连片贫困地区公共产品区域协同供给研究——基于湘鄂龙山、来凤“双城一体”反贫困的新思路［J］．广西民族大学学报（哲学社会科学版），2011（3）：153-158.

❹ 黄征学，胡勇，贾若祥．集中连片贫困地区扶贫开发的成功之路——临沂沂蒙山区脱贫致富的经验与启示［J］．中国经贸导刊，2011（2）：34-36.

❺ 苏明．加大财政支持力度，大力推进集中连片贫困地区减贫与发展［J］．经济研究参考，2013（48）：12-13.

❻ 胡勇．集中连片贫困地区农村产业发展转型升级探究——以武陵山区为分析重点［J］．北方经济，2013（14）：34-35.

前期研究成果为本研究奠定了基础，各种新颖的思路和对策为后期政策建议的提出提供了重要参考。

#### 1.2.2.2 贫困地区经济社会发展竞争力比较问题

贫困地区经济社会发展竞争力比较评价问题研究在我国尚处空白状态。当前的研究多集中于贫困地区经济发展制约因素、模式、对策等方面的研究，很少有学者研究贫困地区竞争力问题。王高建（2008）[1] 探讨了陕西省贫困区县域经济竞争力问题，2010年，北京大学光华管理学院博士后田惠敏在第三届中国贫困地区可持续发展战略论坛上，发表了以《贫困地区竞争力培育与融资》为主题的演讲，首次提到了贫困地区竞争力概念[2][3]。刘娟（2011）著有《贫困县产业发展与可持续竞争力提升研究》一书，重点研究了贫困县产业可持续竞争力问题，是现有研究中较为完整论述贫困县产业竞争力的著作。总体而言，现有贫困地区竞争力研究者较少，研究主要是定性分析，如关于贫困地区竞争力弱的原因、竞争力培育的重要性，贫困地区如何融资问题，培养贫困地区产业竞争力以及增强贫困地区竞争力对策的研究。贫困地区竞争力比较的实证分析尚没有学者论及，但培育贫困地区的竞争力是贫困地区人民脱贫致富和走可持续性发展的根本出路，因此，进行贫困地区竞争力的全面、系统研究非常重要。

尽管中部贫困地区经济社会发展竞争力比较问题研究尚属崭新的课题。但其研究的基础——县域竞争力却是管理学和经济学研究的热点，且研究成果丰硕。既有对县域竞争力概念、来源、影响因素、形成机制、评价模型和评价指标体系等的理论研究，又有对区域竞争力的实证分析等。具体来说，主要包括：

1. 界定县域竞争力的内涵

对于县域竞争力，纵览国内外的研究文献，目前学术界还没有形成一个可以被广泛接受的界定。学者们都是在已有的“竞争力”概念基础上，从综合视角指出县域竞争力是经济、社会、科教、资源环境等方面综合能力。夏智伦，李自如在综合分析现有区域竞争力概念的基础上认为[4]：①区域竞争力是一种立足现在、面向未来的能力；②区域竞争力是一个相对性的能力；

[1] 王高建．陕南贫困区县域经济竞争力分析与对策［J］．安徽农业科学，2008（6）：2580-2581.

[2] 田惠敏．贫困地区竞争力培育与融资［EB/OL］．http：//qcyn. sina. com. cn/news/ynyw/2010/1219/19434619203. html，2010-12-19.

[3] 刘娟．贫困县产业发展与可持续竞争力提升研究［M］．北京：人民出版社，2011.

[4] 夏智伦，李自如．区域竞争力的内涵、本质和核心［J］．求索，2005（9）：44-47.

③区域竞争力是一种综合性的能力，这种综合能力体现为：直接性竞争力要素、间接性竞争力要素、显在性竞争力要素、潜在性竞争力要素、物质性竞争力要素和精神性竞争力要素的综合集成。

2. 构建县域竞争力的评价指标体系

20 世纪 90 年代，我国国内相关机构和学者也纷纷开始进行县域竞争力的研究，为本研究评价指标体系的构建提供参考借鉴意义。

(1) 国家统计局的中国县（市）社会经济综合发展指数

1991 年，国家统计局开始推出“农村经济综合实力百强县”评选，2000 年，名称改为“中国县（市）社会经济综合发展指数”，这一指数包括了 3 个一级指标 11 个二级指标，以及 33 个三级指标[1]（见表 1-3）。这一“社会经济综合发展指数”较之前的“经济综合实力”，已经更为综合和多元。这一评价体系对当时的县域经济社会发展起到了积极作用，也产生了符合实际水平的百强县，说明其有一定的科学性和合理性。但这一评价体系侧重于 GDP、财政收入等经济规模指标的评价，对其他如环境资源、科技教育等关注度不够，特别是受到“环境危机”的挑战，严格来说，该指数并不属于可持续发展评价指标体系，也因此受到了多方批评。2007 年，全国“百强县”评选暂停。县域经济社会发展评价需要孕育符合可持续发展的新因子。

**表 1-3 国家统计局的中国县（市）社会经济综合发展指数**

| 一级指标 | 二级指标 | 三级指标 |
|---|---|---|
| 发展水平 | 经济规模 | 地区生产总值、地方财政收入 |
| | 产业结构 | 非农产业比重 |
| | 经济发展水平 | 经济密度、人均地区生产总值、人均地方财政收入、农民人均纯收入、城镇职工平均工资水平 |
| | 社会发展水平 | 每万人拥有社会福利院床位数、每万人中的医院、卫生院床位数、每万人拥有医院、卫生院技术人员数 |
| 发展活力 | 发展速度 | 地区生产总值指数、工业企业发展速度 |
| | 贸易与外经 | 实际利用外资额与 GDP 之比、出口总额与 GDP 之比、外资企业比重 |

[1] 资料来源，国家统计局《2004 中国百强县（市）发展年鉴》。

续表

| 一级指标 | 二级指标 | 三级指标 |
| --- | --- | --- |
| 发展活力 | 投资 | 每百户居民民用汽车拥有量、每百户的电话拥有量、人均各项贷款、人均基本建设投资完成额、投资变动率 |
| 发展潜力 | 财政 | 地方财政收入占国内生产总值比重、人均科教文卫事业费支出 |
| | 生产效率 | 农业劳动生产率、工业劳动生产率、耕地产出率 |
| | 资源环境与基础设施 | 人均耕地面积、公路密度、有效灌溉面积占耕地面积的比重 |
| | 文化教育 | 每万人中的中学生人数、每万人中的小学生人数、小学密度、每个教师负担学生数 |

（2）山东省县域经济社会发展年度综合评价考核指标体系❶

山东省自2005年颁布《山东省县域经济社会发展年度综合评价及考核办法（试行）》以来，其省县域经济社会发展年度综合评价考核指标体系几经修改，现行的指标体系是2008年《山东省县域经济社会发展年度综合评价及考核办法》规定的，包括4个一级指标和46个二级指标（见表1-4）。严格来讲，该体系不能算是经济社会发展竞争力的综合评价，而更像是对一个县域经济、社会发展的考核，是对县域党政领导的考核指标，如“四约束性指标”部分就选用了6个定性指标。该指标体系可取的地方在于考核内容比较全面，而且也体现了科学发展的理念，对经济社会全面发展起到推动作用。

**表1-4 山东省县域经济社会发展年度综合评价考核指标体系**

| | |
| --- | --- |
| 一、结构优化与经济发展 | 地区生产总值（GDP）及增长率、人均GDP及增长率、第三产业增加值占GDP比重及升降幅度、地方税收收入及增长率、地方税收占一般预算收入比重及升降幅度、固定资产投资及增长率、高新技术产业产值占规模以上工业产值比重及升降幅度、农业机械化水平、农业贷款占贷款余额的比重及升降幅度、人均社会消费品零售总额及增长率、人均地方可用财力、实际利用外商直接投资及增长率、企业上市数量及融资额度、进出口总额及增长率、工业利税占主营业务收入比重及升降幅度 |

❶ 资料来源：《山东省人民政府办公厅关于印发山东省县域经济社会发展年度综合评价及考核办法的通知》，山东省政府网 http：//www. shandong. gov. cn/art/2008/3/20/art_ 3883_ 1750. html.

续表

| | |
|---|---|
| 二、民生状况与社会发展 | 城镇新增就业任务完成率、农村居民人均纯收入及增长率、城镇在岗职工平均工资与农村居民人均纯收入之比、城乡低保覆盖率、集中式饮用水源地水质达标率、城镇在岗职工平均工资及增长率、农村公共文化服务体系覆盖率、农村居民人均年末住房面积、城乡居民人均储蓄存款余额及增长率、人均教科文卫事业费支出及增长率、义务教育巩固率、初中升入高中段比例、每万人拥有卫生技术人员和床位数及增长率、城镇职工基本养老保险覆盖率、每万人中的财政供养人口、每万人刑事案件立案数及升降幅度、每万人参加农村合作医疗人数、亿元 GDP 生产安全事故死亡人数及升降幅度 |
| 三、生态建设与可持续发展 | 万元工业增加值能耗和取水量及降低、工业废水排放量达标率、工业烟尘排放量达标率、城市污水和垃圾集中处理率、耕地保有量和基本农田保护面积达标率、二氧化硫排放量削减任务完成率、化学需氧量排放量削减任务完成率 |
| 四、约束条件 | 重大安全生产事故和重大食品安全事故发生情况、重大社会治安案件发生情况、重大环境污染事故发生情况、重大违法用地事件发生情况、计划生育达标情况、节能减排任务完成情况 |

（3）中郡县域经济研究所的县域经济基本竞争力与县域科学发展评价体系

从 2000 年开始，中郡县域经济研究所开始筹备全国县域经济竞争力评价工作，于 2001 年年底完成了第一届全国县域经济基本竞争力评价。到目前为止已经进行了 13 界全国县域经济竞争力评价，产生了 13 届全国百强县，在中国产生了广泛的影响。其评价体系也在不断地完善，从最初单纯县域经济基本竞争力评价体系发展到了现在完善的县域经济基本竞争力与县域科学发展评价体系，现行评价体系体现了“以经济建设为中心是兴国之要”和“五位一体”的科学发展观[1]。

中郡县域经济研究所的县域经济基本竞争力与县域科学发展评价体系包括了全国县域经济基本竞争力评价指标体系、县域相对富裕程度评价指标体系、县域相对绿色指数评价指标体系和县域居民满意度评价四个方面（见表 1-5）。

---

[1] 刘福刚. 县域统筹与统筹县域——中国县域经济十年发展报告［M］. 北京：中共中央党校出版社，2012：64-66.

表1-5　县域经济基本竞争力与县域科学发展评价指标体系

| 主题 | 一级指标 | 二级指标 | 三级指标 |
| --- | --- | --- | --- |
| 县域经济基本竞争力评价指标 | 总量 | 人口 | |
| | | 地区生产总值 | |
| | | 地方财政一般预算收入 | |
| | 均量 | 经济均量 | 人均地区生产总值、人均地方财政一般预算收入 |
| | | 居民均量 | 农民人均纯收入、城镇居民人均可支配收入、城镇化率 |
| | 速度 | 经济增长速度 | 地区生产总值增长速度、地方财政一般预算收入增长速度 |
| | | 居民收入增长速度 | 农民人均纯收入增长速度、城镇居民人均可支配收入增长速度 |
| | 质量 | 经济效益 | 地方财政一般预算收入与GDP比 |
| | | 城乡比 | 城乡居民收入比值 |
| | 活力 | 投资 | 固定资产投资额 |
| | | 消费 | 全社会消费品零售总额 |
| 县域相对富裕程度评价 | 居民收入类指标 | 收入 | 城镇居民人均可支配收入、农民人均纯收入、城镇化率 |
| | | 储蓄 | 人均城乡居民储蓄存款余额 |
| | | 消费 | 人均社会消费品零售额 |
| | 公共服务类指标 | 医疗 | 千人拥有医生数 |
| | | 教育 | 百名普通中小学生拥有专任教师数 |
| | | 经费 | 人均科教文卫事业费支出 |
| | | 双通 | 交通公路里程密度、百人拥有电话数(固定+移动) |
| | | 社会保障 | 新型农村合作医疗覆盖率、城镇基本养老保险覆盖率 |

续表

<table>
<tr><th>主题</th><th>一级指标</th><th>二级指标</th><th>三级指标</th></tr>
<tr><td rowspan="6">县域相对富裕程度评价</td><td rowspan="3">地区发展类指标</td><td>总值</td><td>人均地区生产总值</td></tr>
<tr><td>财政</td><td>人均财政总收入</td></tr>
<tr><td>密度</td><td>经济密度</td></tr>
<tr><td rowspan="3">财政统筹类指标</td><td>收入</td><td>人均地方财政一般预算收入</td></tr>
<tr><td>转移</td><td>人均财政转移支付</td></tr>
<tr><td>支出</td><td>人均地方财政一般预算支出</td></tr>
<tr><td rowspan="3">县域相对绿色指数评价</td><td>绿色经济</td><td colspan="2">工业三废处置利用率、单位 GDP 能耗、环保投入占当年 GDP 比例</td></tr>
<tr><td>绿色环境</td><td colspan="2">县域森林覆盖率（山区、丘陵、平原）、县域空气质量好于或等于二级标准天数、县域集中式饮用水水源标准天数、城镇绿化覆盖率、城镇人均公共绿地面积</td></tr>
<tr><td>绿色宜居</td><td colspan="2">城镇生活污水处理率、城镇生活垃圾无害化处理率、农村规模化畜禽养殖场粪便综合利用率、农村生活垃圾集中收集处置率</td></tr>
<tr><td rowspan="3">县域居民满意度评价</td><td>居民自我满意度</td><td colspan="2" rowspan="3"></td></tr>
<tr><td>县域发展满意度</td></tr>
<tr><td>政府服务满意度</td></tr>
</table>

分析表 1-5，如果从整体来看，整个县域经济基本竞争力与县域科学发展评价指标存在个别指标重复的现象，如人均地区生产总值、人均财政收入、农民人均纯收入和城镇居民人均可支配收入等指标在县域经济基本竞争力评价和县域相对富裕评价中都有考察，可见，这种评价体系在县域经济社会发展竞争力统一考核评价时不太适应。该指标体系中有些指标具有新颖性，如人均转移支付指标，在一般的经济社会发展评价中都没有出现，对于资金缺乏的贫困地区来说，转移支付是其重要的财政支持，因此，“人均转移支付”列入财政支持类指标，对于贫困地区经济社会发展评价而言

值得借鉴。

（4）福建行政学院经济管理研究所构建的福建省山区县市竞争力评价指标体系❶

福建行政学院经济管理研究所认为，福建省山区县域经济综合竞争力主要来自于9方面，具体为经济实力竞争力、经济发展竞争力、经济外向度竞争力、农业竞争力、工业竞争力、财政竞争力、金融竞争力、教育竞争力、基础设施竞争力。同时构建了福建省山区县市竞争力评价模型，如图1-1所示。

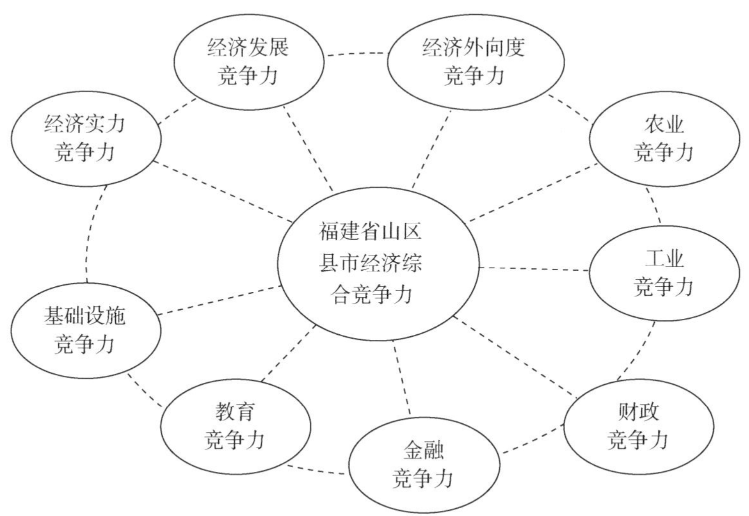


**图1-1　福建省山区县市竞争力评价模型**

根据福建省山区县市竞争力评价模型，该所设计了相应的评价指标体系。该指标体系包括了三级指标：一级指标为综合竞争力（1个），二级指标为局部竞争力（9个），三级为具体统计指标（61个）。具体指标如表1-6所示。

❶ 王秉安，等．县域经济竞争力［M］．北京：社会科学文献出版社，2008：24-26.

表 1-6　福建省山区县市竞争力评价指标体系

| 一级指标 | 二级指标 | 三级指标 |
| --- | --- | --- |
| 综合竞争力 | 经济实力竞争力 | 地区生产总值；地方财政收入；固定资产投资；社会消费品零售总额；地区生产总值增长率；地方财政收入增长率；固定资产投资增长率；社会消费品零售总额增长率；人均 GDP；人均地方财政收入；人均固定资产投资额；人均社会消费品零售额 |
| | 经济发展竞争力 | 第二产业总产值；第三产业总产值；第二产业总产值增长率；第三产业总产值增长率；第二三产业总产值之和占 GDP 的比重；非农业人口占年末总人口比重 |
| | 经济外向度竞争力 | 出口总额；出口总额增长率；实际利用外资额；实际利用外资额增长率 |
| | 农业竞争力 | 农林牧渔增加值；农林牧渔增加值增长率；人均农林牧渔增加值；单位面积农业产出；农民人均纯收入；农民人均纯收入增长率 |
| | 工业竞争力 | 工业增加值；工业增加值增长率；人均工业增加值；工业资产总额；工业资产总额增长率；总资产贡献率；全员劳动生产率；成本费用利润率 |
| | 财政竞争力 | 地方财政收入；地方财政支出；地方财政收入占 GDP 的比重；万元财政支出 GDP 产出；人均地方财政收入；人均地方财政支出；地方财政收入增长率；地方财政支出增长率 |
| | 金融竞争力 | 城乡居民储蓄存款余额；年末金融机构各项贷款余额；人均城乡储蓄余额；存贷款比例；万元贷款 GDP 产出 |
| | 教育竞争力 | 人均教育经费；教育经费占 GDP 比重；农村家庭教育支出占年消费性支出比重；千人中小学数；千人中小学专任教师数 |

续表

| 一级指标 | 二级指标 | 三级指标 |
| --- | --- | --- |
| 综合竞争力 | 基础设施竞争力 | 通车公路里程；人均通车公路里程；本地电话用户数；人均电话用户数；邮路单程长度；农村投递路线总长度；人均耗电量 |

3. 县域竞争力的评价方法

严于龙（1998）[1] 从地区经济实力、对外开放程度、政府作用、金融活动、基础设施、管理水平、科学技术和人力资本共八个维度构建了地区经济竞争力评价指标体系，并利用主成份分析法计算 1980 年与 1995 年地区经济竞争力的排序。丁华军（2007）[2] 确立了总量指标 4 项（国内生产总值、财政收入、消费品零售总额、总投资）；均量指标 6 项（人均国内生产总值、人均财政收入、人均投资、农民人均纯收入、职工工资水平和人均投资额、人均消费品零售总额）；结构指标 3 项（第三产业增加值占 GDP 比重、农业人口比重和工农业总产值比率）共 13 个指标的县域经济竞争力的综合评价指标体系，并利用主成分分析法对安徽省各县经济竞争力进行了综合评价分析。刘海云，李英（2009）[3] 从经济发展度、社会公平度和环境协调度三个维度综合评价县域经济科学发展能力，并利用基于熵权矢量优属度的综合评价方法对河南省 2006 年县域经济科学发展能力进行了综合评价。陈兆荣，谭艳华（2010）[4] 构建了基于科学发展观的安徽省县域经济竞争力评价指标体系，并探讨了因子分析法的具体利用情况，等等。

### 1.2.3 对国内外相关文献的简要评价

国内外学者虽然从不同的角度对区域竞争力问题和贫困地区发展问题进行了研究，但仍存在许多待完善的地方。

第一，从研究的对象上看，对贫困地区发展问题的研究较多，但具体到中部贫困地区这一特定对象的研究则较少，已有的研究多以中部某一省的研

---

[1] 严于龙．我国地区经济竞争力比较研究［J］．中国软科学，1998（4）：109-128.

[2] 丁华军．关于县域经济竞争力的综合评价研究——以安徽省为例［J］．经济研究参考，2007（23）：28-31.

[3] 刘海云，李英．河南省县域经济科学发展能力综合评价与分析［J］．中国科技论坛，2009（9）：134-138.

[4] 陈兆荣，谭艳华．安徽省县域经济竞争力评价指标体系研究——基于科学发展观［J］．铜陵学院学报，2010（6）：13-14.

究为主，缺乏整体全面的研究。

第二，从研究的切入点看，以往关于区域竞争力的研究，更多从国家竞争力和省域竞争力角度展开分析，内容也多侧重于经济竞争力评价，经济社会发展竞争力整体评价较少。虽然有相关县域竞争力研究，但对于贫困县的竞争力问题的研究寥寥无几。从国内关于贫困县的研究看，我国学者和相关政府部门多是从贫困的原因、完善扶贫开发、改变经济发展模式等方面展开研究，很少从提升贫困地区经济社会发展竞争力的角度进行系统分析。

第三，从研究方法上看，经济发展研究与社会发展研究分离，较少考虑统筹运用经济学、社会学、法学、公共管理学等相关学科的理论与方法对其进行综合研究。

当前，国家对贫困地区的发展非常重视，但历年来的扶贫工作却并不显著，因此，我们需要创新研究思维，寻求新的切入点，研究贫困地区发展问题，以期为政府相关工作提供参考。为此，本研究立意于此，选择中部贫困地区经济社会发展竞争力比较研究作为研究的切入点，通过定性和定量分析，对中部贫困地区经济社会发展竞争力内涵、形成机制、价值取向、评价体系构建、实证比较结果等进行深入研究和探讨，以期弥补现有的空白。

## 1.3　研究的理论基础

### 1.3.1　区域竞争力理论

1. 比较优势理论

比较优势理论由著名经济学家李嘉图（Ricardo）于1817年在其《政治经济学及赋税原理》一书中提出，也称为“比较优势原则”（Principle of Comparative Advantage）。比较优势理论是分析国外贸易问题上提出的，是探讨区域之间资源流动、如何进行资源优化配置的基本理论。

比较优势理论是在绝对优势理论的基础上提出来的。绝对优势理论出自亚当·斯密的地域分工理论。亚当·斯密在其论著《国富论》中分析富裕国家和贫穷国家的绝对优势和相对优势时，指出每一个国家都有其适宜于生产某些特定产品的绝对有利的生产条件，如果每一个国家都按照其绝对有利的生产条件（即生产成本绝对低）去进行专业化生产，在此基础上的国际贸易，双方都能得到益处。绝对优势理论无法解释当一国在所有产品上都具有绝对优势，而另一国在所有的产品上生产成本都高，仍然可以通过区域分工和交换，使双方都获利的国际贸易情况。

要实现这种结果，李嘉图认为一国在货物生产上不需要如亚当·斯密主张的那样，要具有绝对优势才能办到。两个国家只要在货物生产上有相对优势或比较利益就可以从事贸易而获得上述的效果。所谓比较优势是指一国对于一物的制造所需的机会成本比另一国的低。机会成本是一国为了制造一物而必须放弃或减少制造的另一物的数量。这种数量越少，机会成本越低。如果一国制造一物的机会成本比另一国少，这一国就享有比较优势。它就可以集中力量专门从事此物的生产，而与另一国家交换它所需要的货物，结果对双方都有利。[1]

2. 要素禀赋理论

赫克歇尔和俄林进一步发展和完善了比较优势理论，提出了要素禀赋论。根据这一理论，“不同地区或国家各种生产要素禀赋不同，供给量较丰富的要素，其相对价格较低，密集使用这种要素的相对成本也会较低；供给量相对稀缺的要素，其相对价格较高，密集使用这种要素的相对成本也必然较高”[2]。每个地区或国家应专门生产其相对丰裕要素的产品，以换取需要密集使用其稀缺要素生产的产品。结果是各国都能有效的利用各种生产要素，实现合理的国际分工，在此基础上逐步形成自己的优势产业，实现自己的相对竞争优势。

3. 竞争优势理论

第二次世界大战后的国际贸易陷入了“比较优势陷阱”。发展中国家虽然在国际贸易中获得了一定的利益，但伴随的是贸易条件恶化，贫困化增长的局面。比较优势理论受到了挑战。许多学者开始注重国家的竞争优势研究。以迈克尔·波特的国家竞争优势理论最为著名。他指出：“竞争优势应该是一国财富的源泉”。波特的国家竞争优势理论内容简要归纳为[3]：（1）国家间的经济竞争的核心实际上是各国同产业之间的竞争。（2）基本竞争优势有两种：一是低成本竞争优势，二是产品差异型竞争优势。“低成本竞争优势”一般是基于本国的资源禀赋；“产品差异型竞争优势”来源于持续的投资和创新。波特提出的“钻石体系”模型描述这种投资和创新环境，具体包括生产要素、需求条件、相关产业支持和同业竞争四个因素及其相互之间的配合。另外作为更高层次的两个因素政府和机遇则通过对上述四个因素及其关系的影响发

---

[1] 施建生．经济学家李嘉图［M］．长春：吉林出版集团有限责任公司，2012：75-77.

[2] 高洪深．区域经济学［M］．北京：中国人民大学出版社，2010：22-23.

[3] 刘辉群．竞争力理论的古典经济学渊源——从比较优势到竞争优势［J］．北京工商大学学报，2003（3）：12-13.

挥作用。(3) 竞争领域：提倡一个国家的企业将其竞争领域集中在一个产业的某个部分。(4) 竞争优势发展阶段：一国产业参与国际竞争的过程大致按照要素驱动、投资推动、创新推动和财富推动四个阶段依次推进。(5) 竞争优势的获取：取决于企业的创新。(6) 竞争优势的维系：竞争优势能否持续，这取决于优势层次的高低、优势种类的多少和优势的更新。

在迈克尔·波特的国家竞争优势理论中，“比较优势”和“竞争优势”是两个不同的概念。比较优势是一国居于要素禀赋而获得相对优势，是一种天然的竞争力；竞争优势是生产要素、需求条件、相关产业支持和同业竞争、政府和机遇等因素共同作用的结果，是天然禀赋加上后天创造所形成的竞争力。实际上，两者并不排斥，是相互联系，相互补充的关系。一国具有比较优势的产业往往易于形成较强的国际竞争优势；而一国产业的比较优势要通过竞争优势才能体现。比较优势时参与竞争的基础，随着这种比较优势的逐渐尚失，以生产要素的素质为核心的竞争优势持续发挥作用参与竞争。

4. 新经济增长理论

新经济增长理论以保罗·罗默（Romer，1986）发表的《递增收益与长期增长》及罗伯特·卢卡斯（Lucas，1988）发表《论经济发展机制》为其产生标志。新经济增长理论将技术进步、人力资本作为生产要素纳入生产函数，以期解释现代经济增长差异的原因。主张经济增长源泉来自技术创新，而以劳动分工程度和专业化程度所表现的人力资本积累水平是决定技术创新水平的最主要因素，政府在此方面实施的政策对经济增长具有重要影响。新经济增长理论从只关注要素投入到注重人力资本积累和技术进步，从只考虑传统生产如物质资本和劳动力等演变为考虑人力资本积累和技术进步对经济增长的影响，这体现了外生的经济增长模型到内生的经济增长模型的转变。

### 1.3.2 区域经济非均衡发展理论

区域经济非均衡发展理论融合了经济学和地理学的相关理论与方法，自20世纪五六十年代开始盛行，主要代表性理论有：增长极理论、累积循环因果理论、中心——边缘理论和梯度推移理论等。

1. 增长极理论

“增长极”这一概念，是法国经济学家弗朗索瓦·佩鲁（Francqis Perrour）在其1950年发表的“经济空间：理论与应用”一文中首次提出的。佩鲁提出的增长极是一个抽象的经济空间，不同于一般意义上的地理空间，经济空间是存在于经济要素之间的关系，如区域产业的投入产出链或产业之间的其他联系。佩鲁认为，“经济增长并非同时出现在所有地方，它以不同强度首先出现在一些增长点或增长极上，然后通过不同渠道向外扩散，并对整个经济产生不同的最终影响"❶，"经济发展的主要动力是技术进步和创新，而创新总倾向于集中在一些特殊的企业。这种特殊的企业就是领头产业（称为推进型产业）。这种产业增加其产出（或购买性服务）时，能够带动其他产业的产出（或投入）的增长，对其他产业具有很强的连锁效应和推动效应，称为增长诱导单元（Growth-Inducing Unit），即增长极"❷，佩鲁还认为，"推进型产业与被推进型产业通过经济联系建立起非竞争性的联合体，通过向后、向前连锁带动区域的发展，最终实现区域发展的均衡"❸。以上反映了增长极理论三个核心问题：支配效应、连锁效应和分配效应。

增长极理论是发达国家为了寻求经济的增长而提出的一种理论模式，具有时代和区位背景，适用的前提是该区域各种基础设施已基本具备，产业之间基本上形成投入产出链，城镇体系也已基本形成或正在形成。对于贫困地区而言，其基础设施、城镇化建设和产业链条都还需要进一步完善，所以在适用增长极理论创建增长极时，要结合实际，不能照搬。

2. 累积的循环因果关系理论

区域累积循环因果关系理论由著名经济学家缪尔达尔（G. Myrdal）提出，主要体现在其1957年《经济理论与不发达地区》一书中。缪尔达尔认为，社会经济发展是一个不断演进的过程，由技术的进步以及社会、经济、政治和文化等因素演变促成。经济社会发展过程中，这些因素相互联系、相互影响、互为因果，而且以循环的方式在运动，这种循环还具有累积效果。从最初的收入增加，到收入的进一步增加，这是上升的循环运动；从收入的下降，到收入的进一步减少，这是下降的循环运动。

缪尔达尔认为，市场的力量一般趋向于增加而不是减少区域间的不平衡，即如果某一地区由于初始的优势比别的地区发展得快一些，那么它凭借已有优势，在日后会发展得更快一些。在经济循环累积过程中，这种累积效应有两种相反的效应，即回流效应和扩散效应。回流效应指劳动和资本从落后地区向发达地区流动，引起落后地区经济的衰退；扩散效应指劳动力和资本从发达地向落后地区流动，促进落后地区经济的增长。

在市场机制的作用下，扩散效应远小于回流效应，如何趋利避害，缪尔达尔认为，劳动力、资本品和服务的流动，其本身并不会导致地区间的不平

---

❶ 佩鲁．增长极概念［J］．经济学论丛，1955（9）．转引自曾坤生．佩鲁增长极理论及其发展研究［J］．广西社会科学，1994（2）：16-20.

❷ 安虎森．增长极理论评述［J］．南开经济研究，1997（2）：12.

❸ 安虎森．增长极理论评述［J］．南开经济研究，1997（2）：12.

等。通过移民、资本流动和贸易这些特定的媒介，累积进程得以产生——幸运的区域，经济得以向前发展；不幸运的区域，经济衰退或停滞❶。有效率的交通、通信网络、完善的医疗和教育体系、思想和价值的更为动态化的交流，以及适合的政治、立法制度等非经济因素，能中立或适当补偿回波效应。向下累积进程能够被政府政策扭转，有效的政策是走向发达的正函数，如政府通过加强交通、通信网络基础设施建设，对收入和资源进行协调再分配，以使贫困地区能够赶上发达地区。

3. 中心—边缘理论

经济学上系统提出"中心—边缘"理论的是美国区域规划专家弗里德曼(J. R. Friechmann)。1966年弗里德曼出版了《区域发展政策》一书，在吸收了缪尔达尔（G. Myrdal）和赫希曼（A. O. Hirschman）等人有关区域间经济增长和相互传递的理论，完整提出了中心—边缘的理论模型，即core_ periphery model或center_ periphery model简称"CPM"❷。弗里德曼的CPM理论首先提出了两个相对概念——中心区和边缘区，中心区是经济社会创新活动活跃的区域，工业发达、科技创新能力较高、资本丰厚、经济发展速度较快；边缘区是经济社会活动较不发达的区域。中心区通过优势效应、信息效应、心里效应、现代化效应、联动效应和生产效应使边缘区服从或依附❸。其次，中心区从边缘区吸收生产要素产生出大量的创新，这一创新又源源不断地从中心区向外扩散，带动边缘区的经济社会发展，从而促进整个区域系统的发展❹。

中心边缘理论深刻阐述了经济发展与空间规划的关系，对于发达国家与发展中国家、发达地区与落后地区、城市与乡村的非均衡发展关系处理上，具有重要的参考价值。核心在空间结构重构上，应注重自身做大做强发展、加强其影响力和辐射力，通过基础设施共享、交通带动、产业转移、生态补偿等促进合作，加强腹地扩展；边缘区要积极响应核心区的资源、人才和技术的扩散，对接产业转移，缩小差异，尝试重点培养自身新的核心区域，同时制定合理的空间准入原则，提高产业综合效益。

---

❶ 汉斯·迈克尔·特劳特温．累积进程与极化发展：缪尔达尔的贡献［J］．经济思想史评论，2010（5）：111-130.

❷ Friedmann J R. Regional development policy：a case study of Venezuel［M］. Cambridge：MIT-Press. 1966. 转引自：贾宝军，叶孟理，裴成荣．中心——边缘模型（CPM）研究述评［J］．陕西理工学院学报，2006（2）：4-11.

❸ 冯邦彦，李胜会．结构主义区域经济发展理论研究综述［J］．经济经纬，2006（5）：54-56.

❹ 贾宝军，叶孟理，裴成荣．中心——边缘模型（CPM）研究述评［J］．陕西理工学院学报，2006（2）：4-11.

4. 梯度推移理论

梯度理论源于工业生产生命周期理论，这一理论的首创者为美国哈佛大学弗农等人。他们将工业各部门，甚至各种工业产品的发展阶段分为创新、发展、成熟、衰老四个阶段。兴旺部门即处于创新至发展阶段的工业部门，应该布局在资金充裕、技术水平高的经济发达地区；停滞部门即处于发展至成熟阶段的工业部门，布局趋向于拥有一定技术、资金及广阔市场的地区；衰退部门即处于成熟阶段至衰退阶段的工业部门，生产指向拥有丰富的资源和廉价的劳动力的地区。区域经济学家将工业生产生命周期理论应用于区域经济学，创立了区域经济梯度推移理论。其主要观点为：

（1）区域之间在经济、技术发展水平上客观存在着梯度差异。由于历史基础、地理条件及资源禀赋等原因，各区域之间经济技术发展必然是不平衡的，客观上形成区域经济发展梯度。

（2）产业结构的优劣对区域经济发展起到决定性作用，而产业结构的优劣又取决于区域经济主导产业部门在工业生命周期中所处的阶段。如果一个区域的主导产业部门由处于创新阶段的兴旺部门组成，则该区域经济发展实力雄厚，发展迅速，该区域则列入高梯度区域；如果一个区域的主导产业部门由处于衰老阶段的衰退部门组成，则该区域增长缓慢，该区域列入低梯度区域。

（3）经济技术发展存在着由高梯度区域向低梯度区域扩散的趋势。各种创新部门、创新产业、创新技术等都发源于高梯度区域，随着时间的推移，生命周期的变化，将向低梯度区域转移。

（4）动态上，梯度推移通过极化效应和扩散效应来实现，一方面，经济要素向高梯度地区集中与转移，对周边地区起支配和吸引作用的同时带动起发展；另一方面，创新活动由发源地按梯度等级顺序，蛙跳式向广大地区扩展，产生有序的梯度推移。

根据梯度推移理论，每个国家或地区都处在一定的经济技术发展梯度上，每一种新行业、新技术、新产品都会随着时间的推移，由高梯度区域向低梯度区域转移，形成“工业区位向下渗透”的现象。

### 1.3.3 后发优势理论

后发优势理论源于美国经济学家亚历山大·格申克龙。格申克龙在分析德国、意大利等国经济成功追赶的基础上，探讨了后进国家的经济增长问题，认为经济上的相对落后，有助于一个国家或地区经济发展实现“大突进”（great spurt）。这一“后起之益”的假说成为“后发优势理论”的重要基石。

格申克龙的后发优势理论经由 M. 列维、阿伯拉莫维茨、伯利兹、保罗·克鲁格曼、范艾肯等学者的发展，已较为成熟全面，为落后贫困地区的加速发展提供了强有力的理论和现实基础。后发优势产生的机理主要在于：

第一，指相对落后会造成紧张状态。这种紧张状态会形成一种社会压力，从而激发制度创新。

第二，“替代性”的广泛存在，即从事相类似的经济活动，存在多种实现途径，没有标准化的程序。替代性的意义不是简单的复制，后起国家根据已有的发展成果，选择符合自身实际情况的发展道路和发展模式，而且具有资源条件上的可选择和节约时间的优势。

第三，后起国家可以引进先进国家的技术、设备和资金。一方面节约科研费用和时间，另一方面资金的引进也可解决后起国家工业化中资本严重短缺的问题。

第四，“潜在性”的限制。后发优势只为落后国家或地区经济快速发展提供了可能或机遇，因而只是潜在的，并非后发国或地区实际拥有的。后发国或地区潜在的“后发优势”是否能变成现实或发挥的大小，与历史因素、现实环境、以及外在技术差距与内在社会能力相互作用的地组合有直接的关系❶。

### 1.3.4 可持续发展理论

可持续发展理论，是在对“增长=发展”模式怀疑的基础上提出的，与传统发展模式截然不同的发展观，注重经济与人口、资源环境等的协调发展。20 世纪 70 年代，罗马俱乐部发表的《增长的极限》中指出❷，加速发展的工业人口剧增、粮食私有制、不可再生资源枯竭以及生态环境日益恶化，这五种趋势都以指数的形式增长。由于地球的有限性，这五种趋势的增长都是有限的，超过这一极限，后果可能是：人类社会突然地、不可控制的瓦解，科学技术只能推迟“危机点”。因此，人口和经济的增长是有限制的，一旦达到它们的极限，增长就会被迫停止。协调发展是最可取的方法。

1987 年，挪威首相布伦特兰向联合国世界与环境发展委员会提交了一份报告《我们共同的未来》，正式提出可持续发展概念，认为“可持续发展是在满足当代人需要的同时，不损害人类后代的满足其自身需求得能力”。1989 年，联合国环境规划署理事会通过的《关于可持续发展的声明》，该声明指

---

❶ Abramovitz，M. Thinking about Growth ［M］. Cambridge UniversityPress，1989//王必达．后发优势与区域发展［M］. 上海：复旦大学出版社，2004，40-45.

❷ 德内拉·梅多斯，等．增长的极限［M］. 北京：商务印书馆，1984.

出："可持续发展意味着要维护、合理使用并提高自然资源基础，这种基础支撑着生态抗压力及经济的增长。可持续发展还意味着在发展规划和经济政策中那纳入对环境的关注与考虑。"可见，可持续发展更注重长远发展和发展的质量，强调人口、资源、环境、经济和社会的综合协调发展。改变"高投入、高消耗、高污染"的增长方式为集约型的循环经济发展模式，谋求自然—经济—社会复合系统的持续、稳定、健康的发展。

为了实施可持续发展战略，中国编制了《中国 21 世纪议程》进行总体规划。总体战略中强调从我国国情出发，可持续发展的前提是发展。只有经济增长率达到并保持一定的水平，才有可能不断地消除贫困。同时，在经济快速发展的同时，必须保持自然资源的合理开发利用，加强环境保护，逐步走向可持续发展的道路。特别强调，尤其应改变贫困地区落后的消费模式，减缓对环境资源的压力。扶贫工作的重点应转移到依靠科技进步和提高劳动者素质的轨道上来。

在坚持可持续发展思想的基础上，结合中国的实际，中国共产党集全党、全民智慧提出了科学发展理论——科学发展观，即坚持以人为本，树立全面、协调、可持续的发展观❶。"以人为本"就要坚持从人民的根本利益出发谋发展、促发展，改善人民的生活条件，提高人民的生活质量，丰富人民的生活内容，使全体人民尽快富裕起来，促进人的全面发展。"全面发展"则要求不仅要实现经济发展，也要实现物质文明、政治文明、精神文明，以及生态文明建设和人的全面发展。"协调发展"要求实现经济社会各方面、各环节发展相互衔接、促进和良性互动。"可持续发展"要求在发展经济的同时，充分考虑环境资源和生态的承受能力，保持人与自然的和谐发展，实现自然资源的永续利用，实现社会的永续发展❷。要实现科学发展，统筹兼顾是其根本方法。统筹兼顾强调在现代化建设进程中，要统筹城乡发展、统筹区域发展、统筹经济社会发展、统筹人与自然和谐发展、统筹国内发展和对外开放，使各个方面的发展相适应相协调。科学发展观是中国特色社会主义发展理论，是发展中国特色社会主义的一大法宝，更是贫困地区发展的重要指导思想。

### 1.3.5　反贫困理论

迪帕·纳拉扬等通过一系列的实践调查在《呼唤变革》一书中指出，贫困，与不幸有着相同的外在表现：物质匮乏和不足；身体的饥饿、痛苦、不

❶ 新华社．中国特色社会主义理论体系的最新成果［OB/EL］．新华网，http://news.xinhuanet.com/theory/2008-10/08/content_ 10165173.htm, 2008-10-08.

❷ 刘正恒．转变经济增长方式创新经济发展模式［J］．辽宁经济，2006（9）：17.

安、筋疲力尽和时间的匮乏；糟糕的社会关系，遭受排斥、拒绝、虐待、孤立和孤独；缺乏安全感，脆弱、焦虑和恐惧；缺乏权力，表现为无助、挫折和愤怒的无可奈何等❶。同时指出致贫的原因是多维的，包括空间贫困、身体贫困、能力缺乏贫困和政策体制致贫等。空间贫困理论指出穷人居住的地区通常包括山地丘陵区、偏远地区、干旱地区、容易受到山崩、洪水和污染危害的地区，距离水源太远或是太近的地区，以及天气变化极端恶劣的地区。身体致贫理论指出对于穷人而言，身体就是财产。伤残、疾病成为贫困的主要原因，缺乏医疗机构、高昂的医疗费用、匮乏的药品等。能力缺乏致贫理论指出能力缺乏贫困包括：①信息缺乏，表现为缺少信息（对应有的服务、权利和会议结果不了解），缺少接触信息的机会（电话，互联网等交通通信和信息设备）。②教育的缺乏（上学路途远、对孩子参加劳动的需要、学校教学质量差，教师少、教学设备差等）。③缺乏技能（学习实际技能非常重要）。另外，提供基础设施和公共服务的政策不公平也会导致贫困。

迪帕·纳拉扬等认为尽管造成贫困的每个方面的因素都很重要，但更重要的是这些因素相互作用形成了强有力的网络。它们相互交织在一起促生、延续并加重了穷人们无能为力和被剥夺的状态。正是这种相互强化使穷人难于摆脱贫困，并且在脱贫之后又很容易重新陷入贫困；也正是因为这种多方面的无能为力使穷人们难以组织起来，个别成功组织起来的例子就十分明显❷。而消除贫困最大的挑战之一就是偏向于穷人的公共机构的组建和管理，以及对有贫困男子和妇女组成的组织关系网络进行投资。❸

针对“扶贫—脱贫—返贫”这一恶性循环现象，反贫困学者进行了反思，并提出了相对应与物质扶贫的贫困文化理论。这一理论以美国学者刘易斯为代表，刘易斯等人认为，贫困形成了一种亚文化，即贫困文化，所谓“贫困文化”就是贫困阶层所具有的“一种独特生活方式，是长期生活在贫困之中的一群人的行为方式、习惯、风俗、心理定式、生活态度和价值观等非物质形式❹。”

贫困文化是在对贫困现象的长期适应的基础上形成的。对于长期生活于贫困中的人们来说，他必须面对贫困的物质事实，并以这样一个事实为基础建构他们的生活方式、思维理念和价值体系。超出现实的愿望或目标得到的往往是失望和无奈，因此穷人常常表现出听天由命、消极的人生观；安于现

❶ 迪帕·纳拉扬，等．呼唤变革［M］．北京：中国人民大学出版社，2003：41-48.

❷ 迪帕·纳拉扬，等．呼唤变革［M］．北京：中国人民大学出版社，2003：309-310.

❸ 迪帕·纳拉扬，等．呼唤变革［M］．北京：中国人民大学出版社，2003：304-305.

❹ 方清云．贫困文化理论对文化扶贫的启示及对策建议［J］．广西民族研究，2012（4）：159.

状，好逸恶劳的幸福观；安贫乐贫、得过且过的生活观；不求甚好、只求温饱的消费观；老守田园、安土重迁的乡土观；小农本位，重农轻商的经济观；“等、靠、要”的度日观；多子多福、早婚早育的婚育观，等等。满足于现在的生活，穷人很少有热情去改变他们的生活，甚至，为了维护现有脆弱的收入，他们会成为维护既有社会秩序的保守力量，即使外部力量抱着善意的愿望，改造他们的生活，也可能会遭到他们的反对。贫困文化作为一种社会存在，一旦形成，就会影响到整个贫困区域的人，并一代一代地传递下去。美国经济学家约翰．肯尼思．加尔布雷斯（J. K. Galbrath）称之为“对贫困的顺应”，即这种贫困文化产生了宿命论意识和接受了被注定的状态，从而形成了自我保存的贫困链❶，因此，针对穷人的反贫困计划必须首先考虑他们的贫困文化。

## 1.4 研究的主要内容与技术路线

### 1.4.1 研究思路及主要内容

1. 研究思路

本研究首先在理论阐述的基础上，界定了中部贫困地区，运用SWOT分析方法阐述中部革命老区（贫困地区）发展的优势、劣势、机遇与挑战，并运用反馈基模分析技术构建了中部贫困地区发展环境模型；其次，分析了国内外贫困地区发展的经验，以期提供借鉴；再次，对中部贫困地区经济社会发展的历程和基本特征进行了分析；然后结合县域竞争力理论分析了中部贫困地区经济社会发展竞争力的概念及特征、阶段定位及价值取向；在中部贫困地区经济社会发展竞争力理论研究的基础上构建中部贫困地区经济社会发展竞争力评价指标体系，接下来利用熵权TOPSIS法对中部贫困地区经济社会发展竞争力评价作实证研究，最后，在竞争力比较分析的基础上结合实地调研，从管理学和法学二元视角提出了提升中部贫困地区经济社会发展竞争力的对策建议。

2. 主要内容

全文共分为九章。

第1章是绪论。本章主要介绍论文的研究背景、研究意义、国内外研究

❶ 严江．四川贫困地区可持续发展研究［D］．成都：四川大学，2005：22.

现状、研究理论基础、研究思路、主要内容、研究方法、技术路线以及主要创新点等。

第 2 章是贫困地区经济社会发展的 SWOT 分析和反馈基模分析。本章运用了 SWOT 分析方法对中部贫困地区经济社会发展的优势、劣势、机遇与挑战进行了分析。利用 SD 基模分析方法对贫困地区与发达地区争夺资源时形成的富者愈富基模、资金投入不足引发的依赖国家财政支持而缺乏自生能力挖掘的舍本逐末基模和牺牲环境发展经济的饮鸩止渴基模等进行了分析，总体上认清了中部贫困地区经济社会发展的时代背景。

第 3 章是国内外贫困地区发展的经验与借鉴。他山之石，可以攻玉，中部贫困地区经济社会发展竞争力的提升也需要借鉴国内外贫困地区发展的经验，因此，居于比较分析方法，本章首先选取了美国、日本、巴西三个典型国家的贫困地区发展的经验与借鉴进行了论述，接下来对国内其他区域脱贫致富的典型模式进行理论结合实践的细致分析，然后在上述分析的基础上提炼总结出国内外贫困地区发展对中部贫困地区发展的一些启示。

第 4 章是中部贫困地区经济社会发展的概况。本章主要阐述了中部贫困地区的界定与分布，阐述了中部贫困地区经济社会发展的历程，指出其经历了艰难起步兼救济式扶贫阶段、初步发展兼开发式扶贫阶段、缓慢发展兼产业扶贫阶段、可持续发展兼参与式扶贫阶段。最后再理论联系实际对中部贫困地区经济社会发展的基本特征进行了概括。

第 5 章是中部贫困地区经济社会发展竞争力的内涵与价值取向。尽管区域竞争力是经济学界和管理学界关注的热点问题，但学者对贫困地区的竞争力问题却鲜有论及，因此本章主要是对中部贫困地区经济社会发展竞争力进行理论构建。首先，对中部贫困地区经济社会发展竞争力的概念进行界定，并与一般县域竞争力进行了异同比较；其次，综合波特的竞争力理论、依据产业竞争优势的相关理论对中部贫困地区经济社会发展竞争力进行了阶段定位；最后，从多角度确立了中部贫困地区经济社会发展竞争力的价值取向，为后面提升中部贫困地区经济社会发展竞争力的对策分析提供了理论基础。

第 6 章是中部贫困地区经济社会发展竞争力评价体系和方法。评价指标体系构建是中部贫困地区经济社会发展竞争力比较分析的关键，本章首先论述了评价指标体系构建的目标、原则和方法；其次对中部贫困地区经济社会发展竞争力影响因素模型进行了分析；再次结合中部贫困地区经济社会发展竞争力的概念以及影响因素的分析，构建了中部贫困地区经济社会发展竞争力评价模型，并对具体指标进行了选择和解释；最后选取了熵权 TOPSIS 法作为本书中部贫困地区经济社会发展竞争力的评价方法，并对方法和具体步骤进行了阐述。

第7章是中部贫困地区经济社会发展竞争力评价的实证研究。首先对130个中部贫困老区的综合实力进行了比较评价，并进行了分省聚类。其次在上述分析的基础上，分别从综合实力的好、中、差三个等级共选择了20个贫困县（市）进行经济社会发展综合竞争力的评价，以2011—2013年的面板数据为基础，对20个中部贫困地区经济社会发展竞争力进行了动静态评价和分析，并得出了相关结论。

第8章是提升中部贫困地区经济社会发展竞争力的管理对策研究。本章在前文实证分析的基础上，从管理学和法学二元视角提出了提升中部贫困地区经济社会发展竞争力的对策建议：明确政府责任，强化统筹职能；扶持符合地区禀赋的特色产业，打造优势群体，增强经济实力；抓住机遇，扩大对外开放，积极融入特色经济圈；确保基础先行，强化支持能力；针对性培育人力资源，提高地区“造血功能”；落实生态补偿扶贫，协调区域发展；推进扶贫立法，增强贫困地区自我发展能力；强化法治环境，提升综合竞争力。

第9章是研究结论与展望。对本研究的主要结论进行总结，并对今后的研究做出展望。

### 1.4.2 研究的方法与技术路线

1. 研究目标

本研究的目标是拟通过对中部贫困地区经济社会发展的概况分析，在中部贫困地区经济社会发展竞争力的内涵、阶段定位和价值取向等理论研究基础上，构建其经济社会发展竞争力评价指标体系，并进行竞争力实证比较研究，定量和定性分析相结合，进而提出提升中部贫困地区经济社会发展竞争力的对策建议。主要包括三个方面：

（1）在对已有文献总结归纳的基础上，结合中部地区的实际情况，提出界定贫困地区的标准、类型，并对中部贫困地区各项指标进行统计学分析，归纳出中部贫困地区的经济社会发展特征。通过时间序列分析、对比分析、SWOT分析等方法，总结出中部贫困地区经济社会发展存在的突出问题，发展潜力和机遇。

（2）以县域竞争力理论为基础，界定中部贫困地区经济社会发展竞争力，并对其内涵、特征进行分析，探讨中部贫困地区经济社会发展竞争力的形成机制，回答贫困地区是否有竞争力的疑问，对中部贫困地区经济社会发展竞争力进行阶段定位，厘清中部贫困地区经济社会发展竞争力的价值取向，为中部贫困地区政府制定提升竞争力对策提供理论参考。

(3) 结合中部贫困地区经济社会发展竞争力的理论分析，构建中部贫困地区经济社会发展竞争力评价指标体系，并利用熵权 TOPSIS 法进行定量分析，以期全面掌握中部贫困地区经济社会发展现状，最后对不同类别的中部贫困地区经济社会发展竞争力的优劣势进行识别，此基础上提出有针对性的建议。

2. 研究方法

(1) 整体设计上，本研究采用规范理论研究与实证分析相结合。规范理论研究主要是对中部贫困地区概念与范围界定，和其经济社会发展概况的归纳与梳理，以及中部贫困地区经济社会发展竞争力的内涵、价值取向等理论阐述。实证分析则主要是在理论分析的基础上，通过实地调研、数据获取以及模型构建对中部贫困地区经济社会发展竞争力进行比较分析。

(2) 具体方法上，本研究主要采用了文献检索、实地调研、德尔菲法、SWOT 分析、SD 基模分析、因子分析、聚类分析、熵权 TOPSIS 等方法。

首先，本研究将 SWOT 方法和 SD 基模分析等方法应用到探究中部贫困地区发展的背景、机遇等问题，应用时间序列分析、对比分析等方法综合分析中部贫困地区经济社会发展的内外部环境，为进一步研究提升贫困地区经济社会发展竞争力提供重要的理论基础和材料支撑。

其次，在文献分析和实地调研的基础上，运用文献资料分析法和归纳法，概括中部贫困地区的含义。通过对不同时期各贫困地区的实地调研，从区位条件、财政发展实力、教育卫生、基础设施建设、金融服务、人民生活水平、科技服务等方面，总体厘清中部贫困地区的经济社会发展概况，并提炼其特征。

再次，本研究拟将定量研究和定性研究综合集成，通过建立中部贫困地区经济社会发展竞争力的评价指标体系，利用因子分析等数理统计方法，对中部 130 个贫困地区综合实力进行比较聚类分析，在此基础上选取 20 个贫困地区运用熵权 TOPSIS 对其经济社会发展竞争力进行全面比较，并深入探究识别影响中部贫困地区经济社会发展的关键因素，在此基础上结合专家咨询和问卷调查等定性方法深入挖掘阻碍中部贫困地区发展的阻碍机制。

最后，本研究综合运用调查研究、专家咨询、政策研究以及战略分析等方法，在定量比较分析的基础上，结合中部贫困地区定性比较分析，最终提出提升中部贫困地区经济社会发展竞争力的对策建议。

3. 研究的技术路线（见图1-2）

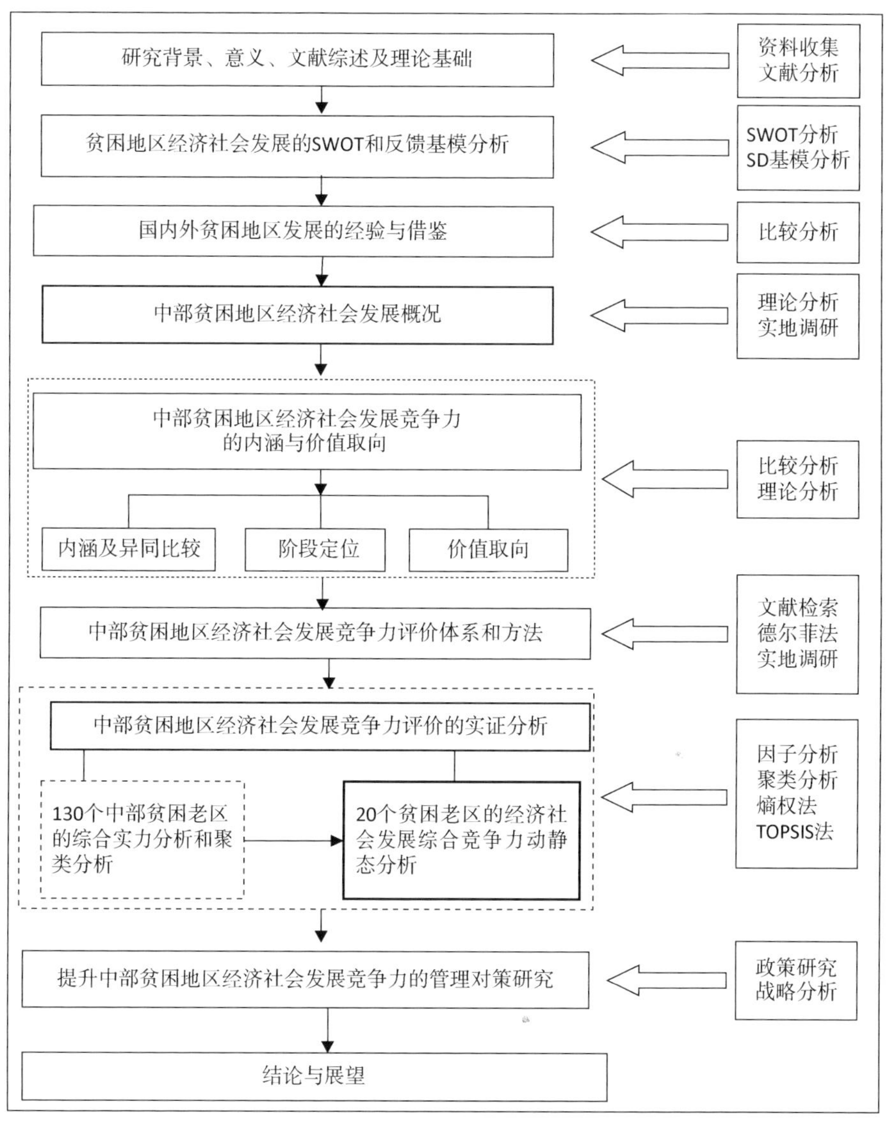


图1-2　研究的技术路线

## 1.5　主要创新点

1. 选题具有前沿性。突破关于中部贫困地区经济社会发展研究重于发展模式、路径等传统分析的局限性，还未见选择经济社会发展竞争力比较作为研究焦点的成果，呼应了党的十八大提出的在我国全面建设小康社会的宏伟目标。

2. 采用了两层评价法对中部贫困地区经济社会发展竞争力进行系统评价研究。本书采用文献考察、实地调研和德尔菲法，聚集高校相关领域专家和中部六省相关政府工作专家的智慧，构建了中部贫困地区经济社会发展竞争力评价指标体系。采用两层评价法进行评价分析，首先在整体评级指标体系的基础上建立综合实力评价指标，评价出中部六省130个贫困老区中20个竞争力评价代表县；然后，以2011—2013年的面板数据为基础，对这20个贫困县经济社会发展竞争力进行了动态和静态评价和分析。接着在全文理论与实证分析的基础上，从管理学和法学二元视角进行对策研究。

3. 首次界定了中部贫困地区经济社会发展竞争力的内涵，确定了中部贫困地区经济社会发展竞争力处于要素推动阶段，提出了中部贫困地区经济社会发展竞争力以人为本、效率与公平统一、内生能力培育以及环境友好四个价值取向。

# 第2章　贫困地区经济社会发展的SWOT分析和反馈基模分析

本章在对贫困地区内涵界定基础上，利用SWOT分析方法和反馈基模分析法对中部贫困地区经济社会发展的内外环境、时代背景等进行分析，为后面研究奠定基础。

## 2.1　贫困与贫困地区的含义

本书研究对象为中部贫困地区，何谓“贫困”“贫困地区”？其分布状况如何？需要厘清与界定。

### 2.1.1　贫困的含义

贫困是一个极其复杂的社会现象。随着人类社会的不断演进，人们对贫困的认识也逐渐深刻，自其被系统提出的一百多年以来，不同的学者从不同的学科对贫困进行了不同的阐述。把握贫困的含义，正确认识贫困现象的本质，有利于减贫行动的顺利进行。

贫困的最经典定义是“收入贫困”。1901年英国贫困问题专家朗特里（Benjamin Seebohm Rowntree）在其著作《贫困：城镇生活研究》中定义：“如果一个家庭的总收入不足以支付仅仅维持家庭成员生存需要的最低量生活必需品开支，这个家庭就基本陷入了贫困之中”[1]。尽管朗特里对贫困概念的提出已经一个多世纪了，但其定义贫困的原理和方法却一直沿用着，《2000/2001年世界发展报告》评价指出，“朗特里以家庭收入和支出调查为基础，目前已经成为贫困进行定量分析和政策论述的主要手段”。如1985年中国国家统计局在对中国农村居民贫困的定义，就是以这种方法进行定义“如果人均纯收入低于农民维持基本生存所必须消费物品和服务的最低费用，则称为

[1] Rowntree, Benjamin Seebohm. Poverty: A Study of Town life. London: Macmillan, 1901. 转引自吴理财. 贫困的经济学分析及其分析的贫困［J］. 经济评论，2001（4）：3-4.

生活水平处于贫困状态”[1]。世界银行在其《1990年世界发展报告》中也将贫困定义为“缺少达到最低生活水准的能力”，并确定了衡量最贫困国家的生活标准的贫困线，即1美元/天的贫困线（按1985年购买力平价），2008年按2005年购买力平价将国家贫困线标准修改为1.25美元/天[2]。

社会排斥理论为贫困的理解开辟了一个新的视野。“社会排斥”这一概念，联合国开发署将其定义为“基本公民权利和社会权利得不到认同（比如，获得充足医疗、教育和其他非物质形式的福利），以及在存在这些认同的地方，缺乏获得实现这些权利所必需的政治和法律体制的渠道”[3]。20世纪70年代，社会排斥成为由于经济快速变迁而导致的“新贫困”问题的核心概念，是对比如单亲父母、残疾人、失业者等易受伤害的弱势群体的关注，这些弱势群体往往被社会排斥以至于他们不能参与社会、政治、经济等主流生活的各个方面；而社会排斥又往往加剧了弱势群体的贫困。对社会排斥的关注大大丰富了人们对贫困问题的深层次认识，从单纯收入角度考虑经济贫困，扩展到从性别平等、就业市场、教育公平、公共物品供给及对政治过程的参与等社会领域来分析贫困、理解贫困，对政府缓解贫困政策的有效制定提供了指引。

20世纪80年代，1998年诺贝尔经济学奖获得者阿玛蒂亚·森开辟的“能力分析路径”使人们对贫困的认识又有了一次革命性的飞跃。阿玛蒂亚·森在其著作《以自由看待发展》中指出，“贫困必须被视为基本可行能力的被剥夺，而不仅仅是收入低下，而这却是现在识别贫困的通行标准”[4]，书中注重强调了这些基本可行能力或基本的实质自由：免受困苦——诸如饥饿、营养不良、可避免的疾病、过早死亡之类——基本的可行能力，以及能够识字算数、享受政治参与等的自由。阿玛蒂亚·森的贡献实质上是将贫困定义的逻辑进一步进行了延伸，即贫困—福祉被剥夺—基本需要—能力。[5]他认为，贫困可以用能力的被剥夺来容易的识别，它更加关注被剥夺的实质，而收入仅仅是一种识别贫困的手段或工具。而且收入不是产生能力的唯一工具，对于贫困还有其他影响能力被剥夺的因素。收入到能力的转化受到许多因素的影响。“能力分析路径”分析贫困将人们的注意力从手段（收入）转向了真正的目的，加强了对贫困和剥夺的本质和原因的理解，使人们能从社会公正、

[1] 谭诗斌．现代贫困学导论［M］．武汉：湖北人民出版社，2012：53-54.

[2] 王小林．贫困测量：理论与方法［M］．北京：社会科学文献出版社，2012：32-34.

[3] 丁开杰．西方社会排斥理论：四个基本问题［J］．国外理论动态，2009（10）：36-41.

[4] 阿马蒂亚·森．以自由看待发展［M］．任赜，于真，译．北京：中国人民大学出版社，2002：85.

[5] 王小林．贫困测量：理论与方法［M］．北京：社会科学文献出版社，2012：12-13.

人的自身发展以及人的自由等角度来认识贫困，从而为反贫困政策的制定提供了更广阔的视野。以森的能力贫困理论为基础，贫困的测量也有了质的飞跃。由单项的收入贫困测量发展到多维贫困测量。2010 年《人类发展报告》指出："贫困维度远远超出收入不足的范畴，其涉及不良的健康及营养不足的状况、较低的受教育水平和技能、谋生手段的缺乏、恶劣的居住条件、社会排斥、以及社会参与的缺乏等诸多方面。"❶ 贫困是多方面的，也是多维度的，因此《2010 年人类发展报告》启用了多维贫困指数来测量贫困，包括了健康、教育和生活标准 3 个维度，共 10 项指标。其中健康包括营养和儿童死亡率 2 个指标；教育包括受教育年限和入学儿童 2 个指标；生活标准包括做饭用燃料、厕所、饮用水、电、屋内地面和财产 6 个指标。《报告》指出，其所关注的 104 个国家中有 1/3 的人口——大约 17.5 亿人——正经历着多维贫困❷。

除了上述经济学、社会学、发展学角度对贫困的理论界定外，穷人对贫困也有自己的定义。迪帕·钠拉扬等著《穷人的呼声》系列丛书之《谁倾听我们的声音》第一章阐述，在穷人关于贫困的定义中，贫困具有以下六方面的显著特征❸：

第一，贫困由相互关联的许多方面组成。贫穷从来不是因为缺乏某一样东西而产生，它来自穷人们所体验的许多相关因素的共同作用。尽管贫困通常不只是一种物品的缺乏，但其底线却总是饥饿——食物的匮乏。

第二，贫困包含重要的心理范畴，例如，无权力、无发言权、依附性羞耻和屈辱。穷人对自己做人资格的信心来自同一性文化的维系和团结一致的社会规范。

第三，穷人缺少利用基础设施的权利，例如，公路（特别在农村地区）、交通和清洁水。

第四，穷人们认识到教育提供了摆脱贫困的方法，但却很少提到学校教育的作用，这要求提高教育质量、改善社会经济环境。

第五，身体不健康和疾病是贫困的一个根源。

第六，穷人很少谈及收入，他们更关注其所能支配的财产（物质的、人力的、社会的和环境的），并把这些财产作为克服其脆弱性的手段。

---

❶ 资料来源：《2010 年人类发展报告》，联合国网站，http：//www.un.org/zh/development/hdr/2010/.

❷ 资料来源：《2010 年人类发展报告》，联合国网站，http：//www.un.org/zh/development/hdr/2010/.

❸ 迪帕·钠拉扬，等．谁倾听我们的声音［M］．北京：中国人民大学出版社，2001：4-5.

综上所述，本书认为贫困是多维度的，是物质匮乏和精神支持的匮乏，底线表现为收入低下，进而扩展到性别歧视、就业市场小、教育公平度差、公共物品供给不足，及缺乏改变自身的能力等。因而，贫困问题的缓解需要提供物质和精神支持的双重保障；需要整合力量，内能与外助相结合；需要多部门、多途径共同作用。

### 2.1.2 贫困地区的含义

"贫困地区"一词在我国没有一个明确清晰的界定。一般来说，贫困地区是指由于经济、社会、历史、文化、自然及地理等原因，其教育、卫生等基础设施落后，因灾、因病致贫现象严重，市场化程度低，收入水平和生活水平都低于国家平均水平的落后地区。其具有以下几层含义：首先，与落后地区、欠发达地区的关系。细分之下，贫困地区与落后地区并不是等同的概念，落后地区含义更为广泛，除包括经济落后外，还包括科技教育文化落后及管理落后等。贫困地区是落后地区的一种体现。贫困地区与欠发达地区也是既区别又有联系的两个概念。欠发达地区主要是居于经济发展的视角看，还没有实现工业化和现代化的地区，而贫困地区是在经济、社会、文化等多方面落后的地区。从某种意义上讲，贫困地区必然是欠发达地区，而欠发达地区不一定是贫困地区。其次，贫困地区是贫困人口集中的地区，具有普遍性。贫困地区是一定的区域，兼具自然与人文现象的相互结合，只有少数贫困人口的地区不应被称为贫困地区。再次，贫困地区是一个相对的概念。所谓贫困地区，它是相对于发达地区而言的。最后，贫困地区是一个动态发展范畴，其范围和数量等在不断地发生变化。划定贫困地区的标准随着经济的发展在发生变化。我国的贫困线由1986年的206元发展到2008年的1067元，再到2011年的农民年人均纯收入的2300元，贫困地区的范围和数量也随之在改变。

目前为止，国内外对于贫困地区还没有形成可普遍接受的评价标准。实践中，为了有效地推进扶贫开发工作，1986年中国中央政府第一次以县为单位来划定贫困地区，按照1985年年人均纯收入低于150元的县和年人均纯收入低于200元的少数民族自治县；对民主革命时期做出过重大贡献，在海内外有较大影响的老区县，给予重点照顾，放宽到年人均纯收入300元，共评定出了699个贫困县，其中国家级贫困县331个，省级贫困县368个[1]。1994年国务院制定了《国家八七扶贫攻坚计划》，重新调整了国家级贫困县的标

---

[1] 麻朝晖．贫困地区经济与生态环境协调发展研究［M］．杭州：浙江大学出版社，2008：6-12.

准，名称也调整为国家重点扶持贫困县。具体标准是，以县为单位，凡是 1992 年年人均纯收入低于 400 元的县全部纳入国家贫困县扶持范围，凡是 1992 年年人均纯收入高于 700 元的原国定贫困县，一律退出国家扶持范围（根据当时的典型测算，凡是超过 700 元的县，90% 以上的贫困人口基本上解决温饱问题）。据此标准，国家划定了第二批 592 个国家重点扶持贫困县，分布在全国 27 个省、自治区、直辖市。2001 年，国家根据《中国农村扶贫开发纲要（2001—2010 年）》，取消了沿海发达地区的所有国家级贫困县，增加了中西部地区的贫困县数目，但总数依然为 592 个，同时将"贫困县"的提法改为"扶贫开发工作重点县"。按照《国家扶贫开发工作重点县管理办法》（2002）规定，重点县在中西部少数民族地区、革命老区、边疆地区和特困地区范围内确定。确定重点县的主要依据是：贫困人口数量、农民收入水平、基本生产生活条件以及扶贫开发工作情况，适当兼顾人均国内生产总值、人均财政收入等综合指标，即人们所称的"631 指数法"，即贫困人口占全国比例，农民人均纯收入水平，人均 GDP 和人均财政收入这三项，分别占六成、三成和一成的权重。2011 年 11 月 30 日至 12 月 1 日，中央扶贫工作会议在北京召开，颁布了《中国农村扶贫开发纲要（2011—2020 年）》（以下简称《纲要》）。《纲要》将新阶段扶贫开发的任务定位为"巩固温饱成果、加快脱贫致富、改善生态环境、提高发展能力、缩小发展差距"。为了缩小发展差距，让更多的贫困人口分享改革开放的成果，中央决定将扶贫标准定为"农民人均纯收入 2300 元（2010 年不变价）"，依此标准，国家扶贫开发领导办公室公布了新的《国家扶贫开发工作重点县名单》，共计 592 个，其中中部省份 217 个县，西部省份 375 个县。

名称上，贫困县经历了贫困县—重点扶持贫困县—扶贫开发工作重点县的转变；类型上，除国定贫困县外，各省根据自身情况还确立了一些省级贫困县；范围上，贫困地区还具有点、片、带的特征，即有贫困村、贫困片区及贫困带之分。出于便于研究、可操作性及统一标准的考虑，本书所指的贫困地区统一界定为国家扶贫开发工作重点县，这些地区贫困人口较多，农民收入水平和生活水平低于国家平均水平，地区经济发展水平也低于国家平均水平，因灾、因病致贫返贫现象严重，扶贫工作艰巨。

## 2.2 中部贫困地区经济社会发展的 SWOT 分析

SWOT 分析方法是一种系统综合分析模型，通过对研究对象的内在条件和外在竞争环境进行综合考察，以期对研究对象的竞争优势做出正确的评估，其中 S 代表 Strength（优势），W 代表 Weakness（劣势），O 代表 Opportunity（机遇），T 代表 Threat（挑战）。系统化方面，早在 SWOT 诞生之前的 20 世纪 60 年代，就已经有人提出过 SWOT 分析中涉及的内部优势、弱势，外部机会、挑战这些变化因素，但只是孤立地对它们加以分析。SWOT 方法的重要贡献就在于用系统的思想将这些似乎独立的因素相互匹配起来进行综合分析，使得研究对象战略计划的制定更加科学全面。中部贫困地区经济社会发展是一个复杂的多元系统，要了解其发展状况，识别其竞争优势，就需要借助 SWOT 分析方法，对其发展的优势、劣势、机遇和挑战进行全面的分析，在此基础上评价其竞争优劣势，为其经济社会发展战略的制定奠定基础。

### 2.2.1 中部贫困地区经济社会发展的优势

1. 区位集中连片，地缘性优势有利于经济社会的共同发展

中部贫困地区共 151 个县（市），分属于鄂、赣、豫、湘、皖、晋六个省份，数量较多，乍听之下略显凌乱。但事实上，中部贫困地区集中连成片，并不零散。虽然分属于不同的省区，但恰是比邻而居，相互连接，集中于秦巴山区、武陵山区、燕山—太行山区、吕梁山区、大别山区、罗霄山区等。且中部贫困地区同为山区县，地形相似，生活具有相同空间的特性。

从经济发展来看，中部贫困地区经济发展水平普遍较低，人民生活较为贫困，改善生活水平，积极向上进取的意识强烈。从经济发展方式来看，中部贫困地区因其环境的特性，非常有利于农作物的生长，发挥优势的发展能为农民带来实利。优美的生态环境，也为老区县生态旅游的发展奠定基础。另外，在国人的意识中，中部贫困地区同属“红色区域”，是一片英雄的土地，老区人民为革命无私奉献、英勇献身的精神获得中国人普遍的感动与认同。不忘老区民生疾苦，不忘老区经济发展！这是一个富强的共和国的责任，也是每一位中华儿女的心愿。总之，中部贫困地区这一片红色土地，地域上集中连成片，经济发展基础相同，又具有共同的积极发展经济的强烈意识，如此强大的地缘性优势，非常有利于中部贫困地区经济

社会的共同发展。

2. 生态、矿产、文化资源丰富

中部贫困地区多有生态之城的美称。境内山清水秀、风光旖旎、气候宜人，多数县森林覆盖率在70%以上，环境空气质量达到国家一级标准，是旅游观光的好去处。中部贫困地区基本为山区县，境内崇山峻岭，峰峦重叠，复杂的地形造成其丰富多彩的气候资源。如赣州市是全国重点有色金属基地之一，素有“世界钨都”“稀土王国”之美誉。已发现矿种106种，其中查明储量的矿种75种。矿产地1254处，其中大型矿床28处，中型矿床60处，小型矿床712处，矿点454处。煤炭是山西省最大的优势矿产资源。山西煤炭资源分布从北至南有大同、宁武、西山、沁水、霍西、河东六大煤田及浑源、五台等煤产地，含煤面积6.2万平方公里，占全省总面积的39.6%，等等。中部贫困地区不仅生态资源和矿产资源独特，而且文化资源也非常丰富。特别是历史文化景观丰富，是红色旅游的宝贵资源。

3. 劳动力转移，居民思想逐渐开化

中部贫困地区大多农业生产结构单一，剩余劳动力就地消化困难，政府都在大力实施劳动力转移政策，因此有大量的农民工外出务工。以安徽霍邱为例，霍邱县是安徽省劳务输出大县，全县170万人口中农业人口近140万，常年外出务工人数达40余万。截至2009年年底，外出务工人员已实现劳务创收40多亿，是县财政的4倍，占农民纯收入的50%，劳务输出作为当地农民增收的重要支柱作用越来越明显❶。农民工来到城市，进入非农产业部门，学习新的技能，开阔眼界、扩大交往，从观念到能力都发生很大的转变。对于人口流动给农村带来的社会后果，列宁曾有过精辟的论述：“迁移是防止农民‘生苔’的极重要的因素之一，历史堆积在他们身上的苔藓太多了，不造成居民的流动，就不可能有居民的开化”。另外，中部贫困地区都在大力发展旅游业、规模特色农业和相应的工业，吸纳了大量的劳动力，酒店管理、导游服务的人员越来越多，在工农业生产和服务业发展的实践中，就业人员的能力和素质取得了进步和提升，逐渐走向专业化、职业化。

4. 后发优势，有利于经济追赶

后发优势起因于差距，源于引进、模仿和学习，包括资本、技术和制度等。中部贫困地区远远落后于其他地区的发展，这种差距既是压力也是动力，能激发后进的决心，而其自身所具有的良好生态、矿产、劳动力、土地、红色旅游等资源，为其追赶奠定了物质条件，在此基础上引进先进技术，模仿

---

❶ 马姝瑞．安徽霍邱科学谋划“打工经济”培育“新型农民”求发展［EB/OL］．新华网，http：//news. xinhuanet. com/politics/2010-03/03/content_ 13090549. htm.

和学习发达地区相适应的发展模式，后发优势的全面发挥定能促进中部贫困地区经济社会的稳步向前发展。

5. 作风优良，革命历史文化传统深厚

中部贫困地区多为革命老区，革命老区的历史文化，从很大范围来说就是指在第二次国内革命战争时期诞生于以瑞金为核心的中央苏区“红土地”之上的人民大众反帝反封建的革命文化。这种红色文化是由毛泽东、周恩来、朱德、方志敏等老一辈无产阶级革命家，领导老区共产党人和广大军民在波澜壮阔的苏维埃革命运动中培育形成的。老区革命历史文化内涵丰富博大精深，归纳起来就是“星火燎原，信念坚定；反对本本，开拓进取；执政为民，争创第一；艰苦奋斗，廉洁奉公；无私奉献，不怕牺牲”。老区人民长期沉浸在“红色文化”中，受到革命精神的熏陶。红色文化所蕴含的坚持信念、开拓创新、集体主义、为民服务、艰苦奋斗、无私奉献的精神，为中部贫困地区城市建设、新农村建设提供了强大的力量支撑。

### 2.2.2 中部贫困地区经济社会发展的劣势

1. 资本积累不足

中部贫困地区最主要的弱势就是资金积累不足，生产总值和财政收入偏小，阻碍了其经济社会发展的道路。以安徽省为例，安徽共有 62 个县（市），其 13 个贫困地区 2012 年的 GDP、人均 GDP、财政收入、人均财政收入数据和位次如表 2-1 所示[1]。从表格可以看出贫困地区生产总值和财政收入都量小，位次基本靠后，石台位列最后一位。资本的缺乏成了贫困地区经济社会发展的障碍。

**表 2-1 2012 年安徽主要贫困地区主要经济指标在全省的排序**

| 县（市） | 生产总值（亿元） | 位次 | 人均生产总值（元） | 位次 | 财政收入（万元） | 位次 | 人均财政收入（元） | 位次 |
|---|---|---|---|---|---|---|---|---|
| 霍邱 | 193.39 | 11 | 11663 | 52 | 132269 | 13 | 726.90 | 45 |
| 舒城 | 127.38 | 28 | 12765 | 47 | 63368 | 44 | 635.00 | 47 |
| 金寨 | 80.00 | 53 | 11977 | 50 | 38196 | 55 | 571.86 | 50 |
| 岳西 | 64.37 | 55 | 15881 | 36 | 24254 | 60 | 598.42 | 49 |

[1] 安徽省统计局，国家统计局安徽调查总队. 2013 年安徽省统计年鉴［M］. 北京：中国统计出版社，2013.

续表

| 县（市） | 生产总值（亿元） | 位次 | 人均生产总值（元） | 位次 | 财政收入（万元） | 位次 | 人均财政收入（元） | 位次 |
|---|---|---|---|---|---|---|---|---|
| 潜山 | 110.72 | 38 | 18838 | 29 | 48043 | 47 | 817.43 | 41 |
| 寿县 | 105.31 | 41 | 7652 | 60 | 45918 | 49 | 333.64 | 60 |
| 太湖 | 80.32 | 52 | 14101 | 43 | 28416 | 59 | 498.85 | 54 |
| 石台 | 17.18 | 62 | 15792 | 37 | 12907 | 62 | 1186.15 | 32 |
| 宿松 | 125.19 | 29 | 14919 | 40 | 44644 | 52 | 532.03 | 51 |
| 砀山 | 114.82 | 36 | 11472 | 54 | 45736 | 50 | 456.92 | 56 |
| 萧县 | 163.41 | 17 | 11406 | 55 | 69978 | 37 | 488.42 | 55 |
| 灵璧 | 123.80 | 30 | 9899 | 56 | 44170 | 53 | 353.20 | 59 |
| 泗县 | 120.08 | 31 | 12772 | 46 | 47794 | 48 | 508.38 | 53 |

2. 地方居民的文化观念保守，劳动技能低

由于地处偏远山区，信息闭塞，农村劳动力普遍观念陈旧，群众接受新思想、新技术的能力有限，发展现代农业缺乏技术支撑，科技对农业增长的贡献不高。劳动力文化程度低，缺少实用技能培训，这是农村贫困家庭普遍存在的一种致贫现象。从劳动力的就业情况来看，绝大部分贫困户都在本地从业，而且从事单一的种植业和家庭式的养殖业，很少人经营第二、三产业。由于劳动力束缚在单一的种养业上，增收渠道狭窄。据调查，江西省赣州市集中连片区域内贫困群众小学毕业以下占 48.8%，还有相当数量文盲、半文盲。有 70%的贫困户家庭主要依赖传统农业，卖的是原材料，农产品无任何附加值，商品率极低，有 80%以上贫困劳力外出务工靠苦力，收入低，工作环境差；有 50%以上的贫困群众对脱贫致富缺乏信心，因循守旧，“等、靠、要”依赖思想严重。

3. 交通通信等基础设施发展不足

中部贫困地区基本都在山区，地理条件的限制导致交通通信等基础设施发展滞后。由于基础设施落后，直接导致农民生产成本增加，农民的增收致富难度加大。近年来，虽然乡村通路里程也有所增加，但由于地貌以丘陵山地为主，农户居住十分分散，公路弯弯曲曲，公路技术等级偏低，路面状况差，通过能力低，基础设施的改善还有很多工作要做。例如，湖南革命老区大多数公路技术等级低，交通流量已大大超过设计能力，经常造成公路堵塞，

特别是国道G319线花垣至吉首路段、国道G209线凤凰至吉首路段堵车现象更是严重，过境车辆和游客怨声载道。从吉首到龙山由于路况差，近250公里的路程需要6个小时左右的时间，比吉首到长沙的时间还要长。[1] 同时，贫困人口大多分布在边远山区、水库库区和地质灾害多发区，山洪、滑坡、泥石流等自然灾害发生的频率较高，致使广大群众因灾返贫现象突出。因此，道路交通问题已经成为中部贫困地区发展的瓶颈。

4. 地方居民的经济增长力不强和收入外部依赖性强

中部贫困地区县目前大都是农业县林业县，有少数工业化程度比较好的县也大都是资源开采型、环境污染型、能量高耗型，所生产的农副产品和资源性产品都靠外销，创新能力不足，对外依赖加重，成为低端供货商。这种依赖主要体现在两个方面：经济动力、经济收入依赖于外部，经济投入主要依赖于国家上级财政支持。

第一，家庭收入的外部依赖性非常强。因本地工业比较少，所以劳动力大部分都流向上海、广东、江苏、福建厦门一带。只有少数的县有比较好的产业基础，能带动老百姓当地就业，例如湖北郧县光农产品工业园，就带动了3万农民就业，“工业梯田”的打造更是为郧县人们提供了广阔的发展空间。但大多数老区县都以农林为主，所以大部分居民出去寻求生计。农民收入有着严重的外部依赖性。

第二，财政投入的外部依赖性强。例如河南洛宁县2011年生产总值116.9451亿元，人均生产总值27698元。全县完成地方财政一般预算收入4.3999亿元，地方财政支出14.4558亿元，2011年4.4亿元占当年财政支出14.4亿元的30%，70%的财政支撑依靠上级财政补助，属于典型的财政投入依赖型。外部依赖性的财政很难保证当地农户有更多开创性的产业发展，大多仅仅维持基本的生活需求。

### 2.2.3 中部贫困地区经济社会发展的机遇

1. “中部崛起”战略实施提供了强有力的支撑

“中部崛起”战略自2006年被正式提出，2010年国家发改委通过了《促进中部地区崛起规划实施意见的通知》，2012年国务院发布了《国务院关于大力实施促进中部地区崛起战略的若干意见》，这些政策文件中都强调要把中部地区建设成重要的粮食生产基地、能源原材料基地、现代装备制造及高技术产业基地和综合交通运输枢纽，并着力发展服务业。中部贫困地区生态资

---

[1] 王斌辉．交通先行是民族贫困地区实现后发赶超的必然要求［EB/OL］．湘西自治州交通运输局网，http：//xx.hnjt.gov.cn/static/zyjh/zyjh_ 297.html.

源、矿产资源、能源资源、农业资源等都异常丰富，中部崛起突出了县域资源优势，为中部贫困地区经济发展确定了产业发展方向。政策也强调扶持欠发达地区加快发展。“增加扶贫资金投入，加大工作力度，推进秦巴山区、武陵山区、燕山—太行山区、吕梁山区、大别山区、罗霄山区等集中连片特困地区扶贫开发攻坚工程，到 2020 年稳定实现扶贫对象不愁吃、不愁穿，保障其义务教育、基本医疗和住房，扭转贫困地区与其他地区发展差距扩大趋势。推动在武陵山区率先开展区域发展与扶贫攻坚试点。支持赣南等原中央苏区振兴发展，促进大别山革命老区加快发展”，这更突显了中部地区发展贫困地区的重大决心。

2. 区域协调发展提供了政策支持

20 世纪 90 年代，针对地区差距带来的突出问题，国家“九五”规划纲要适时做出了“坚持区域经济协调发展，逐步缩小地区发展差距”的重大决策。区域协调发展这一国民经济发展方针，在“十五”规划、“十一五”规划中得到继续贯彻和强化。“十二五”规划纲要中再次确认了区域协调发展的方针政策，并且强调“加大对革命老区、民族地区、边疆地区和贫困地区扶持力度”，“在南疆地区、青藏高原东缘地区、武陵山区、乌蒙山区、滇西边境山区、秦巴山—六盘山区以及中西部其他集中连片特殊困难地区，实施扶贫开发攻坚工程，加大以工代赈和易地扶贫搬迁力度”，这为身处秦巴山区、武陵山区、燕山—太行山区、吕梁山区、大别山区、罗霄山区等集中连片特殊困难地区的中部革命老区县发展提供了强有力的政策支持。

3. 符合统筹城乡发展与新农村建设的要求

一个社会的收入分配问题，不仅决定着全社会创造的财富为各个阶层带来的福利多寡，同时也影响着未来经济社会的发展状况。中部贫困地区城乡居民的收入差距还较大，一定程度上影响了本地区经济社会的全面发展。以湖北贫困地区为例，2011 年湖北 24 个贫困地区城镇居民可支配收入与农民人均纯收入之比都较高，多数县超过国家的平均水平（3. 16 ∶ 1），也基本上高于全省的平均线（2. 66 ∶ 1），其中最低为阳新县 2. 46 ∶ 1，最高为恩施市 3. 81 ∶ 1，快接近国际公认的警戒线 4. 0 的水平（见图 2-1）。

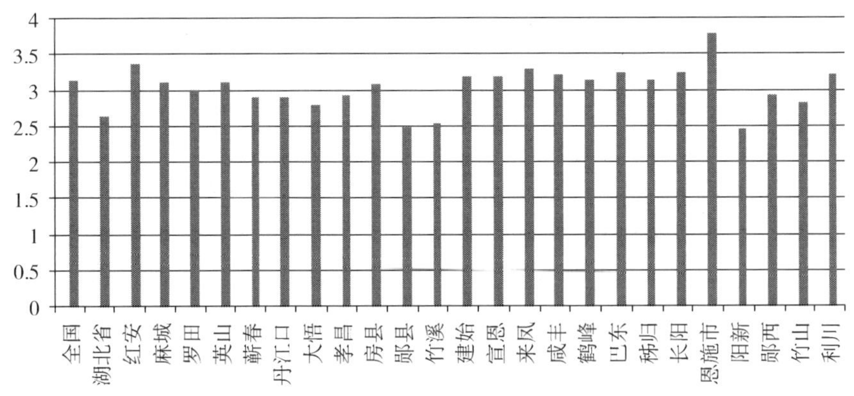


**图 2-1　全国、湖北省及湖北贫困地区城乡收入比**

资料来源：依据 2012 年湖北省统计年鉴计算而得。

所幸的是，贫富差距的扩大早已引起了国家的重视，中共十六届三中全会明确把“统筹城乡关系”作为“五个统筹”的第一位加以提出，并且强调“建立有利于逐步改变城乡二元经济结构的体制”，同时中共十六届五中全会提出了“社会主义新农村建设”的要求，“三农”问题反复被党中央列为工作的重点，这是我国从根本上协调城乡关系和解决“三农”问题的重大理论创新和政策保障，是确保城乡社会经济稳定健康发展的战略性思路。这一战略性改革要求各级政府在制定计划、解决问题、分配收入等方面，不要就农村说农村，就城市说城市，而是要改变“城乡两策，重城抑乡”的思路，优先考虑农村，从城乡各自的小循环、小系统走向城乡统一的大循环、大系统，树立城乡一盘棋的总体思想，发挥城市辐射带动优势和城乡之间关联优势，打通城乡，资源共享，双赢共荣。

4. 国内外产业梯度转移加速提供了契机

为了协调区域发展，我国政府积极推行产业梯度转移，制定了一系列政策，如 2007 年商务部和国家开发银行联合发布了《关于支持中西部地区承接加工贸易梯度转移工作的意见》，旨在金融支持中西部承接产业转移。中部各省为了吸引产业转移，也制定了许多优惠政策，如 2011 年 12 月 20 日，江西省人民政府发布了《关于积极承接产业转移促进加工贸易发展的意见》，提供用地、财税、金融、人才等方面的政策支持。安徽省也积极规划建设皖江城市带承接产业转移示范区，积极承接国际国内产业组团式转移，等等。产业梯度转移的加快趋势和相关优惠政策给中部贫困地区经济社会发展带来了契机，中部贫困地区应秉持生态、资源、劳动力等优势，积极参与承接产业转移，促进本地经济社会的发展。

### 2.2.4　中部贫困地区经济社会发展的挑战

1. 经济发展与社会发展之间的相互挤压和阻碍

理论上，发展是一个全面的范畴，经济发展是社会发展的基础，社会发展制衡着经济的发展，经济发展和社会发展是相辅相成的关系。经济发展更多地关注“量”，社会发展则注重的是“质”；经济是以“物”为中心的发展，社会则是以“人”为中心的发展。经济发展的最终目的在于提高人的生活质量，并且社会发展渗透在经济每一个发展阶段[❶]。我国“十二五”规划纲要就指出，要坚持科学发展，实现发展的综合性、系统性和战略性，实现经济与教育、科技、文化、医疗卫生、环境保护等的共同发展。但在现实中，经济发展和社会发展时常偏离，这常表现为不发达国家和地区的不顾后果地谋求经济增长的努力。我们追求经济与社会的协调发展，但现实却对这种理想提出了严重的挑战。特别是对于这些还处于贫困中的革命老区来说，压力更加沉重，处于发展经济为主导的价值观下，经济发展成了打开贫困之锁的唯一钥匙，在资本贫乏的情况下势必会影响教育、科技、文卫、环境等方面的建设。如何从这种令人不满的现实走向理想，也就是使经济增长与社会发展的对立走向经济发展与社会发展的整合。加强政府调控是必要的，通过制定一定的规则和制度，逐步实现经济与社会发展的一致性安排，进而实现经济发展与社会发展的优良整合。

2. 难于持续的低成本优势

前文对中部贫困地区经济社会发展的优势论述表明，生态、资源、劳动力以及相关支持政策都是其重要的发展优势，也就是经济学中的资源红利、人口红利和改革红利。厉以宁[❷]指出，红利的消失即发展优势的消失是经济发展过程中正常现象，每一个国家在发展过程中都会出现这种情况，并不是某一个国家的特殊问题。但是只要加快改革，创造新的制度优势，就会产生新的人口红利、资源红利和改革红利。进一步阐述认为，人口红利通常是指廉价劳动力的存在，廉价劳动力的存在是发展前期成本低的主要原因，经济社会发展到一定阶段，廉价劳动力的优势会消失，然而廉价劳动力时代的结束就是技工时代的开始；资源红利是指比较丰富的土地资源、矿产资源等，经济发展前期，土地资源和矿产资源都比较便宜，但随着经济的发展，资源会

---

❶ 顾莉．论经济发展和社会发展“交融互生”的价值联动——以江苏省沿海地区为例［J］．经济论坛，2011（10）：44-46.

❷ 厉以宁．加快改革会产生新的人口红利资源红利和改革红利［EB/OL］．财经网，http：//t. caijing. com. cn/cjapi/rreply？ cjcmsid＝112291371，2012-11-18.

越来越紧张，这种旧的资源优势会消失，需要新的资源优势，新的资源优势在于先进的科学技术；改革红利又称为制度红利和体制红利，旧的改革红利消失后，需要不断调整完善制度创造改革的新动力。因此，要应对难以持续的低成本优势，中部贫困地区需要从培养技术劳动工人、节约利用资源并引进先进的科学技术及相适应的政府制度创新三方面实行突破，以维持经济社会的可持续发展。

3. 专业人才匮乏

由于中部革命老区（贫苦地区）经济比较落后，收入相对较低，所以对人才吸引力小，直接导致了本地适应性人才的引进困难和短缺。以湖南古丈县为例，古丈县现有各类人才 4047 人[1]，其中党政人才 862 人，占 21.3%；事业单位管理人才 932 人，占 23%；事业单位专业技术人才 1872，占 46.3%；企业单位人才 98 人，占 2.4%；农村实用人才 283 人，占 7%。可见，行政事业单位人才较多，企业人才较少。事业单位技术人才中，教育、卫生人才 1691 人，占 42%，其他专业人才 181 人，仅占 4%，特别是经济专业人才缺乏。另外，专业技术人才中初级职称人员 1757 人，占 43.4%；高职称人员少仅有 115 人，仅占 2.8%。以上数据表明，古丈县人才队伍数量不足，结构不完整，人才素质不高，整体专业人才匮乏。

综上所述，中部贫困地区经济社会发展过程中在革命文化资源、自然资源、地缘性方面具有优势，在基础设施建设、资金积累、劳动力素质和技能、自我增长力度方面又有劣势；既有国内外产业梯度转移加速和国家相关政策支持的良好机遇，也面临经济与社会发展相互挤压、难以持续的低成本优势、以及专业人才匮乏等的挑战，这些因素作用下的中部贫困地区在经济社会发展过程中就需要审时度势，认清自己的优劣势，抓住机遇，统筹城乡经济社会的发展，全面增强自身竞争力。

## 2.3 贫困地区经济社会发展的反馈基模分析

现代管理大师彼得·圣吉（PeterM. Senge）以《第五项修炼：学习型组织的艺术和实务》一书闻名世界，书中他在前人研究的基础上创建了系统基模分析方法，总结并构建了“反应迟缓的调节环路”“增长上限”“舍本逐末”“目标侵蚀”“恶性竞争”“富者愈富”“共同悲剧”“饮鸩止渴”“成长

[1] 余小红．关于加强贫困落后地区人才工作的思考［J］．科技创新与运用，2013（21）：275.

与投资不足”九种基模❶。系统基模分析方法将问题看成一个一个的系统，在系统内构建因果关系网，找出问题的症结所在，并据此提出管理对策——杠杆解。这种系统分析方法能知道系统内各变量之间的关系以及系统与系统之间的联系，是一种能全面分析动态性复杂系统的有效工具。毫无疑问，贫困地区经济社会发展问题是一个庞大复杂的动态性系统，由经济、社会、科技、教育、文化、环境等诸多子系统构成，且各子系统之间相互联系、彼此影响。为了较为全面了解中部贫困地区经济社会发展的动态复杂状况，形成相应的管理对策，本书利用彼得·圣吉的方法来生成系统基模进行分析。

## 2.3.1 贫困地区交通发展反馈基模分析

1. 贫困地区交通基础设施建设投入影响经济社会发展竞争力增长上限基模分析

通过大量文献参考及实地调研分析，我们得出了 1 条正反馈环：交通基础设施内部投入→+生产要素流动量→+经济社会发展→+交通基础设施内部投入。2 条负反馈环：交通基础设施内部投入→+地区整体财政压力→+地区各部门竞争→-财政供应度→+交通基础设施内部投入；交通基础设施内部投入→+地区整体财政压力→+地区各部门竞争→-财政供应度→+经济社会发展→+交通基础设施内部投入。系统动态复杂如图 2-2 所示。

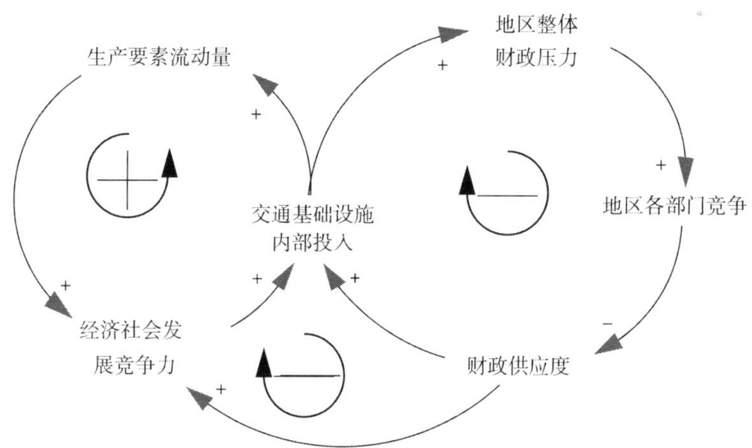


**图 2-2 贫困地区交通基建投入影响经济社会发展竞争力增长上限基模**

---

❶ ［美］彼得·圣吉．第五项修炼——学习型组织的艺术与实务［M］．上海：上海三联书店，2001：123-140.

此基模的正反馈揭示，随着中部贫困地区交通基础设施投入的加大，交通条件越来越好，吸引了外来投资商，也降低了本地居民的运输成本，加快了各种生产要素的流动，刺激了经济增长，提升了本地区的竞争力。负反馈环揭示，中部贫困地区存在财政资金紧张的现实，交通基础设施投入加大，在其他如教育、卫生、环境等部门对财政激烈竞争的情况下，其交通基础设施建设财政供应度会大打折扣，限制了交通基础设施投入的规模，从而使经济社会发展竞争力受挫。

2. 贫困地区交通基础设施建设新建与养护共同悲剧反馈基模分析

经济社会发展竞争力除了与交通基础设施的投入有关外，还与交通基础设施投入的效果有关。在交通设施建设资金规模一定的情况下，给予新建项目更多的资金，则在交通养护方面的资金就会较少，而很多政府为了追求政绩，重建轻养的现象较为普遍，随着建设项目申报数量的不断增加，资金不能按时按量到位、拖欠工程款的现象就时有发生，交通基础设施建设质量受到影响，长此以往则将影响到经济社会发展竞争力。这种此消彼长的系统动态复杂如图 2-3 所示。图中 2 条正反馈环：交通新建项目占用资金→+交通新建项目成绩→+交通新建项目占用资金；交通养护项目占用资金→+交通养护项目成绩→+交通养护项目占用资金。2 条负反馈环：交通新建项目占用资金→+交通建设总资金规模→滞延→-某一环节（建设或养护）占用资金→+交通新建项目成绩→+交通新建项目占用资金；交通养护项目占用资金→+交通建设总资金规模→滞延→-某一环节（建设或养护）占用资金→+交通养护项目成绩→+交通养护项目占用资金。

上述论述说明，交通基础设施建设能促进贫困地区经济社会发展竞争力提升，而且不仅仅交通基础设施资金投入量对经济社会发展竞争力有影响，交通基础设施资金使用方式对其也有重要影响。根据彼得·圣吉的消除增长上限的管理对策，要使系统得以发展，不要一味地推动“增长环路”，而应该消除限制的来源即负反馈环中的制约因素。因此，要通过加强交通基础设施建设来提升贫困地区经济社会发展竞争力，不仅需要通过各种途径增加交通基础设施建设资金量，还需要合理控制交通新建项目和养护项目的资金投入比例，实现两者均衡协调发展。

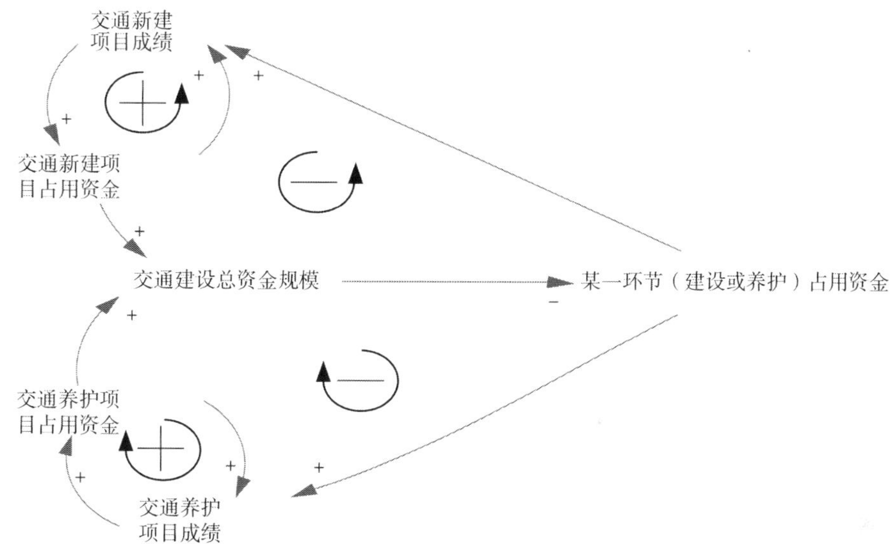


图 2-3　交通新建项目和养护项目投资影响经济社会发展竞争力共同悲剧基模

## 2.3.2　贫困地区科技、教育发展增长上限反馈基模分析

1. 贫困地区科技发展增长上限反馈基模分析

通过大量文献考察和实地调研分析，我们得出 1 条正反馈环：科技投入→+技术创新→+科技创新利润→+经济社会发展竞争力→+科技投入；1 条负反馈环：科技投入→-贫困地区整体财政→+科技投入。系统的动态性复杂如图 2-4 所示。

此基模的正反馈环揭示，随着贫困地区科技投入的增加，科技得以创新，生产出大量科技的新产品，能形成规模特色产业的发展，带动经济增长，提升经济社会发展竞争力，受经济增长的影响政府则会加大科技的投入。此基模的负反馈环揭示，随着科技投入的增加，加重了贫困政府的财政压力，在一定规模资金量的情况下，政府则有可能选择减少科技投入。

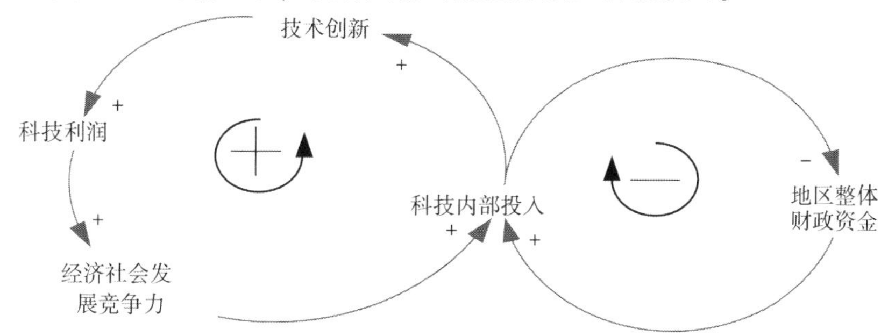


图 2-4　贫困地区科技发展增长上限反馈基模

根据彼得·圣吉的消除增长上限的管理对策，要使系统得以发展，不要一味地推动“增长环路”，而应该消除限制的来源即负反馈环中的制约因素。因此，要通过加大科技投入提升中部贫困地区竞争力，在积极开发规模特色产业的同时，更应该花大力气消除科研质量、市场需求和政府财力的制约因素的影响，加大对科研质量的监管，坚持符合实地情况的科学研究；加大科技宣传的力度，让百姓了解并能使用新科技，增加市场的需求；当然，为了丰盈投入资金，政府也需自我改革，用足、用活、用好自有资金，在此基础上积极拓宽融资聚道，努力吸引外来资金，选择优势项目“招商引资”，探索项目投资的新路子。

2. 贫困地区教育发展增长上限反馈基模分析

通过大量文献考察和实地调研分析，可以得出 1 条正反馈环：教育投入→+百姓素质、能力→+经济活力→+经济社会发展竞争力→+教育投入。3 条负反馈环：教育投入→+教育水平→+大学生人数→+外地就学和外地工作人数→-“反哺”人才→+积极性→+教育投入；教育投入→+学生人数→-师生比→+教学质量→+教育投入；教育投入→-贫困地区整体财政→+教育投入。

系统的动态复杂如图 2-5 所示。

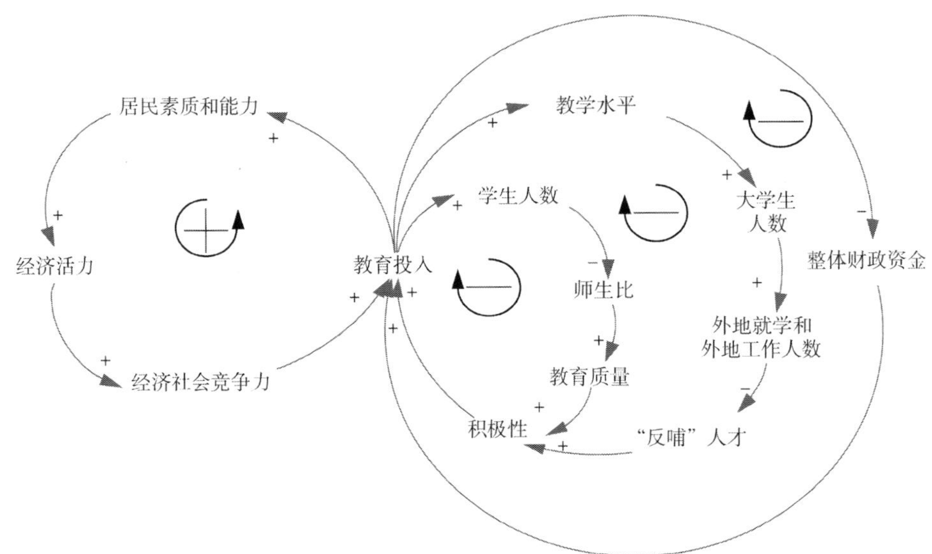


**图 2-5　贫困地区教育发展增长上限反馈基模**

此基模的正反馈环揭示，随着教育投入加大，教育种类会增多，不仅有基础义务教育，也会出现一些技能培训学校，有助于贫困地区百姓特别是农民素质和能力的提高，从而增加城市、农村的经济活力，扩大就业需求、刺激经济增长，在人才的需求增加的情况下政府将会选择加大教育投入。负反馈环主要是贫困地区现实的写照，一是政府资金短缺是教育投入受限的重要因素；二是贫困地区师资不够，环境贫瘠无法吸引教师。师资力量不足，老师断层现象突出；三是教育为贫困地区“反哺”太少，教育投入加大，大学生人数增多，但因为是贫困地区，大多数学生都选择去发展好的城市就读，毕业后也争取留在较大的城市生活，为其他地区的经济发展做贡献，人数的减少降低了贫困地的购买力，没有起到促进本地区发展的作用，低回报制约了政府加大教育投入的积极性。

根据彼得·圣吉的消除增长上限的管理对策，要使系统得以发展，不要一味地推动“增长环路”，而应该消除限制的来源即负反馈环中的制约因素。因此，要提升贫困地区竞争力，保持教育投入系统的持续发展，一方面，中央需要加大对贫困地区的教育投入；另一方面，除了需改善条件吸引教师外，为了能鼓励本地的学生出外学习后反哺家乡的发展，当地政府需要建立适当的鼓励政策，形成长效的激励机制，既能够推动和保障他们读好大学，同时又能够吸引他们返回家乡，投身家乡建设当中来。这是一种相对长期的战略，需要当地政府制定长远规划，让其法制化、长期化和稳定化，为本地区的经济社会发展培育人才后备力量。

### 2.3.3　贫困地区环保投入增长上限反馈基模分析

通过大量文献考察和实地调研分析，可以得出 1 条正反馈环：环保内部投入→+污染治理量→-污染存量→+环境污染→-经济社会发展竞争力→+环保内部投入。2 条负反馈环：环保内部投入→+环保队伍建设→+环境治理力度→+企业、农民等主体环保成本→-企业、农民等主体纯收入→+环境保护的积极性→+环保内部投入；环保内部投入→-贫困地区整体财政→+环保内部投入。系统的动态复杂如图 2-6 所示。

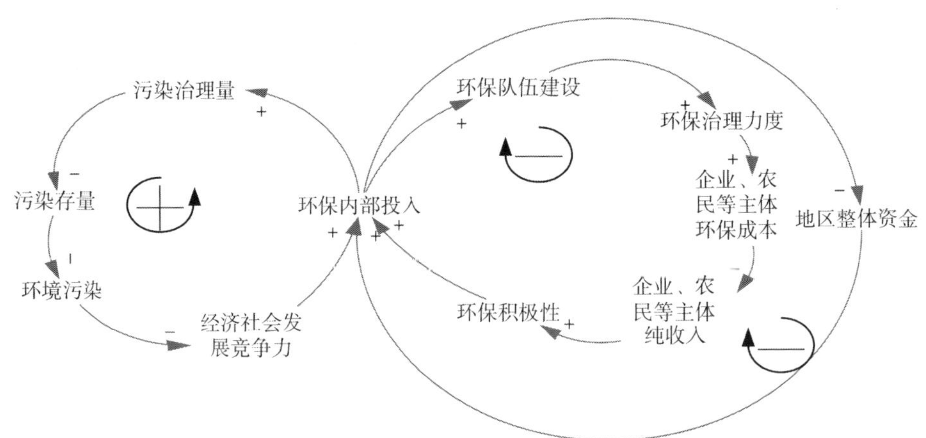


**图 2-6　贫困地区环保投入增长上限反馈基模**

此基模的正反馈环表明，随着环保投入的增加，环保技术得以发展提高了污染的治理量，进而减少了污染存量，环境污染降低，则贫困地区净产值提高，则对环保投入又起到了正向促进作用。负反馈环表明，随着环保投入的增加，环保队伍的能力建设得到加强，特别是在国家主体功能区划战略的实施情况下，承担了生态任务的中部贫困地区压力更加增大，政府环境污染治理的力度加大，迫使企业、农民等主体增加环境资金，加大了其生产成本，同时就使得其纯收入降低，这样企业、农民等主体的环保积极性会降低，对于环保任务则可能会采取应付的态度，甚至做为了经济利益而损害环境的行为，使得环保投入的效果受到很大的影响，进而影响了贫困地区经济的发展，最终会导致环保投入的降低。

根据彼得·圣吉的消除增长上限的管理对策，要使系统得以发展，不要一味地推动“增长环路”，而应该消除限制的来源即负反馈环中的制约因素。因此，要提升贫困地区竞争力，保持环保投入持续增加，本区域内企业和农民的纯收入应该得到保障，特别是对于牺牲发展机会保护环境的受损者来说，生态补偿显得非常重要。

### 2.3.4　贫困地区管理的富者愈富、舍本逐末、饮鸩止渴反馈基模分析

1. 贫困地区管理的富者愈富反馈基模分析

市场经济最基本的内在功能是资源的优化配置，通过市场供求关系决定价格，进而引导资源由一种产品流向另一种产品，由一个行业流向另一个行业，由一个部门流向另一个部门，由一个地区流向另一个地区。我国是社会主义市场经济，市场经济的基本功能在我国经济发展过程中已经呈现。如发

达地区与贫困地区之间明显的贫富差距，以及呈现的富者愈富态势就是例证。在我国改革开放进程中，东部沿海地区由于具备较好的经济基础和较优越的地理位置，获得了优先发展的良好机遇，享受国家的不少的政策优惠和资金支持，经济发展迅速，一方面越来越完善的基础设施，大大吸引了外商的眼球，外商投资的中心进一步向东部地区倾斜；另一方面东部地区经济的快速发展进一步坚定了国家对东部改革开发的信念和决心，加大了对其资金的投入，给予了东部发达地区更多的发展机会，这样东部发达地区的发展步入了良性循环的轨道。而革命老区由于历史和自然的原因，其经济基础差、底子薄，地处边远山区、库区，交通、信息等基础设施落后，投入产出比较低，对人才和投资的吸引力大大降低，进而丧失了较多的发展机会，又进一步影响了其经济社会的发展，这样，贫困地区经济社会陷入了恶性发展的轨道。其线性因果关系链体现为 2 条正反馈连：

（1）发达地区与贫困地区投入产出效率比→+分配给发达地区的资源→+发达地区发展的机会→+发达地区的发展→+发达地区投入产出比→+发达地区与贫困地区投入产出效率比。

（2）发达地区与贫困地区投入产出效率比→-分配给贫困地区的资源→+贫困地区发展的机会→+贫困地区的发展→+贫困地区投入产出比→-发达地区与贫困地区投入产出效率比。

系统的动态复杂如图 2-7 所示。

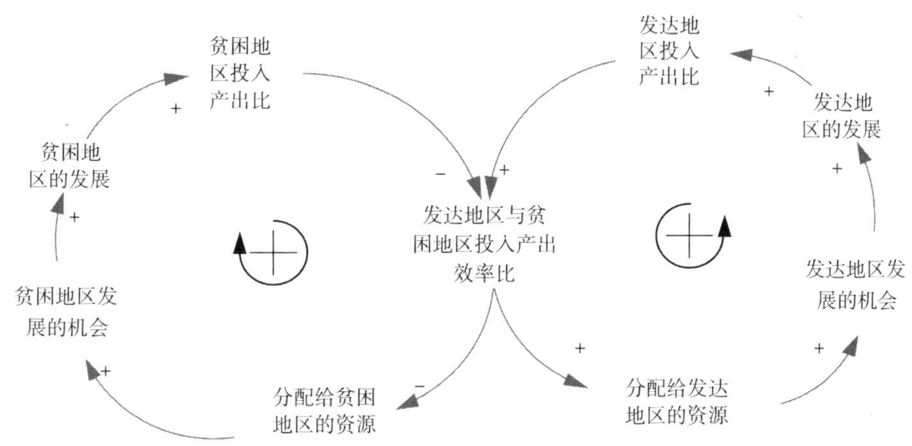


图 2-7　贫困地区管理之富者愈富反馈基模

消除富者愈富困境的对策：中央在决定发达地区与贫困地区资源分配的时候，除了考虑投入产出比外，更应该重视国家整体均衡发展的更上层目标。甚至还要对贫困地区实行政策倾斜，为其创造公平的竞争环境，统筹地区发展。消除富者愈富困境，不仅有利于贫困地区经济社会发展走上良性轨道，而且对发达地区的发展也有促进作用。因为发达地区存在增长的限制局面。发达地区（特别是东部沿海地区）由于经济的发展对资源的需求明显增加，这就要求资源的供给加大，以便有更多的可用资源供给其发展；然而随着资源供给的不断增加，发达地区资源的存量急剧下降，土地、劳动力、能源等生产要素资源缺口越来越大，长期如此必将会影响发达地区的经济社会发展。尽管我国中、西部地区的自然资源、劳动力、能源等以及国外的资金、技术等通过不同的方式输向东部发达地区，在一定程度缓解了其资源缺口的局面，但它们无法从根本上解决东部发达地区增长的限制问题，发达地区需要新的发展思路，开发更大的资源空间和资源市场，寻求新的增长点。而贫困地区大多具有丰富的资源、廉价的劳动力以及逐渐发展的基础设施，这为承接发达地区产业转移战略奠定了基础。

2. 贫困地区管理的舍本逐末反馈基模分析

毫无疑问，贫困地区经济社会发展必须加大国家对其的投入，然而，国家对中部贫困地区加大投入后，贫困地区产出效率的高低，或者说贫困地区经济社会发展的好坏，将取决于国家对中部贫困地区投入的形式。简单的财政补助将对中部贫困地区投入不足问题的解决于事无补，反而会引起贫困地区对国家财政的依赖，不利于贫困地区的内生发展动力和自我创新能力的发展，反而延缓了贫困地区经济社会发展的进程。这一现象可以用舍本逐末反馈基模分析，舍本逐末基模有两个负反馈环和一个正反馈环组成：

（1）贫困地区居民收入低的负反馈环

贫困地区居民收入低→+国家财政补贴→-贫困地区居民收入低

贫困地区居民收入低→+内生创新能力培养→+经济社会发展→+自身积累→-贫困地区居民收入低

（2）贫困地区居民收入低的正反馈环

贫困地区居民收入低→+国家财政补贴→+对国家财政的依赖→-培养内生创新发展能力→+经济社会发展→+自身积累→-贫困地区居民收入低

系统的动态复杂如图 2-8 所示。

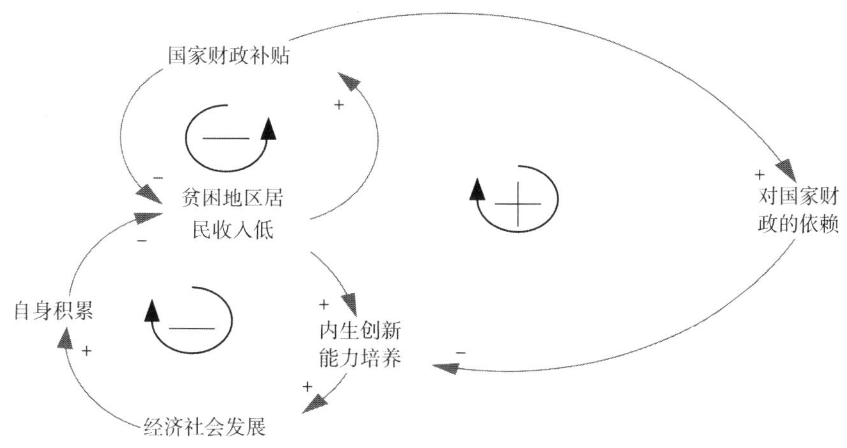


**图 2–8 贫困地区管理之舍本逐末反馈基模**

系统中两条负反馈环分别是中部贫困地区投入不足的症状解和根本解。症状解即：贫困地区居民收入低→+国家财政补贴→-贫困地区投入不足，表明贫困地区在遇到资金投入不足时，首先想到的是寻求国家的支助，简单的资金投入来促进发展；根本解即：贫困地区居民收入低→+培养内生创新发展能力→+经济社会发展→+自身积累→-贫困地区居民收入低，表明贫困地区明白投入不足的困境还在于自身发展能力的欠缺，还需要从自我入手，培养自身的创新发展能力，推生内在需求发展经济，实现资本的自我积累，进而解决投入不足问题。

消除贫困地区促进经济社会发展之舍本逐末困境，一是要转变国家财政支持的方式，建立一种新的财政支持战略。这种新的财政支持战略不仅仅包括了以往的援助式扶贫和开发式扶贫的财政支持方式，更重要的还在于要建立一种更加长效和稳定的扶持机制，让老区得到真正切实有效、稳定可靠的财政输血，将过去落下的欠账补足补齐，这样才能真正帮助老区取得实质性的发展。二是发展规模特色优势产业，推生本地内生性发展。当然此间要避免盲目投资和低水平的重复建设，应依托重点区域，发挥比较优势，尽快将资源优势转变为经济优势。

3. 贫困地区管理的饮鸩止渴反馈基模分析

众所周知，贫困地区在招商引资时不具有优势，为了刺激经济的增长，有些政府依靠政府的高消费、建高尔夫球场、允许高耗能、高污染企业顺利落户的“卖血式”扶贫现象时有发生，而这种权宜之计特别是牺牲环境发展经济无异于饮鸩止渴。中部贫困地区，特别是贫困的革命老区基本都是山区，山区有一定的矿藏资源，境内多数县拥有金、钨、稀土、石灰石、白云石、煤炭等珍贵的矿产资源。如赣州市的钨矿和稀土资源都闻名世界，因其拥有全国30%以上的离子型重稀土，更是被誉为“稀土王国”，在巨大的利润面前，各地都竞相开发，然而由于管理没有及时跟进，“搬山运动式”的粗放型开采带来了相当严重的污染。2012年，国家42个部委组成的联合调研组对赣州环境问题进行调查，形成了一个环境报告。报告显示，稀土开采污染遍布赣州的18个县（市、区），涉及废弃稀土矿山302个，遗留的尾矿（废渣）达1.91亿吨，被破坏的山林面积达97.34平方公里，仅残留1.9亿吨废渣的治理就需70年。工信部副部长苏波表示，初步测算，仅赣州一地因为稀土开采造成的环境污染，矿山环境恢复性治理费用就高达380亿元，是江西省稀土行业2010—2011两年总利润的4倍多。[1] 中部贫困革命老区其他地方的经济也遇到类似的问题，如山西煤炭矿业资源的开采。矿产开采带给了当地一定的财富和经济增长，但是都留下了严重的后遗症。这种现象可以用系统动力学的饮鸩止渴基模来刻画。

通过分析，可以得出1条负反馈环：贫困地区招商引资困难→+高污染、高能耗企业落户→-贫困地区招商引资困难；1条正反馈环：贫困地区招商引资困难→+高污染、高能耗企业落户→-环境质量→+经济社会发展→-贫困地区招商引资困难。系统的动态性复杂如图2-9所示。

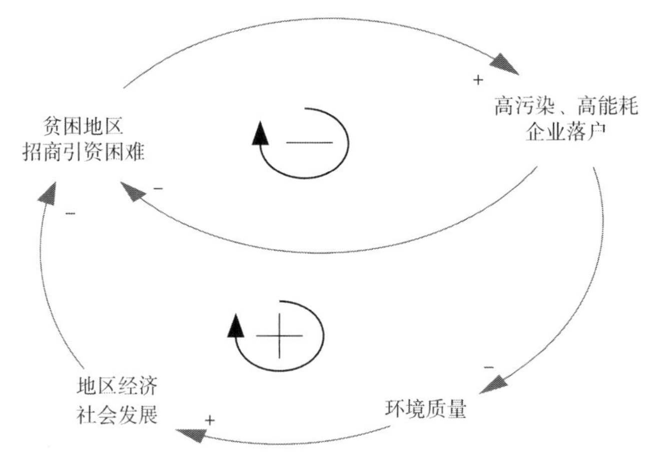


**图2-9　贫困地区管理之饮鸩止渴反馈基模**

负反馈环是关于中部贫困地区解决招商引资困难的环路。表明贫困地区由于经济社会发展水平低，基础条件差，想要招商引资发展经济困难，为了

[1] 姜拾荣，陈岩鹏．赣州稀土开采致环境污染，治理费用高达380亿元［EB/OL］．新浪财经网，http：//finance. sina. com. cn/roll/20120505/085911993667. shtml，2012-5-5.

提高吸引力，部分政府会选择降低标准，让高污染、高能耗的企业落户，暂时解决资金缺乏的问题，短期内起到了缓解招商引资困难的作用。

正反馈环是关于贫困地区解决招商引资困难的滞延环路，表明高污染、高能耗企业落户本地区，虽然暂时解决了资金缺乏的困难，但随着时间的推移，其环境严重污染的后果逐渐显现出来，正如恩格斯告诫人们，“我们不要过分陶醉于我们人类对自然界的胜利。对于每一次这样的胜利，自然界都报复了我们”。正如此，严重的环境污染一方面增加治理成本，反过来制约了经济的增长；另一方面毁坏了人们的生活，甚至带来永远无法挽回的损失。因此，中贫困地区经济社会的发展应尽量避免饮鸩止渴的风险，立足长远，寻求更妥善的解决方案。

## 2.4　本章小结：启示

1. 静态上，运用了 SWOT 分析方法，分析发现中部贫困地区经济社会发展在地缘性、劳动力、自然资源和革命作风方面具有明显优势，且面临着区域协调发展战略实施、中部崛起，及产业梯度转移加速等的良好机遇，但同时并存着资金积累不足、基础设施落后、劳动力水平低及收入外部性依赖强的劣势，以及经济和社会发展相互挤压、难以持续的低成本优势等的挑战，自身条件和外部环境共同作用下的发展需要新的思路与突破。

2. 动态上，本章运用系统动力学基模分析方法，首先，构建了贫困地区经济社会发展资金投入之增长上限基模，包括交通基础设施建设投入影响经济社会发展竞争力增长上限基模、科技投入影响经济社会发展竞争力增长上限基模、教育投入影响经济社会发展竞争力增长上限基模、环保投入影响经济社会发展竞争力增长上限基模；其次，构建了贫困地区经济社会发展状况之富者愈富基模；最后，构建了贫困地区促进经济社会发展之舍本逐末和饮鸩止渴基模。通过分析，我们可以发现贫困地区经济社会发展问题是一个庞大复杂的动态性系统，由经济、社会、科技、教育、文化、环境等诸多子系统构成，且各子系统之间相互联系、彼此影响。要促进贫困地区全面发展，不仅要对症下药，更需要统筹谋划；不仅要借助外力，还要促进内生；不仅要规划未来，还要吸取教训；不仅要关注当下，还要考虑长远。

# 第 3 章　国内外贫困地区发展的经验与借鉴

前文对中部贫困地区经济社会发展的时代背景和所处的现实环境进行了论述，中部贫困地区经济社会发展有其优势和劣势，也面临着机遇和挑战。中部贫困地区经济社会的发展除了看清自身的发展条件外，还应积极学习别人的发展经验，正所谓“他山之石，可以攻玉”，借鉴其他贫困地区经济社会发展的优良举措，吸取经济社会发展中的经验教训，正是本章研究的目的。

## 3.1　国外对贫困地区的开发

不管是发达国家还是发展中国家，都无法避免地区经济发展不平衡的问题。为推动贫困地区（落后地区）的发展，许多国家都采取了灵活多样的措施，以此促进贫困地区自我发展能力的增强，提升区域竞争力。其中美国、日本和巴西的贫困地区开发战略比较典型，极具借鉴意义。

### 3.1.1　美国对贫困地区开发的重要举措

美国政府对阿巴拉契亚区的开发是其贫困地区开发的典型。阿巴拉契亚地区位于美国东部，包括密西西比、弗吉尼亚、肯塔基、俄亥俄、纽约、宾西法尼亚等 13 个州的 397 个县，总面积 50 多万平方英里，该地区拥有煤炭、天然气、森林、水等多种资源，尤其煤炭和水资源极为丰富。但由于地处山区，自然环境恶劣、基础设施落后、缺少中心城市带动经济发展，阿巴拉契亚地区较为贫困，经济落后、教育水平低下、人均收入和就业水平低、人口外流问题突出，是美国约翰逊政府“向贫困宣战”的首选目标。主要的开发举措有：

1. 通过立法保障开发行为的合法性和可操作性

依法开发是美国贫困地区开发的重要特征之一。西部开发早期，美国政府相继颁布了《土地法》《宅地法》等有关土地开发的法律；颁布了《太平洋铁路法案》《联邦公路资助法》等基础设施开发相关法律；颁布了《繁荣地区再开发法案》《阿巴拉契亚区域开发法》《公共工程与经济开发法》等区域开发相关法律。这些法律法规的制定为经济开发行为的合法性和可操作性提供了保障。依据《阿巴拉契亚区域开发法》（1965年），美国政府成立开发领导机构“阿巴拉契亚地区委员会”，统一规划和协调整个地区经济和社会发展问题。这一机构由联邦政府和州政府共同形成，是美国第一个此类机构，有两位负责主席，一位是由联邦政府的代表，另一位是阿巴拉契亚州政府的代表。委员会资金来源实行联邦政府和地方政府按一定比例配套，让联邦和州政府共同承担扶贫开发的责任。

2. 加强公共基础设施建设，使之成为拉动经济增长的“增长轴”

阿巴拉契亚地区委员会成立之初，非常注重基础设施建设，制定了修建公路网的规划，将公路开发定位为拉动本地区经济增长的“增长轴”，开发初期总投资的70%以上，都用来修建本地区东西向跨州的高速公路，当然也对南北向的跨州高速公路进行改善。[1] 长达4000公里的高速公路大大加强了阿巴拉契亚山地区与全国其他地区的人员和物资交流，带来良好经济效益的同时，也增加了很多就业机会。1998年，对其中12条公路进行了经济评估，结论显示，经济效益明显增加，仅提高运输效率一项产生的直接经济效益就达755亿美元。同时，这12条公路也大大促进了就业机会的增长，所经的165个县在1995年增加就业机会1.6万人，2015年将提高到4.2万人。[2] 20世纪70年代初，联邦审计署评估后认为“阿巴拉契亚公路开发的作用还是有限的，公路虽然一定程度上给脱贫创造了条件，但并不能解决贫困问题，主要原因在于没有把工业带入该地区”。[3] 于是，阿巴拉契亚地区委员会调整了开发资金的分配比例，将1/3用于教育和职业培训、卫生（健康服务）和环境治理等，对培养当地经济自我持续发展和管理的能力起到了促进作用。

3. 注重“增长极”的培养

按照阿巴拉契亚地区开发计划，那些增长潜力较大和投资收益较高的地区成为首要培养对象，也是公共投资集中的地方。根据实践情况，阿巴拉契亚地区委员会选择将基础设施较好、人口相对集中的城市和小城镇作为带动本经济增长的中心，并且在此基础上锦上添花，对其道路、水利设施、污水和垃圾处理等基础设施建设进行重点加强和完善，为改善投资环境、吸引外

---

[1] 庆沅，彭尧．效率优先　兼顾公平，美国区域经济政策研究［J］．开放导报，1997（12）：15-20.

[2] 纪万师．从阿巴拉契亚山地区看美国贫困地区的开发思路［J］．中国经济周刊，2000（50）：30-31.

[3] 黄贤全，彭前胜．美国政府对阿巴拉契亚地区的两次开发［J］．西南师范大学学报（人文社会科学版），2006（9）：146-150.

来投资的提供了重要条件。这些中心地区逐渐发展成“增长极”，为周围地区提供各种就业机会以及文化、社会和商务服务等。

4. 合理调整经济产业结构，积极发展新兴产业

委员会对阿巴拉契亚开发中注重对经济产业结构的调整，支柱产业由原来的以农业、采煤业向制造业转变。1980 年，制造业职工已占阿地区就业人数的 1/4（全国为 1/5），而农业和采矿业降至 7%。❶ 阿地区制造业以轻工业为主，轻工业的发展重点主要放在了纺织、服装和食品等劳动密集型产业。在适时调整产业结构的同时，阿地区也积极探索资本和技术密集型新兴产业，1958—1977 年，电子仪表、橡胶塑料、机器制造、运输设备的生产企业数量都增加 1 倍以上，金属加工、纸浆纸品、石油化工企业增长 60% 以上。❷ 此外，委员会也注重吸引外资，利用税收优惠等措施吸引工业、金融、旅游、服务等行业的大中型企业到该地区进一步发展，促进当地经济的多元化发展。

经过几十年的努力，阿巴拉契亚山地区的经济和社会面貌得到了很大的改变，人们生活水平得到了较大提高。该地区人均收入已由 1969 年占全国平均水平的 78%上升到 1992 年的 83%。全地区贫困县数目由 1960 年 219 个下降到 1999 年 108 个。❸

### 3.1.2 日本对贫困地区开发的重要举措

日本对贫困地区的开发典型当属北海道的开发。北海道是日本最北端的一个岛屿，虽然自然资源丰富，但由于交通闭塞、人烟稀少，曾一度是日本极为贫困的地区，但经过多年的开发，其已成为繁华的现代化区域。日本开发北海道的成功经验主要表现为以下三方面：

1. 立法优先、设置机构、明确责任

1950 年，日本国会批准颁布了《北海道开发法》，综合规划开发事宜。1961 年，日本制定了《欠发达地区工业开发促进法》，1962 年又制定了《新产业城市建设促进法》，为了促进不发达地区的工业开发，“促进工厂从工业过度集中的地区向工业开发水平较低的地区转移”❹，1972 年，日本又制定了

---

❶ 黄贤全，彭前胜．美国政府对阿巴拉契亚地区的两次开发［J］．西南师范大学学报（人文社会科学版），2006（9）：146-150.

❷ 黄贤全，彭前胜．美国政府对阿巴拉契亚地区的两次开发［J］．西南师范大学学报（人文社会科学版），2006（9）：146-150.

❸ 纪万师．从阿巴拉契亚山地区看美国贫困地区的开发思路［J］．中国经济周刊，2000（50）：30-31.

❹ 梁德阔．国外开发欠发达地区的经验教训对我国西部城镇化的启示［J］．开发研究，2003（3）：42-50.

《工业再配置促进法》。此外，日本还制定了《山村振兴法》《过疏地域振兴特别措施法》《农业改良促进法》《农业机械化促进法》《低开发地域工业开发促进法》《自然环境保全法》等法律法规，为其贫困地区农业开放、工业发展和环境保护等提供了明确的法律依据。

依据《北海道开发法》，日本设立了中央（北海道开发厅）和地方（北海道开发局）的二级行政机构。两级行政机构的责任明确，其中北海道开发厅主要负责制定综合发展规划、统管预算、推进法定事业项目的实施等；北海道开发局结合本地实际情况，制定长期战略型规划，同时负责实施和完成农林水产省、运输省、建设省等部门所管辖的国家直接项目，建设国道、河流、水库、海港、机场、农业基础等设施，对地方政府项目进行补助和指导等。这种中央直辖、地方辅助的双重开发体制便于政策的协调和中央意志在地方的实现，收到了良好的效果。

2. 合理规划，循序渐进开发

日本在北海道开发中实施“合理规划、循序渐进”的开发方式。依据《北海道开发法》，1951 年日本开始先后编制并经内阁表决批准实施了六期《北海道综合开发规划》。各期规划目标也随着时代的变化而有所不同，第一次规划为资源开发与产业振兴（1952—1962 年），主要内容是进行道路、电力、农业等基础设施的建设；第二次规划为推动产业的高级化（1963—1970 年），主要内容是开发和振兴工业，特别是重工业；第三次规划为建设高生产能力和高福利社会（1971—1977 年），主要内容是建设新型的巨大工业基地和具有国际水平的粮食生产基地；第四次规划形成稳定的综合环境（1978—1987），主要内容是改善国土条件，实现安全的综合环境；第六次规划为实施独立开放的北海道（1998—2007），为了实现这一目标，提出了 5 项具体策略[1]：①将北海道建设成为世界级的粮食生产基地，培育增长点产业；②形成北方国际交流圈；③保护北海道美丽的自然环境；④形成多样化的旅游、修养基地，促进国民交流；⑤建设安全、宽裕的生活场所。这些规划的目标的确定都是依据当时的经济和社会环境而定的，依据综合规划循序渐进的开发是北海道开发的一大特色。

3. 实行有力的财政金融支持政策

日本北海道开发的又一重大特色是国家财政对开发事业强有力的支持。首先，北海道开发财政由国家财政开发预算进行统管，单独列支。避免政出多门带来的政府间的相互扯皮，保证了北海道开发财政的统一管理和统一使

---

[1] 张季风．日本国土综合开发论［M］．北京：世界知识出版社，2004：337-338.

用。其次，除了享有特有政策，如国家对北海道公共事业的重点项目一直采取提高国家财政率的特殊政策外，也享有国家对落后地区的所有全国性优惠政策。再次，实施多元化的融资措施，积极吸引民间投资。最后，在不同的时期，根据经济发展的需要，投资方向各有侧重，例如，五六十年代，道路建设成为重中之重，到了20世纪70年代，港口、机场的投资比例上升，20世纪90年代，生活环境实施建设投资比例上升。虽然，各时期投资方向有所不同，但总体上，仍是对社会基础设施建设的投资，可见，北海道开发仍处于开发的“初级阶段”。

### 3.1.3 巴西对贫困地区开发的重要举措

作为发展中国家，巴西区域发展非常不平衡，贫困问题突出。为促进其国内东北部、北部和中西部经济落后地区的发展，巴西政府除了采取迁都巴西利亚这一重大举措外，还坚持不懈地实施各种开发落后地区的政策，主要有：

1. 抓住贫困的关键原因，对症下药

巴西东北部属于干旱少雨地带，农牧业的发展受到了极大的限制。抓住这一贫困的重因，巴西政府对症下药，大规模兴修水利，制定百万公顷灌溉地计划，该计划实施以来，这片地区已经建成300多个大中型水库和70多片灌溉区，面积达20余万公顷。[1] 对于防止农牧业因为干旱而落后起到了一定的促进作用。

2. 建立增长极带动落后地区发展

巴西北部地区面积属于五个地区中最大的，面积为386.96379万平方千米，但其整个地区都被亚马孙森林覆盖，因此人口密度低，经济发展落后，1995年北部地区生产总值占国家的3.5%，1997年人均产值仅为2267美元。为了促进该地区的经济发展，早在1966年，巴西就制定了“亚马孙地区价值计划”，成立亚马孙开发管理局，同时建立亚马孙信贷银行，为开发提供资金支持。1967年巴西颁布法律，决定在亚马孙州首府马瑙斯地区建立1万平方千米的自由贸易区，以税收优惠政策吸引国外和内地的企业前往投资设厂，如对区内外资企业最初10年内免缴各种税收；提供丰富廉价的劳动力，并免除企业的劳务税；简化各种行政管理手续，方面外资企业，等等。经过二十多年的开发，到2011年，马瑙斯自由贸易区已有500多家工业企业，有彩电、计算机、空调等工业项目，产值达416亿美元，有12万人直接在园区工

---

[1] 吕银春. 巴西对落后地区经济的开发［J］. 拉丁美洲研究，2000（5）：16-24.

作，同时带动48万人就业，促进了当地商业、物流等产业的全面发展。❶

3. 利用自然资源优势，科技兴农

巴西对贫困地区开发的基本方针主要是因地制宜，发挥相对优势，特别重视自然资源优势带来的工业开发机遇。例如，巴西拥有非常丰富的森林资源，2005年联合国粮农组织发布的《世界森林状况》公告，巴西森林面积54391万h㎡，占世界森林总面积14.5%，森林覆盖率64.5%，人均森林面积3.2h㎡，为全球人均森林面积的5.3倍。❷ 其中较贫困的北部地区人均森林面积最高，为31.7%。林业在巴西社会经济发展中发挥着重要作用。全国约有7000个木材加工单位，绝大部分在亚马孙河流域，这不仅增加就业机会，同时对当地经济的发展也起到了一定的促进作用。

巴西全国62%国土适合农业种植，且可耕地面积相当高，达到5.27亿公顷，相当于世界小麦、玉米、水稻、大豆种植面积的总和。❸ 因此，发展农牧业成为巴西政府开发贫困地区的首选。巴西发展农牧业非常注重科技的作用，设有巴西农牧业研究公司和农牧业技术推广公司，作用在于培育和推广农牧业新技术，研究新的适合巴西种植的新品种，向农民提供各种咨询等。这些都极大地促进了农牧业的发展。随着农业的发展，工业、公路、电力等基础设施建设也得到相应的发展，吸引了大量的投资资金。社会领域也得到更为迅速的发展，如适龄儿童入学率大大提高，医院可以解决更多的就医需求。

## 3.2　国内贫困地区脱贫致富的典型模式

### 3.2.1　广东增城模式

增城位于广东省广州市东部，是典型的革命老区，全市有173个老区村庄，分布在9个镇街80个行政村。党的十六大以来，增城积极探索县域经济发展，率先实施主体功能区规划战略，实施公园化战略，统筹城乡发展，走出了一条独具特色的科学发展之路，也称为“增城模式”。增城，是全国著名的荔枝之乡、牛仔服装名城、新兴的汽车产业基地和生态旅游示范区，县域

---

❶ 刘宏奇，等. 走出亚马孙：马瑙斯的“增长极效应”［N］. 新华报业网，http://news.xhby.net/system/2012/06/03/013472054.shtml.

❷ 董妍，等. 巴西林业发展与反贫困［J］. 林业经济，2006（3）：69-73.

❸ 吕银春. 巴西对落后地区经济的开发［J］. 拉丁美洲研究，2000（5）：16-24.

经济基本竞争力连续12年领跑广东省，位居全国第9位，入选2013福布斯中国大陆最佳县级城市榜。考察其发展过程，主要战略举措有：

1. 结合内外形势，准确定位发展目标

2002年以来，增城配合广州实施“东进”战略，结合自身区位交通条件和生态环境条件，将发展目标定位：广州东部综合性工业基地，现代物流中心，现代都市型农业生产基地，生态旅游休闲区。进而从招商引资、农业产业化结构调整、基础教育和基础设施建设等方面进行跟进，国民经济和社会获得了良好的发展。2012年增城又被定位为“广州城市副中心”，围绕这一目标，增城谋划建设“一核三区”重点发展区域，建设“大交通”、发展“大产业”、打造“大生态”、构建“大管理”，探索城乡一体、独具特色的发展之路。

2. 划分主体功能区，构建差异化的产业发展路径

增城在发展思路上勇于创新，结合各区域的资源禀赋条件，在全国率先规划建设三大主体功能区，构建差异化的产业发展路径。南部具有工业基础好、区位优势明显特点，开发级别为重点开发，重点建设成为增城国家级技术开发区；中部具有环境优美、城市公共服务和配套设施较为完善的特点，开发级别为优化开发，重点建设成宜居宜业的文化生活区；北部具有工业基础薄弱、但生态环境优美的特点，开发级别为限制开发，重点建设成珠三角生态旅游目的地。通过科学规划，优化了国土开发格局，优化了产业布局，经济社会得到了较快发展。2010年增城经济技术开发区晋升为国家级开发区，构建了“一区多园”的发展格局，多家大型企业项目落户工业园区，打造了完整的汽车产业链，建设装备产业园、现代化的物流产业园、光伏产业园、LED产业园等发展良好。2011年开发区核心区完成工业总产值407.98亿元，全口径税收收入达32.22亿元❶。

3. 经济发展和社会建设同步进行

增城在经济发展的同时也加强了社会建设，发挥公共服务功能。坚持每年为民办好10件事，集中解决关系群众切身利益的社保、医疗、住房、就业、治安等突出问题。新型农村社会养老保险覆盖率达到100%。实施70岁以上老人长寿保健金发放制度；实施增城籍学生小学、初中、高中（职中）12年免费教育，建立扶困助学机制等。

4. 统筹城乡一体化发展

增城是广东省第一个统筹城乡综合配套改革试点县市。在三大主体功能

❶ 刘福刚．县域统筹与统筹县域——中国县域经济十年发展报告［M］．北京：中共中央党校出版社，2012：166-177.

区规划下，坚持以工业化、城市化、生态产业化推动城乡一体化发展，形成了以工促农、以城带乡、以南哺北的长效机制。例如，重点发展工业化的南部地区，积极鼓励当地农民就地转移就业；鼓励农民利用土地、住宅等资源发展为工业配套的服务业或进行出租，提高当地农民的经营性收入，全市农民工资性收入和经营性收入占农民纯收入的 77.7%。[1] 定位为都市农业和生态旅游圈的北部地区，大力发展生态旅游业、旅游观光农业和休闲体验农业，变山区为景区、变农业基地为旅游景点、变农产品为旅游商品，大大增加了农民的收入，2008 年以来连续 4 年收入增幅高于城镇居民。

5. 注重生态环境建设

在经济社会发展的同时，增城也注重生态环境保护和建设。利用自身良好资源环境的优势，适时提出了全区域公园化发展战略，变“在城市里建公园”为“在公园里建城市”，全市的景观实现了相当大的转变。至 2011 年年末，增城人均公共绿地面积 19.47 平方米，全市森林覆盖率达 55.38%。现在增城的建设更加突出水城、花城和绿城的建设，优化了城乡发展环境，大大增强了其核心竞争力。

此外，为了补偿限制工业发展的北部生态保护区，增城建立规范的生态补偿机制。设立了北部山区专项发展基金；从 2002 年起，每年从南部工业镇税收超收返还额中提取 10% 给北部山区镇；从 2006 年起，市财政每年拿出 3000 万元支持北部山区镇，用于发展都市农业和生态旅游业。制度上，建立分类绩效考核机制，南部重点考核工业发展状况，北部重点考核生态保护情况，逐渐形成发展经济是政绩，生态保护建设也是政绩的管理理念，消除北部镇村干部的思想包袱。

### 3.2.2　山东临沂模式

山东临沂是我国著名的革命老区之一，总面积 17191.2 平方公里，是山东省面积最大的市，全市户籍总人口 1083.77 万人，是山东省人口最多的市。与所有的革命老区一样，由于特殊的地理位置，临沂地区曾经发展相当落后，1986 年仍被国务院列为全国 18 个连片扶贫地区之一。但是自 20 世纪 80 年代后期开始，临沂开始迅速崛起，到了 2013 年 GDP 增长有 11.04% 的增长率。临沂的发展有目共睹，它的发展经验被称为与“温州模式”“苏南模式”“珠

[1] 刘福刚．县域统筹与统筹县域——中国县域经济十年发展报告［M］．北京：中共中央党校出版社，2012：166-177.

江模式”并列的中国四大发展模式之一——“临沂模式”[1]。“临沂模式”是在“一穷二白”的基础上成长起来的，由曾经封闭的农业经济发展为今天的“福布斯中国大陆最佳商业城市”和“中国物流之都”，这种具有内生性的区域增长路径成了贫困地区发展的成功典范，极具借鉴意义。

1. 专业市场驱动的区域增长路径[2]

临沂经济发展的一个重要特征是系列小商品为主导，形成产业集群，带动整个区域的商品经济发展。在政府市场建设的引领下，临沂由20世纪80年代的“西郊大棚”发展到20世纪90年代鲁南、苏北地区最大的商品集散地，形成了小商品、服装鞋帽、文体用品、药材、土杂产品等区位相连的专业市场群，拥有固定摊位1.3万个，日上市14万人次，年成交额达16.4亿元。专业市场的繁荣带动了本土制造业的发展，形成制造业产业集群，如板材、小五金、塑料制品、陶瓷、服装等制造业呈现集群化。专业市场的繁荣也催生了物流业的发展，由最初只是一些个体户在本地和外地市设立连接两地市的专线托运站，发展为目前的现代物流园区。至此，居于相似或同类产品积聚于某一场所进行的生产、交易、流通和配送的专业市场形成了，而且还呈持续扩大之势。2005年，临沂市政府颁布《中国临沂商贸城总体规划》对原来的老市场进行整体规划，如今临沂已成为一座名副其实的现代商贸物流城，而且与时俱进的发展了电子商务，2011年，临沂网商数目达到17万户，临沂商城网上交易额达30亿元[3]。

2. 政府的合理规划与强有力引导

临沂经济社会的迅速发展一重要方面可归因于政府的合理规划和强有力引导。2003年以来，临沂市委、市政府发展主导战略确定为大城市拉动。把临沂定位于鲁南苏北“区域性特大中心城市”，实施城镇化主导战略和中心城市带动的“双战略”，促进资源要素聚集，形成“增长极”，辐射带动周边地区经济发展。“做大做强”战略的成绩显著，如2002年，临沂的城镇化水平只有32.9%，2013年则达到了51.3%，年均增长近2个百分点，进入了城镇化发展的快车道，城镇人口甚至超过了农村人口。临沂经济社会决策是遵循

---

[1] 李锦将临沂的跨越式发展称为“临沂模式”，并将其特征概括为：政府有为、民营主力、大市场启动、大城市拉动、产业集群带动、文化强势推动。李锦．“四大发展模式”看临沂［EB/OL］. http://blog.sina.com.cn/s/blog_5de454350100jm11.html, 2010-6-12.

[2] 王勇，刘传玉，许汝贞．专业市场驱动的区域增长路径与机制：临沂模式研究［J］．东岳论丛，2013（5）：167-171.

[3] 袁堂娟．喜迎十八大：“十年巨变看临沂”之商城篇［EB/OL］．http://news.163.com/12/1031/15/8F5FETE700014JB6.html，2012-12-31.

了区域经济增长极理论，为临沂实现跨越发展指明了方向。

临沂政府强有力的引导得益于其多年的解放思想大讨论活动。早在 1992 年邓小平南方谈话后，临沂就围绕着“胆子再大一点、步子再快一点”的主题，开展了解放思想大讨论活动。市委采取“不换思想就换人”的行政手段把全市各级干部特别是领导干部的思想观念统一如何开辟临沂新的发展思路上来。此后如 2003 年“解放思想谋发展、与时俱进建小康”、2004 年“抢抓机遇、奋力赶超”、2005 年“牢固树立科学发展观，构建和谐临沂”、2006 年“站在新起点、实现新跨越”、2007 年“新临沂、大临沂”等，这些新观念的提出都是思想解放的象征。解放思想大讨论如何落到实处呢？一是市委、市政府主要领导年初亲自“布阵”；二是各部门落实；三是民主党派、群众代表等监督；四是奖惩分明，对表现好的进行大张旗鼓地表彰，对表现差的，限期整改，并对其主要负责人一年黄牌警告，连续两年就地免职。领导就是力度，压力就是动力，动真的、来实的就会收到真效[1]。

3. 统筹兼顾，保持和谐运行状态

临沂的好成绩离不开统筹兼顾、和谐发展的战略。临沂在促进经济发展的同时，积极推进城乡统筹发展和公共服务均等化，实施中心城区—县城—小城镇—农村社区的“四点对接”，让百姓享受到发展的实惠。如临沂市在拆迁中明确规定，为失地农民每人预留 10 平方米的商业用房，并从土地净收益、捆绑项目收益、安置房建设溢价收益中按 50% 的比例返还，用以解决村民的社会保障、生活福利等，对自主创业的群众，实行税费减免和贷款扶持，等等。

临沂在跨越式发展提出一个理论叫“后发优势”，借鉴发达国家的发展经验和教训，实现和谐式的发展。为切实打造宜居城市，临沂市对环城的 8 条河流进行清淤治污，对河流沿岸进行规划，建设了集水、岸、堤、路、景于一体的 330 公里景观大道，为当地群众提供了美丽、舒适的生活环境。为了防止污染、保护环境，实现经济的可持续发展，临沂建立了严格的产业准入环保标准，坚持“环保第一审批权”，严格执行“先算、后审、再批”的程序。近几年共拒绝了近百亿元的 60 多个高污染、高耗能的投资项目。在拒绝污染企业入驻的同时，重点扶植一批核心技术能力强、管理现代化的设备制造骨干企业，扶持一批能进行重大工程设计、建设、运行的专业化环境服务企业，发挥这些企业的示范带动作用，引导中小型环保企业向专、精、新、

[1] 衡水市委大讨论活动办公室学习考察组. 巨变背后话巨变——山东省临沂市解放思想活动考察纪行 [EB/OL]. 衡水政府网, http://www.hengshui.gov.cn/HSXW/JRHS/2009/09/10/content_12147.shtml, 2009-9-10.

特的方向发展。❶

### 3.2.3 福建晋江模式

晋江市地处福建东南沿海，与台湾隔海相望。晋江是福建省重点老区县（市）之一，市辖区内有 2 个老区基点乡镇，51 个老区基点行政村，40 个老区基点自然村，分布于全市 13 个镇、街道，总人口 18 万人。晋江老区人民为支持地下斗争和游击斗争做出了巨大的贡献和牺牲。由于历史的和自然条件的限制，新中国成立后至改革开放前的 29 年间，晋江年均经济增长率仅为 8%。改革开放以来，晋江充分发挥侨台优势和海交文化优势，率先走出了一条依靠民营经济和产业集聚形成的产业集群，以发展产业集群提升工业化、带动城市化的独特的县域经济发展道路，创造了闻名的中国农村经济发展四大模式之一——“晋江模式”❷。改革开放以来，晋江经济一直保持高速增长的发展态势，年均增长率达 26.16%，经济发展实力一直位居福建省首位。其成功的做法主要归结为以下几方面：

1. 立足实际发展民营经济，形成产业集群，提高竞争力

改革开放初期，晋江积极鼓励股份合作，大力发展乡镇企业，经济发展方向由农业为主向工业为主转变。1992 年以后，在市场机制的带领下，大力发展民营经济，晋江产业发展经历了大办企业到形成产业再到发展产业集群的过程，形成了纺织服装、制鞋、陶瓷建材、食品饮料、玩具文具和制伞等一批全国处于领先地位的产业集群。如晋江拥有年产值超 500 亿的产业集群 2 个，超 100 亿的 7 个，以及多个在全国知名产业集群。晋江产业集聚主要是采取龙头企业带动，以产业链为基础，大量中小企业配合的产业结构模式，上下游产业链相当完备，集聚了大批生产类企业和服务类（产前、产中、产后）企业，从生产到销售的全部流程基本做到了足不出户就可以完成的水平。

在产业分工方面，晋江立足本地实际，主要选择了以劳动力密集产业为主、投资少、周期短、回报快的轻型产业结构。在这些产业做大做强之后，晋江开始致力于发展高新技术产业，成功引进了一批光电能源、高端印刷、航空零部件修造、装备制造、现代物流等新兴产业，极大丰富晋江发展的空间。

---

❶ 闫坤．“革命老区”率先发展的范例——山东临沂发展模式调研［J］．新远见，2011（2）：46-50.

❷ 刘福刚．县域统筹与统筹县域——中国县域经济十年发展报告［M］．北京：中共中央党校出版社，2012：178-190.

2. 打造品牌，成效显著

从 20 世纪 90 年代中后期以来，晋江扎实推进品牌建设，引导民营企业走做大、做强、可持续发展的路子，形成了一批具有市场影响力的著名品牌。目前，全市拥有国家工商局认定的中国驰名商标 30 枚、中国品牌产品 24 项、中国国际知名品牌 2 项，以及中国鞋都、中国伞都、世界夹克之都等区域品牌 14 项，品牌数量居全国县（市）前列。这些庞大的品牌企业群体，已成为晋江经济发展的主导力量。

3. 强化政府公共服务职能，构建全面发展支持系统

经济发展方面，晋江始终把扶持企业发展作为经济工作的核心，适时采取针对性的引导政策，实现企业由家族式管理到现代企业制度管理的转变；实现企业由粗放管理向精益管理转变；实现企业由中小企业向品牌企业、龙头企业的转变，抱团发展。

社会发展方面，晋江以加快城市建设为抓手，推进城乡一体化发展。城市发展中，强调城市功能布局、产业分工、基础设施、生态环境等方面同时规划、同时设计、同时建设，组团式推进城市更新，目前城镇化率提高到 60%。城市发展的同时，晋江市也积极带动农村的发展，在交通、通信、信息、能源网络和垃圾焚烧发电等系统方面实现城乡一体化。

民生保障方面，推进经济社会飞速发展的同时，晋江也注重民生保障事业发展，关注城乡一体社保、养老保险、社会福利事业以及照顾外来人员等，精髓在于发展成果共享，形成持久动力。

晋江政府除了经济、社会、民生事业上提供有力支持，还积极转变政府职能，提高行政服务效能。创新审批制度改革是重点，目前历经 11 轮行政审批制度改革，已实现便民、高效的“一站式”政务服务超市，走出“审批经济”的怪圈，最大的迎合了企业和产业发展的需求。

## 3.3　国内外贫困地区开发的经验启示

### 3.3.1　国外贫困地区开发的经验启示

不管是发达国家还是发展中国家，贫困地区开发的路径都是结合自己国情特色的自我选择，因此其具体的政策有所不同，但各国开发贫困地区的过程，本质上应该是提升这类地区自我发展能力的过程，因此，实现成功开发的国家和地区，其开发经验也存在许多国际共性。

第一，贫困地区开发应有合理规划，明确各开发阶段的具体目标。不仅中央层面要有整体开发规划，地方层面也应有符合地方实际情况的开发规划，增强操作性。规划的制定中应包含具体开发阶段的设计，不能一蹴而就，特别是对于那些一般经济增长不能带动、常规扶贫手段难以奏效、扶贫开发周期性较长的集中连片贫困地区和特殊困难贫困地区。这些地区具有贫困现状集中连片、贫困成因复杂多样、贫困程度深沉难解等特征。这些地方的开发需要长期作战的心理准备。并拟定具体的开发目标，明确开发的方向和重点，做到有的放矢。

第二，合理规划产业结构，提升贫困地区自我发展能力。自我发展能力通过企业来体现，而企业是产业发展的主体，因此，自我发展能力的提升需要产业结构的合理规划。实现贫困地区成功开发的各国，无不重视这一关键点。如美国贫困地区注重尊重产业发展规律，坚持重点发展轻工业，同时也不囿于产业的“梯度转移”，大力发展新兴产业；贫困地区开发过程，也就是选择、培育和调整主导产业的过程。

第三，贫困地区的开发离不开科技的进步。马克思在对技术与科学、技术与经济、技术与社会等问题的研究中，指出技术进步的重要性在于它是经济发展和竞争的驱动力。科学技术的进步能使低层次、非持续性的开发向可持续发展方式转变。前面的例证已经表明注重科技进步有利于推进贫困地区的发展。如巴西就是因为科技的利用极大地促进了贫困地区农牧业的发展。

第四，注重“增长极”的培育，以此带动周边地区的发展。如日本札幌市和冲绳市成了贫困开发中的经济增长极；巴西马瑙斯自由贸易区的建立；美国阿巴拉契亚开发中兴起了一大批层次不同的城市增长极。这些大小不同、功能各异的中心城市行使着人口迁移、商品流动、资本聚集的职能。增长极吸收了农村的原材料和劳动力，同时也为农村和周围地区提供生活必需品和就业机会等，这样形成了贫困地区经济发展的带动链条，能促进区域的整体发展。

第五，政府财政向贫困地区倾斜，利用财政手段和政府投资促进贫困地区的建设。对于贫困地区，各国政府一般都倾注了大量财力，用相当的资金来使其发展，特别是基础设施的建设。美国为了促进阿巴拉契亚区域公路交通系统的建设，联邦政府和地方政府提供了 15 亿~19 亿美元的支持。日本中央财政巨大投入、高比例补助和广范围的实施直接管理项目的方式，确保了国家在北海道项目的顺利实施。此外，为了增强吸引投资能力，政府还为贫困地区开发拟定了税收优惠、各种补贴及信贷优惠等。

第六，忽视对环境的保护将面临惨痛的教训。如巴西为了促进亚马孙地区的发展，鼓励外来企业投资亚马孙地区。但由于缺乏相应的环保法律规制，基于利益最大化的考量，这些投资者烧毁了大片森林用于建牧场，使亚马孙森林环境遭到严重破坏，甚至引起了国际的公愤。巴西政府被迫在1999年2月颁布法令，无限期地停止对亚马孙森林开发的申请❶。美国早期对欠发达地区掠夺式开发，也使水、土地、林草、矿产、野生动物等资源破坏，带来了长期的环境问题。

第七，法制建设是贫困地区开发的指引和保障。法律为各种行为主体设立了权利和相应的义务，能指引人们的行为。贫困地区开发活动及的行为主体众多，利益交织明显，通过法律规定其活动框架，能指引其进行合法行为。同时，强制性法律责任的规定，能约束和惩罚那些非理性的经济开发行为，保障贫困地区开发朝着公平、公开、合理、可持续的方向发展。

### 3.3.2 国内贫困地区开发的启示

广东增城、山东临沂和福建晋江等的区域经济社会发展模式都是在结合自身实际的情况下创造出来的，各有自己的特色，当然不能照搬复制。但从区域经济社会发展战略选择的角度看，这些贫困老区成功开发的都源自政府作用的极大发挥、产业环境的培育以及以人为本的发展理念。研究这些成功模式，对加快中部贫困地区经济社会发展具有重要的借鉴意义。

1. 政府统筹规划，提供强有力的保障与支持

经验表明，区域经济社会发展过程中，政府能否切实解放思想、进行合理的规划与引导，并且提供有效的保障与支持，这些对区域的全面发展至关重要。只有坚持“统筹兼顾”这一根本方法，才能积极推动经济、社会、文化、生态环境等各项事业均衡发展。需要实行区域统筹，注重自我能力的培育；需要城乡统筹，推进城乡一体化建设；需要统筹推进物质文明、精神文明、政治文明与生态文明协调发展。

2. 积极营造产业环境

产业的发展是一个区域经济社会发展的重要发展推动力量。对于一个区域产业发展而言，资源优势、区位优势和优惠政策固然重要，但最重要的还是产业环境的营造。政府应该致力于促进企业的内发增长和创新驱动，没有企业内发力量的充分激活，产业集群就失去了发展的基础；没有产业集群形成的资源、要素集聚，经济质量的进一步提升也就失去了重要的依托。

3. 以人为本，以民生促发展

人是发展之本，以人为本正是正本清源。国内成功开发的革命老区都不

---

❶ 吕银春．巴西对落后地区经济的开发［J］．拉丁美洲研究，2000（5）：16-24.

忘以人为本，保民生促发展。优先发展教育，以创业带动就业；尊重贫困人口的基本需求，为人的发展提供平等的发展机会；增加城乡居民收入，不断提高人的生活质量；建立健全社会保障体系与医疗卫生制度，使社会发展的成果惠及全体人们；通过建立有效的治理机制，维护社会安定团结。

## 3.4 本章小结

本章主要是为了考察国内外贫困地区发展的经验，以期为促进中部贫困地区发展提供借鉴。国外选取了美国、日本和巴西三国促进贫困地区发展的典型案例，国内选取了广东增城、山东临沂和福建晋江三个贫困老区成功发展的实例，进而抽象总结出国内外贫困地区发展的启示。

# 第 4 章　中部贫困地区经济社会发展的概况

前面章节对中部贫困地区经济社会发展的内外环境，国内外贫困地区发展的经验借鉴进行了分析，都为后文的研究奠定了基础。本章在此基础上，对中部贫困地区经济社会发展的概况进行细致的阐述，拟考察其经济社会发展的历程、对其实施的发展举措、取得的成就，以及存在的现实问题进行详细分析，只有认清自我发展的形势，才能有的放矢。

## 4.1　中部贫困地区的界定与分布

### 4.1.1　中部贫困地区的界定

依据《中国农村扶贫开发纲要（2011—2020 年）》确定的国家扶贫开发工作重点县。中部地区共有 151 个国家扶贫开发工作重点县，具体分布如表 4-1 所示：

**表 4-1　中部六省贫困地区的分布**

| 省　份 | 集中连片特困地区 | 县（市） |
|---|---|---|
| 江西省（21） | 罗霄山区（14） | 莲花、赣县、上犹、安远、宁都、于都，兴国、会昌、寻乌、遂川、万安、永新、井冈山、乐安 |
| | 其他（7） | 修水、上饶、横峰，吉安、广昌、余干、鄱阳 |

续表

| 省 份 | 集中连片特困地区 | 县（市） |
|---|---|---|
| 湖北省（25） | 大别山区（7） | 大悟、孝昌、红安、麻城、罗田、英山、蕲春 |
| | 武陵山区（10） | 秭归、长阳、建始、宣恩、来凤、咸丰、鹤峰、巴东、恩施市、利川 |
| | 秦巴山区（6） | 郧西、竹山、丹江口、房县、郧县、竹溪 |
| | 其他（2） | 阳新、神农架林区 |
| 河南省（31） | 秦巴山区（8） | 洛宁、卢氏、嵩县、栾川、汝阳、鲁山、南召、淅川 |
| | 大别山区（11） | 光山、固始、淮滨、商城、新县、兰考、民权、宁陵、淮阳、沈丘、新蔡 |
| | 其他（12） | 滑县、范县、台前、桐柏、睢县、确山、宜阳、封丘、上蔡、社旗、虞城、平舆 |
| 湖南省（20） | 武陵山区（15） | 桑植、邵阳、永顺、龙山、保靖、新化、安化、古丈、花垣、城步、隆回、通道、沅陵、凤凰、泸溪 |
| | 罗霄山区（2） | 桂东、汝城 |
| | 其他（3） | 平江、新田、江华 |
| 安徽省（19） | 大别山区（11） | 霍邱、金寨、岳西、潜山、寿县、太湖、宿松、临泉县、阜南县、颍上县、利辛县 |
| | 其他（8） | 颍东区、砀山县、萧县、灵璧县、泗县、裕安区、舒城县、石台县 |
| 山西省（35） | 燕山—太行山区（7） | 阳高、天镇、广灵、灵丘、浑源、繁峙、五台 |
| | 吕梁山区（13） | 静乐、神池、五寨、岢岚、大宁、吉县、隰县、永和、汾西、兴县、临县、石楼、岚县 |
| | 其他（15） | 娄烦、河曲、保德、偏关、宁武、代县、方山、中阳、左权、和顺、平顺、武乡、壶关、右玉、平陆 |

资料来源：根据革命老区和国家集中连片特殊困难地区分布资料整理。

### 4.1.2　中部贫困地区与中部革命老区的关系

中部贫困地区与中部革命老区之间存在高度的重合，151 个中部贫困地区中有 130 个以上都是革命老区❶，达到 90% 以上。

革命老区，又称老区，全称为中国革命老根据地，是指第二次国内革命战争时期和抗日战争时期，在中国共产党领导下创建的革命根据地❷。1979 年 6 月 24 日，为贯彻国务院 1978 年 12 月 2 日国发〔1978〕250 号文件批转财政部《关于减轻农村税收负担问题的报告》中提出关于免征革命老根据地社、队企业工商所得税问题，各地对划定革命老根据地的标准和划分免征工商所得税的标准，即对什么经济条件的社、队才免征工商所得税两个问题，疑问甚多。为此，民政部、财政部经国务院批准，联合下发了《关于免征革命老根据地社队企业工商所得税问题的通知》（民发〔1979〕30 号、财税〔79〕85 号文件），通知对划定革命老根据地的标准做出了明确规定：

①革命老根据地包括第二次国内革命战争根据地和抗日根据地。

②第二次国内革命战争根据地的划定标准（1927—1937 年）：曾经有党的组织，有革命武装，发动了群众，进行了打土豪、分田地、分粮食、牲畜等运动，主要是建立了工农政权并进行了武装斗争，坚持半年以上时间的。

依据革命老区界定标准和依据，江西省革命老区有 81 个、湖北省 74 个、河南省 86 个、湖南省 94 个、安徽省 62 个、以及山西省 105 个。

统计发现，中部贫困地区兼革命老区，共计 130 个贫困老区县（市），具体为江西省革命老区（贫困地区）包括莲花、修水、赣县、上犹、安远、宁都、于都，兴国、会昌、寻乌、上饶、横峰，吉安、遂川、万安、永新、井冈山、乐安，广昌、余干、鄱阳，共计 21 个县（市）；湖北省革命老区（贫困地区）包括红安、麻城、罗田、英山、蕲春、丹江口、大悟、孝昌、房县、郧县、竹溪、建始、宣恩、来凤、咸丰、鹤峰、巴东、秭归、长阳、恩施市、阳新、郧西、竹山、利川、神农架林区，共计 25 个县（市）；河南省革命老区（贫困地区）包括洛宁、滑县、范县、台前、卢氏、桐柏、确山、光山、固始、商城、新县、兰考、嵩县、宜阳、栾川、汝阳、鲁山、封丘、南召、民权、上蔡，共计 21 个县；湖南省革命老区（贫困地区）包括邵阳、永顺、龙山、保靖、平江、新化、桂东、汝城、安化、古丈、花垣、城步、隆回、

❶　中部革命老区（贫困地区）实际上总共有 138 个县市，其中山西省的右玉县、保德县、永和县、兴县；河南省的睢县、宁陵县、淮阳县；湖南省的桑植县，共 8 个县由于贫困人口等关键数据缺乏，故此本书分析主要以 130 个贫困老区县为基础。

❷　革命老区，人民网，http：//dangshi. people. com. cn/GB/151935/164962/index. html.

通道、沅陵、凤凰、新田、江华、泸溪，共计 19 个县；安徽省革命老区（贫困地区）包括霍邱、舒城、金寨、岳西、潜山、寿县、太湖、宿松、石台、砀山、萧县、灵璧、泗县，共计 13 个县；山西省革命老区（贫困地区）包括娄烦、广灵、灵丘、浑源、河曲、偏关、五寨、岢岚、神池、宁武、静乐、代县、繁峙、五台、临县、方山、岚县、中阳、石楼、左权、和顺、平顺、武乡、壶关、大宁、吉县、隰县、汾西、平陆、阳高、天镇，共计 31 个县。

这 130 个县（市）是社会历史背景与传统行政区划交汇，具有特殊的时代意义，因此本书研究主要以这 130 个贫困革命老区为基础。

### 4.1.3 中部贫困地区的分布

从中部贫困地区的地理分布来看，中部贫困地区绝大部分分布在山区，境内大多丘陵叠嶂，次第起伏。赣南地区平均海拔在 300 至 500 米之间，丘陵占土地总面积的 61%，盆地占 17%，山地占 22%；湖北大别山片区一般海拔在 500 至 800 米，山区、丘陵面积占 52.1%；豫西贫困地区地处深山区和石质山区，最高海拔达 2000 米，最低海拔也在 200 米以上，山区、丘陵面积一般都在 70% 以上；其他贫困地区也都处于高海拔地区，山地面积所占比例都较大。中部贫困地区大多处省域周边地带，与本省中心城市相距较远，如赣州市距南昌 421 公里，湖北房县距离武汉市 582 公里，河南省面积最大的深山区县卢氏距离郑州 403 公里，湖南龙山至长沙市约 500 公里，安徽砀山至合肥 378 公里，山西天镇距离太原 441 公里等。中部贫困地区山多、沟深、坡陡、交通不便，形成了较封闭的山区地域环境，是为其经济社会发展的阻碍。但中部贫困地区大多集中连片，这又为其发展带来了机遇。其中，江西 21 个贫困县主要分布在江西赣州、吉安、上饶、抚州、九江、萍乡地区，多为山区县，呈现集中连片状态。湖北 25 个贫困县主要分布在鄂西北秦巴山区、鄂西南武陵山区、鄂东北大别山区和鄂东南幕阜山区，呈集中连片状态。河南 31 个贫困县主要分布在秦巴山区和大别山区，较多县处于集中连片态势。湖南 20 个贫困县主要集中在与四川、贵州和广西交界的湘西土家族自治州，处集中连片武陵山区和罗霄山区。安徽省 19 个贫困县主要位于大别山区、沿淮淮北地区和皖南深山区，多呈集中连片态势。山西 35 个贫困县主要分布在燕山—太行土石山区、吕梁山区和晋西北黄土高原丘陵山区，多数县处集中连片之势。

## 4.2　中部贫困地区经济社会发展的历程

### 4.2.1　1978—1985 年经济社会发展艰难起步兼救济式扶贫阶段

党的十一届三中全会召开后，国家的工作重点逐渐转移到国民经济建设上来。长期战争的巨大创伤，使山区贫困县经济基础薄弱，工农业生产水平低下，商业萧条，交通运输瘫痪，人民生活极端贫困。为此，中部贫困地区在国家政策的指引下开始了经济社会发展艰难起步。主要表现为，农业方面大搞农田水利基本建设，使粮、棉、油等农产品稳定增长；工业方面，积极推行企业经济责任制，扩大企业自主权，实行厂长负责制，经济效益逐步提高；随着全县工农业建设步伐的加快，老区的公路建设也开始发展，出现了油路、渣油路、柏油路等；在“对外开放，对内搞活”和以“计划经济为主，市场调节为辅”的方针政策指引下，商品流通体制逐渐形成，等等。以河南封丘县为例❶，改革开放以来，随着国民经济的逐步发展，人民的收入和消费都有了很大的提高，人们的衣、食、住、行等方面都得到很大改善。1978 年，封丘老区农民人均纯收入 47 元，1990 年达到 541 元，增长 11.5 倍。1985 年，全县城镇居民平均每百户家庭拥有写字台 120 张，沙发 95 对，缝纫机 55 架，手表 241 只，收音机 100 台，自行车 115 辆，黑白电视机 46 台，个别家庭有了电风扇、洗衣机等商品。1985 年全县全民工业企业 19 个，集体企业 26 个，乡村工业企业 155 个，就业人数 24132 人，产值达到了 8014 万元。

这一时期，通过土地经营制度的变革，即以家庭承包经营制度取代人民公社的集体经营制度，通过发展乡镇企业等多项改革，通过商品贸易制度的改革等，中部贫困地区经济得以增长，贫困农民得以脱贫致富，农村贫困现象大幅度缓解。此外，1980 年以前，为了控制极端的贫困，主要采取救济式扶贫，即国家每年向贫困地区调拨粮食、衣物等救济物品及财政补贴，通过“输血”维持贫困地区人民最基本的生活水准❷。救济式扶贫收效甚微，因此，1984 年，国家出台了《中共中央、国务院关于帮助贫困地区尽快改变面貌的通知》，要求贫困地区必须依靠当地人民自己的力量，按照本地的特点，

---

❶ 封丘县档案局．封丘县革命老区历史与现状［EB/OL］．河南档案信息网，http://www.hada.gov.cn/w_ NewsShow.asp?ID=0: 12312, 2012-9-10.

❷ 郇建立．扶贫：一个沉重的话题［EB/OL］．http：//www. lunwentianxia. com/product. free. 2242106. 1/，2007-11-21.

因地制宜，扬长避短，充分利用当地资源，发展商品生产，增强本地区经济的内部活力。

### 4.2.2 1986—1993年经济社会初步发展兼开发式扶贫阶段

经历了经济社会发展的艰难起步阶段，中部贫困地区有了一定的发展基础，在此基础上各县开始积极探索振兴经济、脱贫致富的针对性战略，主要体现为：

第一，利用当地资源，发展特色农业。中部贫困地区地处山区，自然资源丰富，当地政府认识到要发展经济，就必须依靠这些自然资源，因地制宜地发展种植业、畜牧业、林业、水产养殖等。如河南新县经历了58年“全民炼钢”，此后的毁林种粮、砍树致富，数不尽的树木化为灰烬。到1984年，全县森林蓄积量由新中国成立初期的334万立方米减少到138万立方米❶。导致生态破坏、水土流失严重、“温饱”都成了问题。通过调查，当地政府认识到新县穷的根子是山，致富的希望也是山。为此制定了一条山有林、林涵水、水产粮的循环经济发展道路，成效显著。

第二，大力扶持乡镇企业。乡镇企业的发展，既解决了农业剩余劳动力的基本出路，又成为广大农民致富的一个主要途径，因此，颇受贫困革命老区的青睐。办的较好的乡镇企业，基本是立足于本地自然资源，以当地资源为基础，否则乡镇企业的发展就成为无米之炊，很难站住脚的。如湖南、江西老区就曾利用当地优势资源——竹子，积极进行“竹工业革命，为其乡镇企业的发展创造了机遇，将丰富资源优势变为出口创汇商品经济的优势，加快了老区建设的步伐。

第三，科技扶贫成效显著。以江西省横峰县为例❷，“七五”期间，全县各级各部门纷纷举办各种学习班、培训班，大面积地对农民、特别是特贫困户农民进行培训辅导。同时每年选送一批乡村干部、回乡初高中毕业生和复退军人赴外地参加各类科技培训。这些人回到乡村成为科技扶贫的骨干。通过培训，特贫困户主要劳力大都能掌握一至二门适用技术，大大提高了农业生产率。

此外，中部贫困地区也非常重视农村农田水利、电力、交通等基础设施的建设，为整个经济社会的发展奠定了基础。

1986—1991年，国家把扶贫开发作为一项主要内容列入了“七五”和“八五”国民经济发展计划。1986年5月成立了国务院贫困地区经济开发领

---

❶ 王培安，等. 来自革命老区的报告—新县荒山绿化巡礼［J］. 河南林业，1991（8）：15-17.

❷ 横峰县老建办. 坚持扶贫不动摇［J］. 老区建设，1993（7）：27.

导小组，中国自此有了专门的扶贫机构和计划。在国务院贫困地区经济开发领导小组第一次全体会议上，明确指出："要认真总结经验教训，从改革入手，从发展着眼，彻底改变过去那种单纯救济的扶贫办法，改变不适宜贫困地区发展的生产方针，实行新的经济开发方式。"从此我国开始进入到大规模的开发式扶贫阶段。开发式扶贫是一种典型的发展援助，即通过经济开发，使贫困地区和贫困人口在发展生产和经济增长中脱贫。[1] 开发式扶贫是适应区域性贫困的扶贫战略，国家为此划出了 18 个贫困片区，中部贫困地区就分散列入其中。开发式扶贫由单纯生活救济改为加强基础设施建设，改进生产条件，促进新的生产能力形成，变"输血式"扶贫为"造血式"扶贫，极大地调动了贫困革命老区发展经济的积极性，使其优势得以发挥，自我发展能力得以增强，初步改善了中部革命老区的发展环境，有效地缓解了贫困人口的贫困状况。

### 4.2.3　1994—2000 年经济社会快速成长兼产业扶贫阶段

改革开放以来，经过救济扶贫和大规模的开发扶贫，贫困老区的面貌有了明显改善，基本解决了贫困群众的温饱问题。但由于贫困地区大都地处山区，受自然、地理条件制约，生产条件极不稳定，收入水平仍然较低。1996 年，江泽民同志指出："引导农民进入市场，把千家万户的农民与千变万化的市场紧密地联系进来，推动农业产业化，这是发展社会主义市场经济的迫切要求，也是广大农民的迫切要求。"而能将扶贫与农村市场经济建设紧密结合，并利用市场规律冲破根深蒂固的自然经济的束缚的扶贫方式正是"产业扶贫"。

所谓"产业扶贫"，就是通过在贫困地区实施农业产业化经营，通过扶持主导产业来增强贫困地区的"造血"机能，使贫困地区加快发展，摆脱贫困。因此，产业扶贫成了中部贫困革命老区解决贫困问题的立足点。以赣南革命老区为例[2]，在政府的正确领导下，1994—1999 年年底共投入扶贫资金 4.3 亿元，建起果茶、蚕桑、毛竹、松杉等支柱产业基地，同时建立了一大批相关的龙头企业。赣南把发展果业当作"山上再造"的重头戏，孵化出了独具赣南特色的"猪—沼—果"生态农业模式，带动了赣南革命老区县如会昌、寻乌、安远等的长足发展。在"山上再造"的攻坚战中，全赣南新建沼气池 32 万多个，创建生态农业示范村 360 多个，示范户 14 万多户。1999 年全市生猪出栏 35.52 万头、存栏 226.1 万头。用上沼气池节约了柴草 140 万余吨，相当于 18 万公顷

---

[1] 张俊飚. 中西部贫困地区可持续发展问题研究 [D]. 武汉：华中农业大学，2002（5）：28.

[2] 宋上年，等. 再造一个山上赣南——江西赣州市产业扶贫纪实 [J]. 中国老区建设，2001（3）：34-35.

森林植被得以恢复。此外，利用生态农业的良好效应，赣州市相关部门引导贫困农户，利用各自优势因地制宜发展“庭园产业”，惠及了万千农户。

### 4.2.4 2001年以来经济社会可持续发展兼参与式扶贫阶段

《中国农村扶贫开发纲要（2001—2010年）》将坚持可持续发展作为扶贫开发的基本方针之一，指出“扶贫开发必须与资源保护、生态建设相结合……实现资源、人口和环境的良性循环，提高贫困地区可持续发展的能力”。依据此方针，中部六省都积极探索资源节约和环境友好的“两型”社会发展模式。具体表现为：

一是思想上明确可持续发展理念。2001年以来，中部六省都出台了促进了老区发展的指导性意见，明确了可持续发展的思想。在国务院自2011年批复的11个集中连片特困地区区域发展与扶贫攻坚规划片区规划中，涉及中部贫困地区的武陵山、秦巴山、燕山—太行山、吕梁山、大别山、罗霄山5个片区规划都明确提出了坚持加快发展与保护生态环境相结合的原则。

二是将生态与开发元素相结合，发展生态经济。中部贫困地区坚持把生态资源作为战略资源来培育和经营，与新型工业化、农业现代化相结合，发展生态农业，促进产业生态化；与旅游业相结合，科学开发原生态旅游，实现旅游增值。

三是实施生态移民。如《江西省农村扶贫开发“十一五”专项规划》指出，江西“十五”期间移民扶贫搬迁取得重大突破。积极探索实施深山区、库区、地质灾害频发区移民扶贫搬迁工程，在试点的基础上，已在全省21个国家扶贫开发工作重点县完成扶贫移民搬迁10.23万人，开创了一条推进新阶段扶贫开发的新路子，深受搬迁群众的欢迎。

参与式扶贫模式是21世纪以来我国最重要的扶贫模式之一。国务院扶贫领导小组在2001年颁布了《中国农村扶贫开发纲要（2001—2010）》，正式确定要把参与式扶贫与整村推进作为我国的基本扶贫战略。之后10年中，国务院扶贫办安排了全国14.8万个重点贫困村开展参与式整村推进扶贫，各村分别制定参与式扶贫规划。所谓“参与式扶贫”，是指通过政府投入一定数量的扶贫资金，以贫困村为单位，发动贫困群众参与扶贫项目的实施，注重贫困农户自主脱贫、自我发展能力的提高，从源头解决贫困问题。[1]

扶贫模式从救济式——开发式——参与式，实现了扶贫效果的输血——造血——赋权。参与赋权使贫困群众树立了主人翁意识，农民脱贫的积极性

---

[1] 内蒙古革命老区发展中心．赴江西革命老区考察报告——江西省革命老区扶贫的主要模式与启示［J］．老区建设，2009（23）：22-26.

更高了，更加注重培养自身的脱贫能力，这样脱贫的效果更稳定持续。2002 年开始，江西省以村级扶贫规划为平台，采用“参与式”扶贫方法。规定扶贫资金的使用原则和投资方向，并承诺贫困村每个村五年扶持 50 万元。为实施好“参与式”扶贫工作，还对全省扶贫系统的工作人员进行了培训。通过“参与式”扶贫，贫困地区面貌得到较大改变。2011、2012 年总共投入 24.3 亿元用于整村推进，新修乡村道路 9106 公里；新增水地 2.7 万亩，解决安全饮水困难 10.3 万人，解决大牲畜饮水困难 19.4 万头。到 2012 年年底，国家核定江西省的农村贫困人口由 2011 年的 438 万人减至 385 万人，减少 53 万人，农村贫困发生率由 12.6%降至 10.8%。[1]

## 4.3　中部贫困地区经济社会发展的基本特征

### 4.3.1　中部贫困地区经济发展特征

1. 经济发展水平逐步提高，农民收入持续增长

中部贫困地区经济发展水平得到了较大的提高，如山西兴县 2006 年人均 GDP 为 2747 元，2012 年人均 GDP 为 24990 元，2012 年人均 GDP 为 2006 年的 9 倍，增长最快。山西右玉县 2006 年人均 GDP 为 7517 元，2012 年人均 GDP 为 38425 元，2012 年人均 GDP 为 2006 年的 5.1 倍。江西横峰县 2006 年人均 GDP 为 6543 元，2012 年人均 GDP 为 32762 元，2012 年人均 GDP 为 2006 年的 5.1 倍。

同时，农民收入持续增长。以安徽省为例，在 2000—2012 年，农民人均纯收入呈现持续增长态势，且增长速度较快，2012 年农民人均纯收入是 2000 年的 3.5 至 4.4 倍（见表 4-2）。

表 4-2　安徽省贫困地区农民人均纯收入（2000—2012 年）

| 县（市） | 2000 年（元） | 2005 年（元） | 2010 年（元） | 2011 年（元） | 2012 年（元） | 2012 年/2000 年 |
|---|---|---|---|---|---|---|
| 砀山县 | 1798.57 | 2172.05 | 4520.08 | 5431.07 | 6305.78 | 3.5 |
| 萧　县 | 1969.08 | 2260.73 | 5020.37 | 6031.62 | 7011.82 | 3.6 |

[1] 章康华．关于我省扶贫开发工作情况的报告［EB/OL］．江西人大新闻网，http：//jxrd.jxnews.com.cn/system/2013/09/30/012689056.shtml.

续表

| 县（市） | 2000 年（元） | 2005 年（元） | 2010 年（元） | 2011 年（元） | 2012 年（元） | 2012 年/2000 年 |
|---|---|---|---|---|---|---|
| 灵璧县 | 1779.07 | 1963.44 | 4576.99 | 5489.30 | 6357.81 | 3.6 |
| 泗　县 | 1685.05 | 2170.26 | 4715.19 | 5648.19 | 6552.12 | 3.9 |
| 寿　县 | 1492.00 | 2316.65 | 4597.58 | 5432.60 | 6270.14 | 4.2 |
| 霍邱县 | 1556.00 | 2298.01 | 4773.00 | 5725.00 | 6615.00 | 4.3 |
| 舒城县 | 1598.30 | 2304.40 | 4818.52 | 5817.88 | 6769.33 | 4.2 |
| 金寨县 | 1542.00 | 2045.27 | 4428.25 | 5430.60 | 6255.95 | 4.1 |
| 石台县 | 1144.77 | 1492.93 | 3280.64 | 3867.93 | 4440.00 | 3.9 |
| 潜山县 | 1390.00 | 1810.28 | 3989.14 | 4719.05 | 5455.71 | 3.9 |
| 太湖县 | 1456.49 | 1748.15 | 3853.57 | 4553.38 | 5263.27 | 3.6 |
| 宿松县 | 1391.48 | 1796.72 | 4489.24 | 5299.99 | 6141.00 | 4.4 |
| 岳西县 | 1387.02 | 1838.57 | 3600.00 | 4255.20 | 4923.04 | 3.5 |

2. 经济增长与产业结构关系密切

以山西省兴县为例（见图 4-1），2000 年兴县人均 GDP 为 1116 元，2012 年人均 GDP 为 24990 元，增长了 22.4 倍。产业结构方面，三产比例由 2000 年 73.52：9.53：16.95 提升为 2012 年 14.48：76.44：9.08，工业产业比例明显上升，农业产业比例下降明显。可见，工业产业比例的上升对经济发展起到了明显的促进作用。

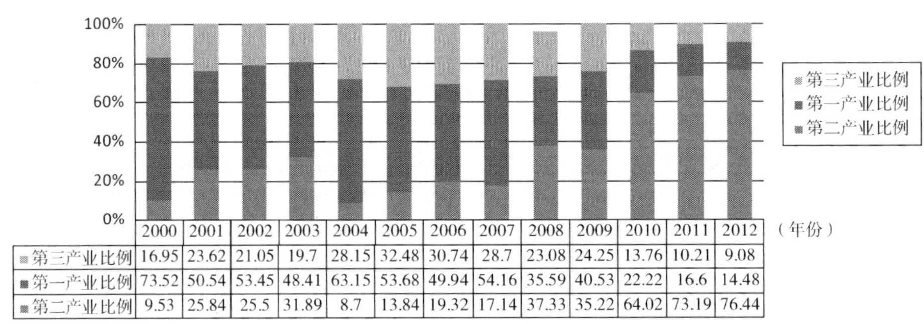


| | 2000 | 2001 | 2002 | 2003 | 2004 | 2005 | 2006 | 2007 | 2008 | 2009 | 2010 | 2011 | 2012 |
|---|---|---|---|---|---|---|---|---|---|---|---|---|---|
| 第三产业比例 | 16.95 | 23.62 | 21.05 | 19.7 | 28.15 | 32.48 | 30.74 | 28.7 | 23.08 | 24.25 | 13.76 | 10.21 | 9.08 |
| 第一产业比例 | 73.52 | 50.54 | 53.45 | 48.41 | 63.15 | 53.68 | 49.94 | 54.16 | 35.59 | 40.53 | 22.22 | 16.6 | 14.48 |
| 第二产业比例 | 9.53 | 25.84 | 25.5 | 31.89 | 8.7 | 13.84 | 19.32 | 17.14 | 37.33 | 35.22 | 64.02 | 73.19 | 76.44 |

**图 4-1　山西省兴县 2000—2012 年经济增长与产业结构关系**

3. 经济发展水平参差不齐，存在一些发展水平高的贫困县

2012 年，中部 130 个贫困老区县（市）中，有 3 个县的人均 GDP 超过 4 万元；有 4 个县的人均 GDP 在 3 万~4 万元；有 25 个县的人均 GDP 在 2 万~3 万元；81 个县的人均 GDP 在 1 万~2 万元；还有 18 个县人均 GDP 在 1 万元以下（见表 4-3）。可见，中部贫困地区各县经济发展水平参差不齐，虽然有少数县（栾川、河曲、保德、中阳、右玉）经济发展水平超过国家的平均水平（2012 年中国人均 GDP 为 38354 元）。但是，从整体来看，中部贫困地区总体发展实力明显偏低。

表 4-3　中部贫困老区县人均 GDP 分类（2012 年）

| 人均 GDP（元） | 县（市） |
| --- | --- |
| >40000 | 栾川、河曲、中阳 |
| 40000~30000 | 横峰、武乡、桐柏、洛宁 |
| 30000~20000 | 丹江口、秭归、麻城、长阳、兰考、嵩县、汝阳、宜阳、范县、台前、南召、光山、新县、商城、固始、确山、沅陵、花垣、和顺、代县、繁峙、宁武、偏关、吉安、井冈山 |
| 20000~10000 | 阳新、郧县、郧西、竹山、竹溪、房县、孝昌、大悟、红安、罗田、英山、蕲春、恩施、利川、建始、巴东、宣恩、咸丰、来凤、鹤峰、神农架林区、鲁山、滑县、封丘、卢氏、民权、上蔡、城步、平江、安化、汝城、新田、江华、通道、新化、泸溪、凤凰、保靖、古丈、砀山、萧县、泗县、霍邱、舒城、金寨、石台、潜山、太湖、宿松、岳西、娄烦、灵丘、平顺、壶关、左权、平陆、五台、静乐、神池、五寨、岢岚、吉县、汾西、方山、莲花、修水、赣县、上犹、安远、宁都、于都、兴国、会昌、寻乌、遂川、万安、永新、乐安、广昌、上饶、余干 |
| <10000 | 邵阳、隆回、桂东、永顺、龙山、灵璧、寿县、阳高、天镇、广灵、浑源、大宁、隰县、永和、临县、石楼、岚县、鄱阳 |

4. 经济结构不合理，产业化程度低

大多数中部贫困地区工业发展相对落后，以粮为纲仍然是大多数贫困户的主要生产方式。贫困户经济结构单一，有些贫困群众虽然发展了种植、养殖业，但由于后续投入资金不足、市场化程度低等原因，难以形成规模，市场竞争能力普遍较弱。近几年，虽然农业产业基地不断壮大，由于农业产业化企业与农户利益联结机制还不紧密，农产品加工率和精深加工率还不高，导致农民增收不够明显，绿色、特色和优势农牧业尚未得到有效发展，贫困

户的发展更是滞后。农业产业化还处于起步阶段，市场发育程度低，科技含量低，群众市场观念淡薄，产业化发展举步维艰。非农产业发展缓慢，带动能力弱，短时期内难以形成产业优势和经济优势。

### 4.3.2 中部贫困地区社会发展特征

1. 贫困人口减少，但扶贫攻坚任务依然艰巨

经过一系列的扶贫开发政策，中部贫困地区的贫困人口在逐步减少，如安徽省贫困人口由2011年236.37万人减少至2012年的225.48万人；江西省农村扶贫对象由2011年250.4029万人减至2012年的219.1930万人。

自2011年中国公布新的贫困标准（2300元）以来，我国贫困面扩大，中部贫困地区脱贫任重道远，扶贫攻坚任务依然艰巨。依据《2011年中国农村贫困监测报告》，大别山集中连片特殊困难地区（包括安徽、河南、湖北等省），按国家现行标准计算，2006年农村的贫困发生率为12%，是全国平均水平的1.6倍，贫困人口占全国农村贫困人口的4.7%；而按国家新的标准计算，2006年农村的贫困发生率为54.1%，比全国平均水平高出13.2个百分点，贫困人口占全国农村贫困人口的3.8%。[1]

2. 教育信息资源相对缺乏，教育和信息贫困较为普遍

中部贫困地区受地理环境、保守的文化观念和交通闭塞等因素的影响，其教育、信息发展的基础薄弱，教育和信息贫困较为普遍。据调查，江西省赣州市集中连片区域内贫困群众小学毕业以下占48.8%，还有相当数量文盲、半文盲。有70%的贫困户家庭主要依赖传统农业，卖的是原材料，农产品无任何附加值，商品率极低，有80%以上贫困劳力外出务工靠苦力，收入低，工作环境差；有50%以上的贫困群众对脱贫致富缺乏信心，因循守旧，“等、靠、要”依赖思想严重。另外，由于地方财政困难，对教育的投入严重不足。这一现象和前面的问题一起严重制约了内生性发展，形成严重的外部依赖性。

近年来中部贫困地区通信基础设施建设得到了快速发展，但与其他地区相比，其信息网络、信息平台建设还很薄弱，信息贫困现象较为普遍。信息贫困加深了这些贫困地区与外界的“地域鸿沟”，天然地形成了阻碍贫困地区致富的“数字鸿沟”[2]。要消减贫困，需要填补这道鸿沟，让广大贫困地区农

---

[1] 国家统计局住户调查办公室编.2011中国农村贫困监测报告［M］.北京：中国统计出版社，2011：118.

[2] 陈国阶，方一平，高延军.中国山区发展报告——中国山区发展新动向与新探索［M］.北京：商务印书馆，2010：13.

户能利用信息化手段学习、工作与生活，共享现代文明的成果。

3. 基础设施落后，保障体系不健全

多年来，经过一系列的开发建设，中部贫困地区在解决交通难、饮水难，增收难方面取得了一定成效，但由于贫困地区特别是一些贫困村大多处在边远山区，水库移民区等地理环境条件恶习劣，可耕土地资源缺乏基础设施建设成本高，农业生产增收潜力低，问题很多，难度很大，现有基础设施、农业装备和农民收入水平与先进地区差距仍比较大。到目前贫困村交通难，饮水难，有电难，增收难的问题仍然比较突出，绝大部分贫困地区群众饮水、用电安全得不到保障。近年来我国相继出台了新型农村合作医疗等相关政策，给广大贫困地区和贫困农户带来了更多保障，但是由于覆盖面小、标准低等原因，农村社会保障制度仍然不健全。而且农村公共服务建设相对落后，设施不完备，特别是文化、教育、卫生、医疗等跟不上形势发展，影响了农民的生产、生活水平。因灾返贫、因病返贫的现象时有发生。

4. 扶贫开发的资金投入效果不理想

在过去较长时间内，中部贫困地区在扶贫开发方面都投入了较多的资金，帮助农村地区脱贫致富，并取得了一定的成效。“十一五”期间江西省总计共投入各类扶贫资金 36.3 亿元，按照 100 个县（市、区）平均计算，每个县（市、区）每年约为 0.0726 亿元。下面以赣州地区六个县（兴国、瑞金、宁都、会昌、寻乌、安远）的情况为例进行介绍。“十一五”期间，这六个县（市）整合的各类扶贫资金依次为 1.37 亿元、0.234 亿元、0.4355 亿元、0.41885 亿元、0.609 亿元、0.4 亿元，合计 3.46735 亿元（见图 4-2），平均每县（市）每年获得 0.11558 亿元。六个苏区县（市）每年获得扶贫资金是全省县（市、区）平均值的 159%。上述六个苏区县（市）获得的扶贫资金占本级财政收入的比例依次是：23.22%、4.03%、9.23%、8.35%、23.42%、16.60%（见图 4-3）。这几个扶贫工作开展较好的县（市），得到了全省平均水平 159%的扶贫资金，这些资金的平均值占到了本级财政收入的 14.14%，但是它们平均的生产总值和财政收入只有全省平均水平的 55.75%和 35.95%。如此看来，总体水平与其他地方相比还是有一定差距。

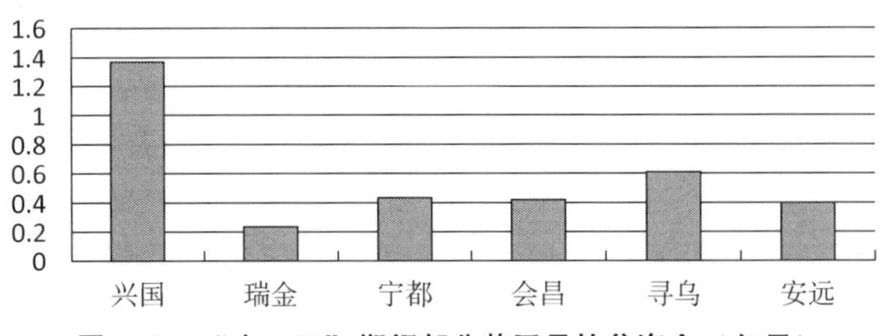


**图 4-2 “十一五”期间部分苏区县扶贫资金（亿元）**

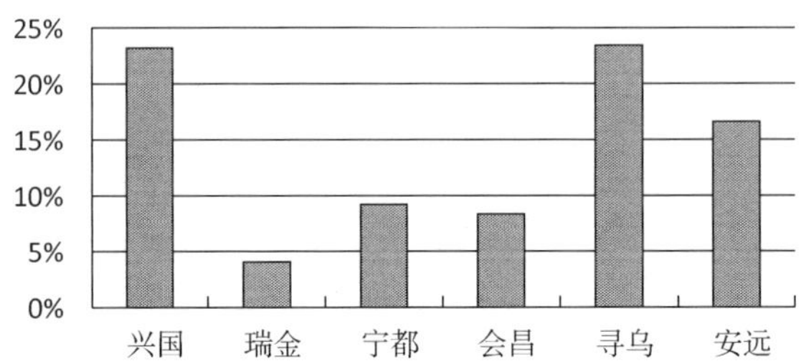


**图 4-3 “十一五”期间部分苏区县扶贫资金占本级财政收入的比例**

### 4.3.3 中部贫困地区资源、环境和可持续发展特征

1. 自然资源开发加速，综合管理水平亟待提高

中部贫困地区基本都是山区，山区有一定的矿藏资源，境内多数县拥有金、钨、稀土、石灰石、白云石等珍贵的矿产资源。如赣州市的钨矿和稀土资源都闻名世界，山西吕梁市已发现的矿物种类达 40 多种，主要有煤、铁、铝钒土、白云岩、煤气层等，其中含煤面积 11460 平方千米，占全市国土面积的 54.3%，铝钒土品位高、埋藏浅，预测储量达 4.4 亿吨，为山西之冠。但是因为资源型产业利润高，回收快，风险小，所以各地都竞相开发。由于管理没有及时跟进，导致目前开采比较混乱、资源浪费严重等问题，因此，资源开采综合管理水平亟待提高。

例如，目前我国稀土开采的吨回收率国有企业只有 60%，大型的民营企业仅为 40%，一些私采乱挖的矿山甚至只有 5%。2011 年江西省稀土企业的利润仅为 64 亿元，而赣州一地矿山环境恢复性治理费用就高达 380 亿元。[1] 尽管 2005 年国务院签署了《国务院关于全面整顿和规范矿产资源开发秩序的通知》（28 号文件），2007 年国土资源部等九部门联合印发了《整顿和规范矿产资源开发秩序工作方案》，联合开展专项行动，整顿矿山开发秩序取得了

[1] 杨烨梁．官方称稀土开采严重破坏环境，赣州花 380 亿治理［EB/OL］．http://news.qq.com/a/20120409/000030.htm.

一定的成绩，但是无证勘察开采、越权审批矿业权、矿产开采中浪费资源和污染环境等问题还十分突出，因此，加大整顿力度，完善相关法律法规，规范开发秩序等的任务还十分艰巨。

2. 生存环境恶劣，自然灾害频发

中部贫困地区的群众绝大部分都居住在库（湖）区，山区和地质灾害区。交通不便，信息不灵，用电不保障，居住环境简陋，人均耕地少，就学就医难是制约其发展的根本原因。如安徽岳西县位于大别山腹地，境内都是山区，有一半人居住在平均海拔 800 米以上的高寒地带；霍山县既有山区，也有库区。这些地方光照不足，水稻生产只能收获一季，其他农作物产量也相对较低，农民收入增加困难。此外，水灾、风灾、涝灾、山洪、泥石流、山体滑坡和大面积的旱灾、冰冻雨雪灾害、虫灾等自然灾害是中部贫困地区易发的自然灾害，由于灾害影响大，破坏面广，引起损失惨重，极易导致群众返贫。如 2006 年，皖西大别山区遭遇特大洪涝灾害，返贫人口增加 30 万。

3. 可持续发展模式显现，机制有待形成

中部贫困地区可持续发展思想主要体现在一系列的扶贫开发战略中，如发展生态农业、实施生态移民搬迁、实施生态旅游等。在六省的主体功能区规划中，贫困地区基本定位为限制开发区域的农产品主产区或重点生态功能区，产业发展方向主要为生态农业和生态旅游业等。从长远来看，生态建设、水土保持、环境治理和发展循环经济，还需要完整的规划和一系列行之有效的保障机制，这样才能较为有效的落实可持续发展思想。

## 4.4　本章小结

本章主要是对中部贫困地区发展现状的概述，在历史考察的基础上将中部贫困地区的发展分为了艰难起步兼救济式扶贫、会初步发展兼开发式扶贫、快速成长兼产业扶贫、可持续发展兼参与式扶贫四个阶段；通过理论联系实际对中部贫困地区经济、社会、环境和可持续发展等方面的现状进行特征描述，总体上经济社会发展水平逐步提高、农民的收入和其他福利在持续增长、可持续发展机制初现，但依然面临经济结构不合理、产业化程度低、扶贫攻坚任务艰巨、教育信息资源相对缺乏、基础设施落后，保障体系不健全、自然资源开发加速，综合管理水平亟待提高、生存环境恶劣，自然灾害频发等困境。

# 第5章　中部贫困地区经济社会发展竞争力的内涵与价值取向

党的十八大报告指出，到2020年实现全面建成小康社会宏伟目标。中部贫困地区要实现摆脱贫困全民奔小康的宏伟目标，关键是要提升经济社会发展竞争力，将自身置于全国，甚至全世界竞争洪流之中，看清优势与劣势，针对性进行改进增强自我发展能力。那么中部贫困地区经济社会发展竞争力是什么？与其他县域竞争力有什么异同之处？中部贫困地区经济社会发展竞争力所处的阶段以及价值取向如何？成为中部贫困地区经济社会发展竞争力研究首先面临的三个问题。本章借鉴国内外中部贫困地区经济社会发展竞争力的研究成果，提出了中部贫困地区经济社会发展竞争力概念模型，并与其他县域竞争力进行比较进而归纳其特征；在此基础上，结合相关理论对中部贫困地区经济社会发展竞争力所处的阶段进行了定位，并对其价值取向进行了理论阐述。

## 5.1　中部贫困地区经济社会发展竞争力的内涵与异同比较

### 5.1.1　中部贫困地区经济社会发展竞争力的概念

中部贫困地区是一个特定的区域概念，且以行政区域——县为单位的区域。因此，中部贫困地区经济社会发展竞争力属于区域竞争力范畴，进一步讲是县域竞争力范畴。

#### 5.1.1.1　对县域竞争力的不同认识

不管是区域竞争力还是县域竞争力，目前还没有普遍接受的定义来解释。1985年世界经济论坛（WEF）和瑞士洛桑国际管理开发学院（IMD）在其系列《全球竞争力报告》中将“国际竞争力”定义为“企业目前和未来在各国的环境中以比他们国内外的竞争者更有吸引力的价格和质量来进行设计、生产并销售货物以及提供服务的机会和能力”。美国哈佛大学教授波特（Porter）在《国家竞争优势》（1990）一书中指出，从国家的层面来考虑，竞争力的唯一意义就是生产力，而生产力的提高有赖于该国产业的创新和升级能力。而一国的产业能否在国际竞争中取胜，取决于六个因素：生产要素状况、需求状况、相关产业和辅助产业的表现、企业战略、结构与竞争程度、机遇作用以及政府作用。❶ 李宝新（2001）认为，地区竞争力，就是对一个地区在政治、经济、社会、基础建设、环境、科技、文教等各个领域所能达到的先进程度的综合反映❷，倪鹏飞（2009）指出，“区域竞争力是指区域所具有的吸引、支配和转化资源，占领和控制市场，从而更多、更快、更好和可持续地创造物质和非物质财富，为其居民提供福利的能力”❸，同时指出决定区域综合竞争力的因素有产业体系、金融资本、科技创新、人力资本、资源环境、基础设施、制度文化、外部条件、企业聚合，这九个方面的强弱和不同组合，决定区域综合竞争力。周绍森、王圣云（2012）❹ 认为区域经济社会发展竞争力由经济社会发展竞争力、资源环境竞争力、科教文化竞争力和民生保障竞争力组成。用公式表示为区域经济社会发展竞争力＝$F$（经济社会发展竞争力，资源环境竞争力，科教文化竞争力，民生保障竞争力）；等等。

王秉安（2003）认为，“县域综合竞争力”，是指县域范围内集聚资源、通过提供产品和服务来获取竞争优势的能力，是县（市）经济、社会、科技、环境等综合发展能力的体现。❺ 邹家明、刘彦（2005）将县域经济核心竞争力描述为 $F=f$（$C$，$S$，$E$）。$F$ 为系统功能，即通过自组织能力使县域在一定时期内保持现实或潜在的竞争优势，$C$ 为要素：现实竞争力、潜在竞争力和协调能力，$S$ 为系统结构即县域经济核心竞争力组成要素以及各要素之间相互制约关系等，$E$ 为环境，包括市场、竞争对手等要素。❻ 周泽炯、吴滨兰（2012）认为县域经济竞争力是指，在一个县域范围内，在经济、社会、自

---

❶ ［美］迈克尔·波特．国家竞争优势［M］．李明轩，邱如美，译．北京：华夏出版社，2002：66-122.

❷ 李宝新．地区竞争力评价指标体系设计研究［J］．山西财经大学学报，2001（10）：99-101.

❸ 倪鹏飞．决定区域竞争力的9大因素［J］．港口经济，2009（6）：48.

❹ 周绍森，王圣云．中国中部经济社会发展竞争力研究［J］//南昌大学中国中部经济社会发展研究中心编，中国中部经济社会发展竞争力报告（2011），北京：社会科学文献出版社，2012：2-19.

❺ 王秉安，洪文生．县域经济竞争力比较研究——以福建为例［J］．福建行政学院福建经济管理干部学院学报，2003（3）：9-13.

❻ 邹家明，刘彦．关于县域经济核心竞争力的研究［J］．商业研究，2005（17）：58-61.

然、文化和制度等多个方面所具有的竞争优势以及由这些优势产生的影响力。❶

综上可见，现有县域竞争力的概念主要居于以下视角：①财富创造能力视角；②提升国民福祉能力视角；③产品和服务提供能力视角；④资源吸引和有效配置能力视角；⑤投入要素质量视角；⑥综合能力视角。县域竞争力的概念，定义繁多，不同的角度有不同的界定，这正说明其是非常广泛的、复杂的多元力量组成的综合体，是一个系统合力❷，涉及经济、社会、资源环境等诸多方面。现有县域竞争力研究主要侧重于经济竞争力方面，且县域竞争力的概念界定都比较抽象，不利于评价体系的构架。

#### 5.1.1.2 中部贫困地区经济社会发展竞争力的概念

国内外关于区域竞争力概念的研究对于理解中部贫困地区经济社会发展竞争力具有重要的启示和参考作用。中部贫困地区经济社会发展竞争力是县域竞争力，要准确清楚的对其进行界定，需要分析清楚县域和竞争力这两个核心概念，并且考虑到贫困这一特定现实。

1. 县域

县域指县这一级行政机构所管辖的地理区域。中国将行政区域主要划分为省（区、市）、市（县）和乡镇等，县域属于中观区域系统，连接着省市和乡镇，是城市和农村、工商业与农林牧业相结合的一个相对独立区域。县域经济是以县级行政区划为地理空间，以市场为导向，以县级政权为重要推动，优化配置资源，具有地域特色和功能完备的区域经济。❸ 厉以宁指出，县域经济是中国国民经济中具有综合性和区域性的基本单元，是国民经济的基本支柱和协调城乡关系的重要环节❹。县域经济具有如下特征：

第一，区域性。县域以行政区划为地理空间，以县域为边界。县域经济与其历史传承、民族特色、人文地理等密切相关，具有非常鲜明的地方特色，这也使得县域经济发展具有自身的特色。

第二，综合性。在国民经济系统中，县域经济是一个功能完备的子系统。县域经济集第一、第二、第三产业于一身，涉及生产、消费、流通等各个领域，县域经济既有城镇经济，又有农村经济，城乡经济相互交融形成县域经

---

❶ 周泽炯，吴滨兰．县域经济竞争力：特色经济及其相互作用的理论研究［J］．菏泽学院学报，2012（12）：55-58.

❷ 周群艳．区域竞争力的形成机理与测评研究［D］．上海：上海交通大学，2006：30-44.

❸ 姜玲，荣秋艳．中国县域经济的研究评述［J］．经济问题探索，2012（5）：79-84.

❹ 姜玲，荣秋艳．中国县域经济的研究评述［J］．经济问题探索，2012（5）：79-84.

济这个综合系统。

第三，开放性。县域经济处于市场经济大环境中，市场经济的开放性要求县域经济必须参与广泛的市场竞争，受全国甚至全球经济环境的影响，在一体化的市场环境中配置资源。县域经济扶持主导产业、培育特色市场应该与对外开放战略结合起来，充分发挥自身比较优势。

第四，系统性。县域经济不是孤立的经济系统，它的发展与资源环境系统、社会系统发展息息相关。自然条件、基础设施、科学技术、人才教育、医疗卫生、社会保障以及政府作用都将会对县域经济的发展有重要的影响。因此，要发展县域经济，应该使其与县域社会、生态环境实现共同和谐发展。

第五，存在城乡“二元”结构矛盾。县域经济发展中随着工业化、城市化进程加快，城乡差距逐渐拉大，城乡二元经济社会结构体制逐渐上升为主要矛盾，引发了诸如农业落后、农村发展缓慢、农民增收难等许多深层次问题。这些都将制约县域经济的发展。

2. 竞争力

何谓“竞争力”？词义上即为“竞争的力量”。竞争，《现代汉语词典》中解释为“为了自己方面的利益而与他人争胜”[1]。可见竞争表现为一种动态的行为。一般意义上理解，竞争力是处于一定环境中的竞争主体在竞争过程中所表现出来的力量。主要包括四方面内容：其一，从竞争的主体来看，竞争力表现为竞争主体具有的实力；其二，从竞争的过程来看，表现为通过一定的竞争手段、方法对竞争对象的吸引力或获取力，称之为“吸引力”；其三，从竞争结果来看，竞争力表现为竞争主体最终取得某种收益或某种利益的能力，称之为“收益力”；其四，从竞争环境来看，竞争力表现为竞争主体获得内外环境支持的能力，称之为“保障力”。可见，竞争力是实力、吸引力、收益力和发展保障力的统一体，其内涵的构成公式可以写为：

$$\text{竞争力}=\text{实力}+\text{吸引力}+\text{收益力}+\text{保障力} \tag{5.1}$$

综上所述，县域竞争力是指县域作为竞争主体所具有的竞争力，是县域作为竞争主体所具有的实力、吸引力、收益力和保障力的统一体。这些能力综合反映在该县域经济、环境、科技、文化、教育、医疗卫生、社会保障、政府作用等发展过程之中。

3. 中部贫困地区经济社会发展竞争力

中部贫困地区经济社会发展竞争力的定义，除了要考虑县域和竞争力的

[1] 中国社会科学院语言研究所词典编辑室．现代汉语词典［M］. 北京：商务印书馆，1996：671.

内涵外，还应强调其经济社会综合发展竞争力的属性，不是单纯的经济竞争力；还需要考虑到贫困的特性，提升竞争力的最终目的是为了摆脱贫困，贫困地区经济社会发展竞争力的目标是多层次的，直接的目标是通过发挥比较优势，创造竞争优势，促进经济增长；经济增长了，资金积累了，社会公共服务功能得以加强，人民生活质量得以提高。因此，中部贫困地区经济社会发展竞争力以脱贫奔小康为目标。

中部贫困地区经济社会发展竞争力的实力是其比较优势的体现，考虑到中部贫困地区多为山区、自然资源丰富、人口红利等，中部贫困地区经济社会发展竞争力的实力不仅是现有经济基础水平，还应重点考察其自然资源禀赋，因此，用“禀赋基础”替代“实力”来反映中部贫困地区经济社会发展竞争力；整体上中部贫困地区对相关资源缺乏足够的吸引力，是因为市场活力不足，制约了投资的规模与速度，因此这里用“市场活力”替代“吸引力”来相对反映中部贫困地区经济社会发展竞争力的吸引力；对于中部贫困地区而言，经济社会发展竞争力的收益力不单是一时的看得见的资金积累，而更应看重长远，注重自我发展能力即内生能力的提高，因为仅凭救济不能根本解决贫困问题。因此，用“内生能力”替代“收益力”来反映中部贫困地区经济社会发展竞争力。

综合以上分析，本书将中部贫困地区经济社会发展竞争力界定为：以脱贫奔小康为目标的中部贫困地区，在经济社会发展方面所具有的禀赋基础、市场活力、内生能力和制度保障力的统一体，这些能力综合反映在中部贫困地区经济、环境、科教、医疗卫生、社会保障、政府作用等方面。中部贫困地区经济社会发展竞争力重点通过考察经济生产规模、发展实力、效益和产业结构等来揭示县域的比较优势，同时也重视社会建设的保障作用和目标导向性，通过其人力资本情况（规模、发展实力、数量、质量、健康状况等），分析县域潜在发展能力；通过城乡居民收入情况分析其经济发展成果；通过科教文化医疗社会福利水平分析其社会保障能力。

### 5.1.2 提升中部贫困地区经济社会发展竞争力与缓解贫困的关系

1. 贫困制约着中部贫困地区经济社会发展竞争力的提升

理论上，区域竞争力包括两个基本组成要素：一是比较优势，二是竞争优势。比较优势与资源禀赋密切关联，它是指本地区在经济和生产发展中所独具的资源与有利条件；竞争优势和资源利用有关，它是指在竞争中相对于竞争对手的更强的能力与素质❶。表面上，中部贫困地区比较优势明显，具有较为丰富的自然资源，但实际上因为贫困，中部贫困地区比较优势不明显，且竞争优势缺乏。

第一，比较优势所论述的禀赋基础对一个地区的竞争力非常重要，但禀赋基础是一个综合性的概念，不仅包括自然资源，还包括地理优势和社会资源。中部贫困地区虽然自然资源丰富，但却缺乏地理优势和社会资源优势。中部贫困地区基本处于山区，道路、通信等基础设施较差，“通道”建设不健全极大地影响了交易的成本；与发达地区在政治、经济、金融、文化等方面拥有的社会资源相比，中部贫困地区长期的贫困经济使其一直处于社会的边缘状态，信息相对封闭，企业、资金、人才、技术等生产要素被发达地区吸走，贫困地区的“边缘化”，使其基本没有沉淀可利用的社会资源。区位劣势和社会资源劣势阻碍了贫困地区自然资源的开发，从而影响了竞争力的提升。

第二，竞争力强调比较优势的发挥，但也重视竞争优势的培育。由于地处偏远山区，信息闭塞，中部贫困地区农村劳动力普遍观念陈旧，综合素质不高，就业致富能力差。群众接受新思想、新技术的能力有限，发展现代农业缺乏技术支撑，科技对农业增长的贡献率不高。劳动力文化程度低，缺少实用技能培训，这是农村贫困家庭普遍存在的一种致贫现象。从劳动力的就业情况来看，绝大部分贫困户都在本地从业，而且从事单一的种植业和家庭式的养殖业，很少人经营第二、第三产业。由于劳动力束缚在单一的种养业上，增收渠道狭窄。据调查，江西省赣州市集中连片区域内贫困群众小学毕业以下占 48.8%，还有相当数量文盲、半文盲。有 70% 的贫困户家庭主要依赖传统农业，卖的是原材料，农产品无任何附加值，商品率极低，有 80% 以上贫困劳力外出务工靠苦力，收入低，工作环境差；有 50% 以上的贫困群众对脱贫致富缺乏信心，因循守旧，“等、靠、要”依赖思想严重。因此，中部贫困地区在比较优势不突出的情况下，又不重视由于人力资本开发可能形成的竞争优势，将彻底丧失自身的竞争力。

第三，资金缺乏是贫困地区经济社会发展面临的首要问题。一方面，贫困地区人均地区生产总值和人均财政收入偏低，地方财政捉襟见肘，在公共基础设施、教育、医疗卫生、社会保障、生态环境和支农等方面资金严重不足，影响地区和谐稳定；另一方面，农民收入低是贫困地区另一突出问题。农民收入低，无力进行扩大再生产，制约经济增长。据本课题调查，2009 年，

---

❶ 曹洪，韩立达，黄善明．欠发达地区走出“竞争力困境”的路径选择［J］．云南社会科学，2004（2）：40-43.

江西苏区县农民人均生活消费支出2933元，占家庭总支出的72%。农民生活消费支出主要包括食品消费支出占46.95%，居住消费支出占18.56%，交通与通信消费支出占8.18%，医疗保健支出占7.15%，文化教育占6%，家庭设备占5.7%，衣着消费占4%，其他占3.2%。从消费结构来看，食品和居住等基本生活消费占消费支出总额的大头。同时医疗费用支出、交通通信支出和教育支出也是农民沉重的负担。可见，地方财政资金缺乏和农民收入偏低极大地影响了中部贫困地区和谐稳定和经济社会综合竞争力。

综上所述，贫困对中部贫困地区经济社会发展竞争力的提升有制约作用。但是，也应看到贫困与经济社会发展竞争力之间并不是无法调和的矛盾，多数贫困地区成功发展的案例已证明了这一点。认清自己贫困的现状以及致贫的原因，对症下药，积极发挥主观能动性，置身于竞争洪流中，变“弱势”为“主动适应”，提升综合竞争力，对缓解贫困有巨大的帮助作用。

2. 提升中部贫困地区经济社会发展竞争力是缓解贫困的重要途径之一

如前所述，中部贫困地区经济社会发展竞争力是包括禀赋基础、市场活力、内生能力和制度保障四方面在内的大系统。禀赋基础、市场活力、内生能力和制度保障是其重要影响因素，通过比较评价，找出各自在这四方面的不足并加以改进，能极大地提升中部贫困地区经济社会发展竞争力。

中部贫困地区经济社会发展竞争力得以提升，必定是经济社会发展实力、市场活跃开放度、人力资本开发、科技创新和相关保障制度共同发展作用的结果。Ravallion和Chen（2007）利用中国1980—2001年时间系列数据分析了经济增长与贫困减缓的关系，发现在贫困减缓效果上，农业的重要性要远超过其他非农产业[1]。李文博士（2006）通过贫困农户与非贫困农户的比较分析，认为道路建设通过提高农业生产率来影响包括贫困农户在内的农户收入，从而减缓贫困；道路建设通过增加农户特别是贫困户外出打工机会，从而提高农户特别是贫困户的非农就业收入而减缓贫困[2]。赵丽秋、姚先国（2006）指出劳动力流动、职业流动是打破贫困的“代际转移”，促进社会流动和保障社会公平是非常重要的中间手段[3]。岳希明、罗楚亮（2010）通过对2007年

---

[1] Ravallion, M., Chen, Shaohua. China's (uneven) progress against poverty [J]. Journal of Development Economics, 2007 (82): 1-42.

[2] 李文．农村道路对减缓贫困的影响分析——重庆贫困地区扶贫项目实证研究［D］．北京：中国农业科学院，2006：87-88.

[3] 文雁兵．制度性贫困催生的包容性增长：找寻一种减贫新思路［J］．改革，2014（9）：52-60.

的调查数据分析，结论表明劳动力外出显著减轻了农村贫困程度，外出时间长短对于外出户的贫困状况具有显著影响[1]。《中国农村扶贫开发的新进展》白皮书指出，中央和地方各级政府对扶贫的财政投入，从2001年的127.5亿元人民币增加到2010年的349.3亿元人民币，年均增长11.9%，十年累计投入2043.8亿元人民币。这些扶贫开发举措在缓解贫困方面取得了突出的成绩，农村贫困人口占农村人口的比重从2000年的10.2%下降到2010年的2.8%。农民人均纯收入从2001年的1276元人民币，增加到2010年的3273元人民币，年均增长11%。

可见，伴随着中部贫困地区经济社会发展竞争力的提升，贫困程度也能在一定程度上得以缓解，提升中部贫困地区经济社会发展竞争力是缓解贫困的重要途径之一。

3. 中部贫困地区经济社会发展竞争力的最终目标是脱贫

一般而言，区域竞争力的研究，主要通过分析与评价，发现区域经济社会发展中存在的问题，找到提升竞争力的因素。在一般经济社会发展方式、途径范畴研究基础上扩大了研究的视野，讨论如何创造竞争优势，提升区域竞争力，实现资源优化配置。

中部贫困地区经济社会发展竞争力的目标是多层次的，直接的目标是通过发挥比较优势，创造竞争优势，促进经济增长；经济增长了，资金积累了，社会公共服务功能得以加强，人民生活质量得以提高。这个过程中还应该时刻牢记关注贫困人口，增加他们的收入，实现稳步脱贫。因为，消除贫困、实现共同富裕，是社会主义制度的本质要求。消除贫困有利于实现地区的团结与稳定，是可持续发展的现实选择。增加贫困人口收入，消除贫困，实现“以人为本”，是实现科学发展的内在要求。因此，可以说，中部贫困地区经济社会发展竞争力的最终目标是脱贫。缓解贫困的努力越大，成绩越突出，其竞争力就越强；反之不重注缓解贫困的发展方式，长期来看可能会抑制经济增长，使竞争力下降。

### 5.1.3　中部贫困地区经济社会发展竞争力与一般县域竞争力之比较

中部贫困地区经济社会发展竞争力属于区域竞争力的范畴，具体来说是一种县域经济社会发展竞争力，具有一般县域竞争力的共同特征，但因其特殊的地位，又导致其具有一些独特性。

---

[1] 岳希明，罗楚亮．农村劳动力外出打工与缓解贫困［J］．世界经济，2010（11）：84.

#### 5.1.2.1 共同点

1. 客观性

中部贫困地区经济社会发展竞争力的构成要素是客观的。与一般区域（县域）竞争力一样，中部贫困地区经济社会发展竞争力中，都存在经济、科技教育、民生保障及政府作用等系统要素；这些系统要素之间相互影响、相互配合、相互作用，有序的运行状态决定了其竞争力的强弱。同时，中部贫困地区经济社会发展竞争力的环境是客观的，都处在一定的法律、政策、制度、市场、文化等环境约束下，经过长期的积累所形成了各自的比较优势。

2. 全面性

区域竞争力的要素一般包含了经济社会的各个方面。中部贫困地区经济社会发展竞争力也是全面经济社会发展竞争力，包括经济、科教文化、民生保障等方面全面发展所形成的合力，这与一般的县域经济竞争力不同，经济竞争力多侧重于某区域经济发展所呈现的竞争优势，具有片面性。而且中部贫困地区经济社会发展竞争力也不是各发展要素的简单相加或堆积，而是各要素通过非线性的作用构成的有机整体。各要素之间相互联系、相互作用，形成网络关系，使系统合力呈现出单一发展要素所不具备的功能，而且经过一系列竞争、合作、交流与反馈过程，这一系统合力作用下的竞争优势往往会大于各发展要素竞争优势的简单相加。

3. 长期性

无论是一般区域（县域）竞争力，还是中部贫困地区经济社会发展竞争力，都不是一朝一夕形成和发展的，而是一个长期不断积累的过程。而且这一相对比较优势是经济、社会、生态等诸要素综合作用的结果，从这个角度看，区域（县域）竞争力具有稳定性。但是，区域竞争的比较优势并不是一成不变的，而是具有优势动态性。因为基础设施的改善、人才的引进、科技的进步以及管理体制的创新等，原来不具备竞争优势的区域可能因为上述改变而成为竞争优势明显的区域。而原先竞争优势强的区域因为不思进取、满足现状而丧失竞争优势。

#### 5.1.2.2 不同点

1. 竞争主体为弱势单元

地处偏僻一隅的地理条件和封闭保守的文化与环境让中部贫困地区在改革开放的大环境中处于落后的地位，影响了中部贫困地区人民的生活水平的提高和幸福质量。中部贫困地区还存在比较明显的贫困状况。有学者甚至指出贫困县的经济发展水平比全国平均水平落后 15~20 年❶，可见贫困地区的经济发展与其他地区还存在较大的差距。中部贫困地区这一弱势单元要想在激烈的竞争环境中吸引、争夺发展资源，还具有相当的难度。主要表现为经济发展中的五个薄弱点❷，即经济起飞的基础和发展实力不强；三次产业联动的功能和合力不足；市场经济竞争力的机制和活力不够；跨入国内外两个市场的水平和能力不行；量的扩张和质的提高有机结合的条件和潜力不统一。这些薄弱点对于贫困地区提升经济社会发展竞争力形成了巨大的挑战。因此，中部贫困地区在培育竞争力的过程中必须认识问题，正视困难，有的放矢，采取合适的对策，才能有所突破，有所发展。

2. 经济社会发展竞争力的培育受特殊的功能定位限制

由于特殊的区位和独特的资源禀赋，长期以来，中部贫困地区在国民经济体系中实际承担了“农产品供给保障”“生态保障”“资源储备”和“风景建设”的功能。在中部六省的主体功能区规划中（见表 5-1），138 个贫困老区县（市）中 95.7%（132 个县市）为限制开发区域，其中限制开发区域（重点生态功能区）共 91 个县（市），占中部贫困地区总数的 65.9%，限制开发区域（重点生态功能区）功能定位为全省乃至全国的生态安全屏障，重要的水源涵养区、水土保持区、生物多样性维护区和生态旅游示范区，人与自然和谐相处的示范区等。发展方向为秉持保护优先、适度开发原则，在不损害生态环境和严格控制开发强度前提下，因地制宜发展资源开采、旅游、农林副产品生产加工等产业。特殊的功能定位使得这些地区不能随心所欲的发展经济，其发展战略和竞争力培育方针必须依据其功能定位。注重产业发展类型与资源生态条件相结合，注重产业发展规模与生态保障功能相结合；注重产品种类与国家需求相结合；注重产品品牌与绿色消费相结合，形成具有中部贫困地区特色的竞争优势。

---

❶ 刘娟．贫困县产业发展与可持续竞争力提升研究［M］．北京：人民出版社，2011：6.

❷ 徐荣安．提高我国贫困地区市场竞争力与发展力之对策［J］．华夏星火，1998（11）：52-53.

表 5-1　中部贫困地区主体功能区规划下的功能定位与发展方向

| 省份 | 重点开发区 | 功能定位 | 发展方向 | 限制开发区域（农产品主产区） | 功能定位 | 发展方向 | 限制开发区域（重点生态功能区） | 功能定位 | 发展方向 |
|---|---|---|---|---|---|---|---|---|---|
| 江西省 | 省级：赣县、上饶、吉安 | 全省经济持续增长的重要增长极，扩大对外开放的重要门户，承接产业转移的重点区域，先进制造业和现代服务业基地 | 大力发展新兴产业，运用高新技术改造传统产业，加快发展服务业，促进产业集群发展 | 国家级：宁都、于都，兴国、会昌、乐安、余干、鄱阳 | 保障农产品供给安全的重要区域，农民安居乐业的美好家园，社会主义新农村建设的示范区 | 积极发展农产品深加工，推进实施"一村一品"政策，拓展农村就业和增收领域 | 国家级：上犹、安远、寻乌、井冈山<br>省级：莲花、修水、横峰，遂川、万安、永新、广昌 | 全省乃至全国的生态安全屏障，重要的水源涵养区、水土保持区、生物多样性维护区和生态旅游示范区，人与自然和谐相处的示范区 | 在不损害生态系统功能的前提下，适度发展旅游、农林牧产品生产和加工、观光休闲农业等产业，积极发展服务业 |

续表

| 省份 | 重点开发区 | 功能定位 | 发展方向 | 限制开发区域（农产品主产区） | 功能定位 | 发展方向 | 限制开发区域（重点生态功能区） | 功能定位 | 发展方向 |
|---|---|---|---|---|---|---|---|---|---|
| 湖北省 | 省级：恩施市 | 武陵山区重要的经济增长极、综合交通枢纽和人口集居区，全省重要的绿色产业基地、民俗文化生态旅游基地，中国“硒都” | 重点发展水电、矿产、建材、富硒绿色食品加工、医药化工、机械制造等。大力发展具有民族特色的山水休闲、生态文化旅游业 | 国家级：阳新、蕲春 | 国家重要的粮棉油产区和粮食安全保障区，国家重要的粮棉油鱼肉禽等商品生产基地，全省特色农产品基地 | 使农产品既符合地区资源优势，又与市场需求相一致，形成优势突出和特色鲜明的农业产业带 | 国家级：大悟、孝昌、红安、麻城、罗田、英山、竹溪、竹山、房县、丹江口、神农架林区、郧西、郧县、利川、咸丰、来凤、宣恩、鹤峰、建始、秭归、巴东、长阳 | 国家重要的土壤侵蚀防治生态功能区，长江中下游的重要水源补给区，国家重要的生物多样性保护区，南水北调中线工程水源区中部地区重要的生态安全屏障 | 推进高质量、高标准的绿色农产品基地建设、稳步发展地方特色工业、大力发展服务业 |

续表

| 省份 | 重点开发区 | 功能定位 | 发展方向 | 限制开发区域（农产品主产区） | 功能定位 | 发展方向 | 限制开发区域（重点生态功能区） | 功能定位 | 发展方向 |
|---|---|---|---|---|---|---|---|---|---|
| 河南省 | 省级：兰考、固始 | 地区性中心城市发展区，人口和经济的重要集聚区，全省城市体系重要支撑点 | 大力培育有一定基础优势的战略性新兴产业、加快推进农业现代化 | 国家级：汝阳、宜阳、洛宁、鲁山、封丘、范县、台前、南召、民权、宁陵、睢县、淮阳、确山、上蔡、滑县 | 国家重要的粮食生产和现代农业基地，保障国家农产品供给安全的重要区域 | 在资源环境允许的范围内，因地制宜发展农产品加工业、劳动密集型新兴服务业和具有技术含量的制造业 | 国家级：商城、新县<br>省级：卢氏、栾川、桐柏、嵩县、光山 | 水源涵养、水土保持、生物多样性维护、保障全省生态安全的主体区域，全省重要的重点生态功能区，人与自然和谐相处的示范区 | 在不损害生态功能前提下，适度发展资源开采、旅游、林下经济、农林牧产品生产和加工产业，积极发展服务业 |
| 湖南省 | | | | 国家级：隆回、邵阳、平江 | 以提供农产品为主，重要的商品粮生产基地、绿色食品生产基地、畜牧业生产基地和农产品深加工区 | 发展现代农业、生态农业、循环农业，支持发展农产品深加工和第三产业 | 国家级：桑植、泸溪、凤凰、花垣、龙山、永顺、古丈、保靖、新田、桂东、汝城<br>省级：沅陵、江华、新华、安化、通道、城步 | 维系长江流域和珠江流域水体安全，减少河流泥沙，维护生物多样性的重要区域 | 在不损害生态功能的前提下，因地制宜发展适度资源开采、农林产品生产加工等资源环境可承载的适宜产业，积极发展第三产业 |

续表

| 省份 | 重点开发区 | 功能定位 | 发展方向 | 限制开发区域（农产品主产区） | 功能定位 | 发展方向 | 限制开发区域（重点生态功能区） | 功能定位 | 发展方向 |
|---|---|---|---|---|---|---|---|---|---|
| 安徽省 | | | | 国家级：砀山、萧县、灵璧、泗县、霍邱、舒城、寿县、宿松 | 全国农产品生产和供给安全保障的重要区域，全国重要的优质小麦、水稻、油菜、棉花、大豆、玉米、畜禽产品、瓜果及中药材生产基地 | 发展农业、因地制宜发展资源开采和农产品加工业，承接劳动密集型产业转移 | 国家级：金寨、岳西、太湖、潜山、石台县 | 全省乃至全国生态产品供给安全保障的重要区域，全国重要的水土保持、水源涵养和生物多样性维护生态功能区，长三角地区的重要生态屏障，人与自然和谐相处的示范区 | 在不损害生态环境前提下，因地制宜发展资源开采、旅游、农林副产品生产加工等产业，建设生态旅游基地、特色农林产品生产基地 |

续表

| 省份 | 重点开发区 | 功能定位 | 发展方向 | 限制开发区域（农产品主产区） | 功能定位 | 发展方向 | 限制开发区域（重点生态功能区） | 功能定位 | 发展方向 |
|---|---|---|---|---|---|---|---|---|---|
| 山西省 | | | | 省级：阳高、天镇、广灵、浑源、武乡、代县 | 保障农产品供给安全的重要区域，现代农业发展的核心区，社会主义新农村建设的示范区 | 提升农业产业化水平，推进农业产业化、农产品品牌化经营，积极培育农产品加工企业 | 国家级：河曲、保德、偏关、五寨、岢岚、神池、兴县、临县、中阳、石楼、大宁、吉县、永和、隰县、汾西<br>省级：娄烦、灵丘、宁武、静乐、繁峙、五台、方山、岚县、左权、平顺、壶关、右玉、平陆、和顺 | 保障国家和地方生态安全的重要区域，黄河与海河主要支流水系水源涵养和水土保持的核心区域，人与自然和谐相处的示范区 | 保护优先、适度开发，鼓励发展特色林果、种植业，建立农产品生产与加工基地。发展观光农业、休闲旅游产业 |

资料来源：根据中部六省的主体功能区规划整体而成。

3. 民族文化对竞争力的培育是一把双刃剑

文化，就其广泛的民族学意义来说，是包括全部的知识、信仰、艺术、道德、法律、风俗以及作为社会成员的人所掌握和接受的任何其他的才能和习惯的复合体❶。文化力能对经济、社会发展施加重要影响。中部贫困地区多为少数民族聚居地区或传统文化历史深远。如湖南 20 个贫困地区中，凤凰县、花垣县、保靖县、古丈县、泸溪县、永顺县、龙山县等隶属湘西土家族苗族自治州；还有通道侗族自治县、麻阳苗族自治县、城步苗族自治县、江华瑶族自治县；桑植县享受民族自治地方待遇；沅陵县有二酉苗族乡、火场土家族乡、隆回县有山界回族乡、虎形山瑶族乡；新田县门楼下瑶族乡；汝城县有延寿瑶族乡、小垣瑶族镇、三江口瑶族镇、盈洞瑶族乡、岭秀瑶族乡等。湖北省有恩施土家族苗族自治州。江西赣南是客家文化的主要聚居地之一。这些地方都拥有丰富的民族传统文化，如建筑、生产生活用具、习俗、民间艺术、服饰、语言、歌舞、故事、传说等方面都还保留本民族特色。

但民族传统文化对中部贫困地区经济社会发展而言，却是一把双刃剑。从资源禀赋看，民族文化恰是具有开发价值的特色优势资源。文化资本运作是旅游的关键。如民族村寨旅游，就是利用民族传统文化发展经济的一种有效途径。湘西土家族苗族自治州旅游资源丰富，形成了凤凰、吉首、芙蓉镇和里耶四大旅游板块，拥有 50 多个国字号生态和文化旅游品牌，荣膺“中国魅力城市”和“中国最佳旅游去处”，“神秘湘西”旅游品牌已蜚声海内外，这些对其经济增长起到了很大的促进作用。在带来积极影响的同时，民族传统文化也在一定程度上制约了中部贫困地区经济社会的发展。赣南是客家文化的主要聚居地之一。客家人的传统是重本轻末，重农轻商，安土重迁。“耕以为生，读以存志”的耕读思想深入人心。湖北鄂东南地区，大小不一的盆地和河流为传统农耕提供了有力的生产条件，耕地类型为水田和旱地交错，农业也就成了当地主要的产业，如在阳新县，“农勤垦殖，境无旷土，无不尚技艺，艺事以坚朴为贵，无巨商大贾❷”。可见，独特的民族文化传统带有明显的原始文化特征，表现为价值观念的落后、思维方式的落后等，这对民族贫困地区的发展产生了较为消极的影响。如传统民族文化使得地方居民自然经济观念根深蒂固，市场经济发展缓慢；安于现状，进取不足导致生产规模难以扩大，或农产品深加工难以开展；长期落后的贫困状态使居民信心不足，宿命思想严重，对新兴生产技术和项目裹足不前，持观望态度。

---

❶ ［英］爱德华·泰勒．原始文化［M］．连树声，译．上海：上海文艺出版社，1992：1.

❷ 光绪《兴国州志》，卷四《舆地志·风俗》。转引自魏斌．古代长江中游社会研究［M］．上海：上海古籍出版社，2013：366-367.

## 5.2 中部贫困地区经济社会发展竞争力的阶段定位[1]

任何一个区域竞争力都不是静止不变的，随着生产要素的流动以及不同的组合，其竞争优势也会相应地改变，对区域竞争力进行阶段定位正体现了其动态化的特征。一般情况下，区域竞争力的发展阶段通过其产业竞争优势的发展阶段来体现。

### 5.2.1 区域竞争力的一般演进阶段

美国波特教授在研究了许多国家特定产业发展和参与国际竞争的历史的基础上，将一国产业竞争的过程大致分为四个阶段[2]：第一阶段为要素驱动（Factor-driven），第二阶段为投资驱动（Investment-driven），第三阶段为创新驱动（Innovation-driven），第四阶段为财富驱动（Wealth-driven）。其中，前三个为产业竞争力增长时期，第四个阶段为产业竞争力的下降时期。

我国经济学家金碚教授认为，从 20 世纪 70 年代到 21 世纪，我国产业参与国际竞争的发展过程大致已经或将要经历四个阶段：资源竞争、产销竞争、资本发展实力竞争和技术创新竞争。同时指出，我国多数产业处于第一阶段向第二阶段过渡时期，也有越来越多的产业进入了第二阶段，随着经济开发的扩大和外国资本的大量进入，不少产业处于第二阶段向第三阶段的过渡时期，极少数产业进入国际竞争的第四阶段[3]。

波特的竞争优势“四阶段”理论，为我们深入理解竞争优势的动态演进过程，提供了一个清晰的理论分析框架。也有学者对他的阶段衰退论（财富驱动）表示质疑，如张金昌（2002）[4] 认为经济衰退只是一种暂时的、短期和个别的情况，从长期的发展来看，进步是必然的，财富导向阶段并不能对其进行合理的解释。本书研究旨在为初步发展阶段的中部贫困地区产业竞争优势进行阶段定位，因此，研究中不作竞争力弱化或衰退的可能性分析，主要阐述波特的要素驱动、投资驱动和创新驱动三阶段理论。

---

[1] 本节主要内容已发表：徐丽媛，郑克强．中部革命老区（贫困地区）发展竞争力阶段定位与对策分析［J］．经济研究参考，2014（11）：27-34.

[2] ［美］迈克尔·波特．国家竞争优势［M］．李明轩，邱如美，译．北京：华夏出版社，2002：534.

[3] 金碚，等．竞争力经济学［M］．广州：广东经济出版社，2003：39.

[4] 张金昌．国际竞争力评价的理论和方法研究［D］．北京：中国社会科学院，2001：64.

1. 要素驱动阶段

此阶段，产业竞争优势主要来自一个区域在生产要素上拥有的优势，即是否拥有丰富的自然资源和廉价的劳动力，低廉的要素价格是赢得竞争的主要战略。产业结构上，低层次的农业、资源开采业和劳动密集型加工产业如纺织业成为区域主导产业。企业的技术层次相对较低，主要是广泛流传、容易得到的一般技术，来自模仿或注资方提供的经验与技术。企业的规模小，多为单打独斗型。政府地位多为领导性，许可资源开采，积极进行劳务输出。

2. 投资驱动阶段

此阶段，产业竞争优势来源于政府和企业积极投资的意愿和能力，区域优势产业的资本密集型特征日益突出。竞争优势产业主要表现为：注重规模经济的产业；资本密集但需要大量廉价劳动力的零件与标准化产品的产业；售后服务技术不到位、不怕转移其提供产品和流程技术的来源不止一处的产业等。此时企业不仅利用外来的技术和方法，也注意改善外来的技术。企业有能力吸收并改善外来技术，是其突破要素驱动阶段，迈向投资驱动阶段的关键。此阶段，政府的作用主要是提供更有效率的基础设施，引导有限的资本集中流向潜力产业，鼓励冒险精神，为企业提供保护措施刺激产业改善和创新。

3. 创新驱动阶段

此阶段，竞争优势主要在于知识、信息、技术和人才，创新越来越成为产业维持竞争优势的主要动力。有竞争力的产业已经由资本密集型产业转向技术更新换代快的资本密集型产业和技术密集型产业（如精密仪器、飞机、自动化生产线等）。同时由于竞争优势的扩散，产业集群逐渐形成（如产业开发园区），并向垂直和水平方向深入发展。企业除了改善外来技术和生产方式，也有创造力的表现。处在这个阶段的政府不再直接干预产业，而是从事如创造更高级的生产要素、改善需求质量、鼓励新商业出现等活动。

本研究认为，中部贫困地区产业的发展，也将基本遵循从要素驱动——投资驱动——创新驱动的演进阶段。当然，波特也指出，产业竞争优势的演进阶段并不是绝对的，也不必然一阶一阶地往前走，一些区域的经济一直处于要素推动阶段或投资推动阶段，也有可能实现跳跃发展❶。

---

❶ ［美］迈克尔·波特. 国家竞争优势［M］. 李明轩，邱如美，译. 北京：华夏出版社，2002：551-552.

### 5.2.2 中部贫困地区经济社会发展竞争力的阶段定位

准确把握中部贫困地区经济社会发展竞争力所处的阶段，具有重要意义。因为，竞争力决定因素的确定，主要竞争力动力源泉的研究，主要竞争战略的制定与改善，都与特定产业竞争力的发展有着直接的关系。例如，在产业竞争的第一阶段，要素成本的高低特别重要；在第二阶段，资本的发展实力特别重要，大量投资可更新设备、扩大规模，增强产品竞争力；在第三阶段，研究开发、自主知识产权、信息等的获得，具有竞争战略意义。

张金昌将波特的竞争优势阶段理论和工业化发展阶段理论结合了起来，形成了有竞争力产业的基本假说（见图 5-1），由此理论，工业化的初期阶段，竞争优势主要表现为要素驱动；工业化阶段，竞争优势主要表现为投资驱动；工业化国家，竞争优势主要表现为创新驱动；创新国家，竞争优势主要靠财富驱动。根据经典工业理论，衡量一个国家或地区的工业化水平，一般可以从经济发展水平、产业结构、就业结构和空间结构等方面进行。其中人均收入的增长和产业结构转换是工业化推进的主要标志，考虑到目前数据的可获得性，本研究依据钱纳里的工业化阶段理论（以 2000 年美元为基），仅以人均 GDP 指标作为工业化发展阶段的划分标准，以 2013 年相关年鉴数据为依据，选择 138 个贫困老区县市为例，对中部贫困地区所处工业化演进阶段作大致划分。

| | 国家经济竞争发展的不同阶段 | | | |
|---|---|---|---|---|
| 竞争驱动 | 生产要素驱动 | 投资驱动 | 创新驱动 | 财富驱动 |
| 工业化阶段 | 工业化初期 | 工业化阶段 | 工业化国家 | 创新国家 |
| 有竞争力的产业 | 资源开采<br>纺织服装<br>劳务输出 | 钢铁<br>汽车<br>机加工<br>电子业 | 精密机械<br>轮船飞机<br>智力产业<br>科技产业 | 科技<br>服务<br>金融<br>生物工程 |

**图 5-1 有竞争力的产业假说**

表5-2　2012年中部贫困地区发展阶段分布（仅以人均GDP指标评判）

| 发展阶段 | 江西省 | | 湖北省 | | 河南省 | | 湖南省 | | 安徽省 | | 山西省 | | 中部贫困地区 | |
|---|---|---|---|---|---|---|---|---|---|---|---|---|---|---|
| | 个数 | 百分比 | 个数 | 百分比 | 个数 | 百分比 | 个数 | 百分比 | 个数 | 百分比 | 个数 | 百分比 | 总个数 | 总百分比 |
| 初级产品生产阶段 | 1 | 4.8 | 1 | 4 | 0 | 0 | 6 | 30 | 2 | 15.4 | 10 | 28.6 | 20 | 14.5 |
| 工业化初级阶段 | 17 | 81 | 21 | 84 | 11 | 45.8 | 13 | 65 | 10 | 76.9 | 14 | 40 | 86 | 62.3 |
| 工业化中级阶段 | 3 | 14.2 | 3 | 12 | 12 | 50 | 1 | 5 | 1 | 7.7 | 9 | 25.7 | 29 | 21 |
| 工业化高级阶段 | 0 | 0 | 0 | 0 | 1 | 4.2 | 0 | 0 | 0 | 0 | 2 | 5.7 | 3 | 2.2 |
| 总和 | 21 | 100 | 25 | 100 | 24 | 100 | 20 | 100 | 13 | 100 | 35 | 100 | 138 | 100 |

注：工业化阶段人均GDP测评标准以2000年美元为基，参见牛文涛．中国工业化阶段演进分析——基于PGDP指标［J］．中国商界，2008（9）．

从2012年的统计结果来看（见表5-2），138个中部贫困老区县（市）中，20个县处于初级产品生产阶段，即传统的农业期，占总数的14.5%；86个县处于工业化初级阶段，占总数的62.3%；29个县处于工业化中级阶段，占总数的21%；3个县处于工业化的高级阶段，占总数的2.2%。其中江西省21个贫困老区县（市）里，81%的县处于工业化的初级阶段；14.2%的县处于工业化中级阶段，还有4.8%的县处于传统农业期。湖北省25个贫困老区县（市）中，84%的县处于工业化初级阶段，12%的县处于工业化中级阶段，还有4%的县处于传统农业期。河南省24个贫困老区县（市）中，50%的县处于工业化中级阶段，45.8%的县处于工业化初级阶段，4.2%的县处于工业化高级阶段。湖南省20个贫困老区县（市）中，65%的县处于工业化初级阶段，30%的县处于传统农业期，5%的县处于工业化中级阶段。安徽省13个贫困老区县（市）中，76.9%的县处于工业化初级阶段，15.4%的县处于传统农业期，7.7%的县处于工业化中级阶段。山西省35个贫困老区县（市）中，40%的县处于工业化初级阶段，28.6%的县处于传统农业期，25.7%的县处于工业化中级阶段，还有5.7%的县处于工业化高级阶段。

依据人均GDP标准划分的工业化演进阶段，在产业结构上得到了相应的应正，中部贫困地区的产业结构比例基本上体现“二一三”或“二三一”特征，只有个别县（市）存在例外。例如，江西省井冈山市属于工业化的中级阶段，但实际上2012年井冈山市三产比为9.6∶37.3∶53.1，呈现“三二一”产业结构特征，三产比重高过二产，其主要依靠文化资源、自然资源发展旅游业带动了经济的增长，竞争优势表现为要素推动。

上述数据表明，中部贫困地区目前基本上处于初级产品生产、工业化初级阶段，即处于初级产品生产、工业化初级阶段的中部贫困地区占到了76.8%，如湖南省占到了95%，安徽省为92.3%，湖北省89%，江西省85.8%，山西省68.6%，河南省也有45.8%的贫困老区县处于工业化初级阶段。尽管有一部分贫困老区县已率先进入工业化的中级阶段，有些甚至进入了工业化的高级阶段（如河南栾川县、山西保德县和中阳县），但毕竟数量极为有限，不能起到主导中部贫困地区工业化特征的作用。另外，初级产品主要指农业、林业、渔业或矿业中，未给任何程度加工的产品，包括为国际贸易销售需要而稍作加工的产品。如羊毛、天然橡胶、原油、铁矿石等。根据中部贫困地区产业主要类型（见表5-1），可以判断其初级产品生产主要是进行农业、林业、渔业和矿产开采等，初级产品生产阶段主要靠自然资源和劳动力等生产要素来驱动经济增长。

因此，综合竞争优势阶段划分理论和工业化阶段理论，本研究认为，中部贫困地区经济社会发展竞争力处于要素推动阶段，产业竞争优势表现为自然资源的充分利用及开采利用效率，要素禀赋的竞争是其竞争的主要形式。中部贫困地区要提升经济社会发展竞争力，除了要关注要素成本外，关键是要推动产业往高层次竞争优势前进，主要如加强基础设施建设、提高人才素质等、与高等院校加强合作等，培育初级生产要素向高级生产要素转变的创造机制；利用市场竞争机制培养企业的创新能力，促进产业集群的发展；政府采取措施引导消费，高水平的消费需求促使产业朝专业化、高级化方向发展。

## 5.3 中部贫困地区经济社会发展竞争力的价值取向

价值取向是人们根据一定的价值观对价值选择做出的定位与定向。价值取向通常表现为一定的理想、目标、方针、原则乃至方案。中部贫困地区经济社会发展竞争力的价值取向应包括以人为本、公平与效率统一、自生能力培育、以及环境友好四个方面，分别是其基础价值取向、根本价值取向、核心价值取向和目标价值取向。

### 5.3.1　以人为本——基础价值取向

以人为本，是科学发展观的核心，是为了实现人的全面发展。以人为本，回答了两个问题，即发展“为了谁”和发展“依靠谁”的问题。“为了谁”和“依靠谁”两者不能分开。人是发展的根本目的，也是发展的根本动力，一切为了人，一切依靠人，二者的统一构成以人为本的完整内容。正如毛泽东指出，“人民群众是历史的主人”；“人民，只有人民，才是创造世界历史的动力”。

中部贫困地区应该把以人为本作为培育经济社会发展竞争力的基础价值取向。农村贫困人口是我国扶贫工作的主要对象，贫困农户的问题解决了，则中部贫困地区的贫困问题就基本得到了缓解。因此，这里所指的以人为本关键要以贫困农户为本，要尊重贫困农户、理解贫困农户、关心贫困农户，发展为了贫困农户，当然农村发展也要依靠贫困农户。

怎样做到以人为本呢？事实上，贫困问题的复杂多样，扶贫效果的不尽如人意，我国扶贫策略思考方向已由宏观的国家贫困和区域贫困向微观的个体贫困转变。《国家八七扶贫攻坚计划（1994—2000年）》指出：“扶贫项目必须覆盖贫困户，把效益落实到贫困户。”《中国农村扶贫开发纲要（2001—2010年）》进一步指出“要把贫困地区尚未解决温饱问题的贫困人口作为扶贫开发的首要对象”。《中国农村扶贫开发纲要（2011—2020年）》再次强调“在扶贫标准以下具备劳动能力的农村人口为扶贫工作主要对象”。扶贫到户的思想提出表明我国更注重扶贫的专业化和精细化，对扶贫效率提出了更高的要求。根据这一思路，中央和地方推出了一系列的扶贫政策，如整村推进、移民搬迁、社会扶贫、产业发展、劳动力培训、小额贷款扶持等促进贫困地区和贫困人口发展。

为了全面了解扶贫政策的绩效，2011年课题组到江西省兴国县、瑞金市和南康市3个苏区县（市），福建省上杭县、武平县2个苏区县进行了实地调研与问卷调查。调查显示，扶贫政策效果还不是很显著。对于“您怎么看国家的扶贫政策”的问题，23.2%的农户完全支持；37%的农户认为政策好，但很难执行；35.5%的农户希望国家出台更多更好的扶贫政策；4.3%的农户则不关心。对于“您认为扶贫政策对您脱贫致富有什么作用”的问题，41.2%的农户认为帮助很大；42.7%的农户认为有一点帮助；8.5%的农户认为没什么帮助，7.6%的农户选择其他。

农户对扶贫政策的效果呈现以上认识的原因也许可以从下面两个调查问题的结果看出一些端倪。对于“您是否知道现行的扶贫政策?”，14.2%的农户认为非常清楚；57.8%的农户认为知道一点；28%的农户认为不清楚。对于“您享受过国家扶贫政策的好处吗”，19.9%的农户认为完全没有；34.1%的农户认为很少；39.8%的农户认为有一些；6.2%的农户认为很多。会出现这种情况，原因可能是多方面的，或许宣传不够，或许扶贫范围较小，或许是农户自身的问题。但根本原因，本研究认为是扶贫政策未入人心，或者说是未触及贫困农户的灵魂。单纯的给予并不就意味着扶贫了，贫困农户缺乏主人翁的参与意识，不能激发其内生能动力。应该用积极的态度去审视贫困群众，尊重他们，理解他们，帮助他们按照自己的意愿解决问题。

国内外研究中以人为中心，关注贫困和发展问题的典型是可持续生计分析框架。可持续生计，英国国际发展机构（the UK's Department for International Development，DFID）给出了较权威定义，“生计包含了人们为了谋生所需要的能力、资产（包括物质和社会资源）以及所从事的活动。只有当一种生计能够应对、并在压力和打击下得到恢复；能够在当前和未来保持乃至加强其能力和资产，同时又不损坏自然资源基础，这种生计才是可持续性的”[1]。同时，DFID 设计了由脆弱性背景、生计资本、结构和程序的转换、生计策略和生计输出五个部分组成的可持续分析框架（见图 5-2）。

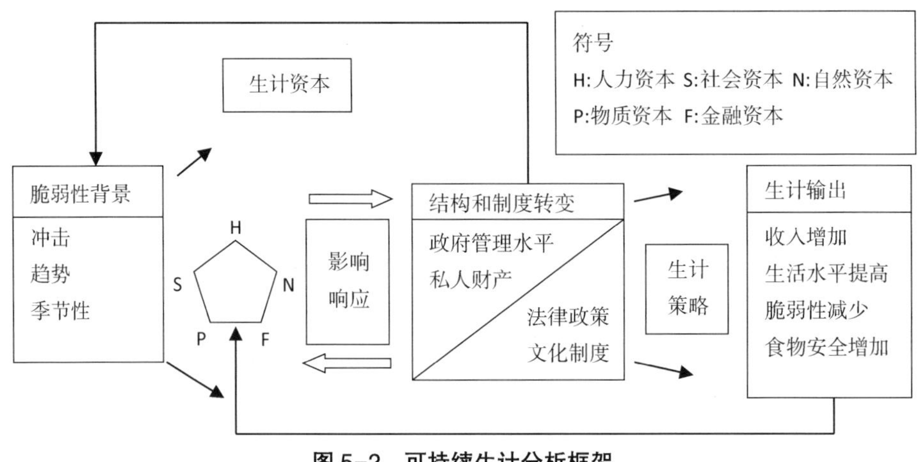


**图 5-2　可持续生计分析框架**

[1] DFID. Sustainable Livelihoods Guidance Sheets [M]. London: Department for International Development, 2000: 68-125.

如图 5-2 所示，在脆弱性背景下诸如天灾人祸的冲击、发展趋势和季节波动等因素既可以创造资本又可以毁坏资本，政府管理水平、私人财产等组织结构硬件和法律、政策、文化、制度等程序过程软件对资本也有较深的影响。该框架也体现了可持续生计分析的基本原则：①可持续生计分析是以人为中心，建立在对农户层次上的微观研究；②可持续生计分析框架以贫困农户的资产禀赋为核心，分析了影响农户生计的结构、历史、制度等各种因素及各因素之间的相互关系；③可持续生计分析框架强调参与性，如对脆弱性的分析，就是在贫困人群中，运用参与式方法进行比较识别，增强脆弱人群的敏感性，使他们知道谁是最脆弱的群体，哪些方面缺乏，从而发现应该如何行动以及从哪里开始行动[1]。

可持续生计分析框架揭示了一个理解贫困的框架，也指出了根除贫困的潜在机会。[2] 其基本原则是缓贫政策必须关注穷人资产状态的改善，“应该识别穷人拥有什么，而不是只关心穷人没有什么”，强调穷人有能力自己的问题，不应该代替、阻止或者是破坏穷人自己的解决方案。联合国开发署的贫困与可持续生计小组高级顾问纳列什・辛格《在让生计可持续》一文中也强调，“消除贫困的大目标在于发展个体、家庭和社区改善生计系统的能力”[3]。

### 5.3.2　公平与效率辩证统一——根本价值取向

中部贫困地区经济社会发展竞争力意味着公平加效率。公平的前提是发展生产力。邓小平公平思想观体现，公平不意味着绝对的公平主义、“大锅饭”。公平体现为机会平等。机会平等要求摒弃如特权等先赋性的不公正因素的影响，为每一位社会成员创造平等竞争的环境（教育、医疗、就业等方面)，使每一位社会成员能够得到公正的对待，从而拓展自由发展的空间。著名经济学家林毅夫主编的《以共享式增长促进社会和谐》一书中指出，共享式增长是机会平等的增长。[4]。要促进中部贫困地区经济社会发展，实现增长的共享性，政府至少需要进行以下努力：第一，增加对教育、医疗卫生、养老、就业、福利、社会保险等基本社会服务的投入提高民众特别是贫困人口的基本素质与能力；第二，加强制度建设保障公平，政府需要转变职能，管理型政府向服务型政府转变，建立高效、协调、规范、公平的行政管理机制，同时也需要完善相关的法律制度、公共财政制度、分配制度和保障制度，为

---

[1] 苏芳，徐中民，尚海洋. 可持续生计分析研究综述［J］. 地球科学进展，2009（1）：61-68.

[2] 苏芳，徐中民，尚海洋. 可持续生计分析研究综述［J］. 地球科学进展，2009（1）：61-68.

[3] 乔纳森・吉尔曼. 让生计可持续［J］. 国际社会科学杂志，2000，17（4）：77-86.

[4] 林毅夫，等. 以共享式增长促进社会和谐［M］. 北京：中国计划出版社，2008：33-35.

竞争创造公平的环境。正如党的十八大报告强调要建立社会公平的保障体系。

从经济学角度看，效率是资源使用和配置过程中的投入产出比，即在人力、物力、财力的投入既定的情况下，其产出的产品越多，效率就越高；相反，效率就越低❶。意大利经济学家帕累托指出了提高效率的最高原则——“帕累托最优状态”，即对于某种既定的资源配置状态，任何形式的资源重新配置，都不可能使至少有一人受益而又不使其他任何人受到损害，这种资源配置状态为帕累托最优状态。此外，西方经济学认为，还应该联系效用对效率进行考察。一般而言，效用是指对于消费者通过消费或者享受闲暇等使自己的需求、欲望等得到的满足的一个度量，是物对人的某种满意程度。可见，效用是一种心理感受和评价，具有主观性。由此，效率就不仅是一个技术概念，还是一个价值概念，有伦理道德方面的含义。对于贫困地区而言，各种资源都相对稀缺，追求效率还要求具备节约的精神，科学合理地利用资源，实现可持续发展的价值观念。

公平与效率的关系，对于中部贫困地区经济社会发展竞争力的培育来说，应该是辩证统一的。效率的提高有助于公平的实现，公平公正的社会环境也有助于效率的提高。中部贫困地区经济社会发展竞争力培育过程中，要注意维护个人竞争与地区经济社会整体发展之间的平衡，不能任由自由竞争造成社会不公，引起社会动荡，既要着眼于发展生产力、解放生产力，提高经济效益。也要坚持机会均等，权力公平、规则公平。

### 5.3.3　自生能力培育——核心价值取向

自生能力理论，是林毅夫先生在研究要素禀赋结构和发展战略之间的关系，并过渡到经济政策环境与体制的逻辑推论中提出的。其具体定义为“如果一个企业通过正常的经营管理预期能够在自由、开放和竞争的市场中赚取社会可接受的正常利润，那么这个企业就是有自生能力的，反之，如果一个正常经营的企业的预期利润低于社会可接受的水平，则不会有人投资于这个企业，这样的企业就没有自生能力的❷”。林毅夫进一步指出，一个企业是否具有自生能力，取决于它的产业、技术结构是否和这个经济的要素禀赋结构所决定的比较优势一致❸。遵循比较优势的生产模式，是指“一个经济体在发展的每个阶段，都遵循其在该阶段要素禀赋结构所决定的比较优势来选择其

---

❶ 张红宇．公平与效率视阈下我国政府经济行为研究［M］．沈阳：东北大学出版社，2013：26-27.

❷ 林毅夫．自生能力、经济发展与转型：理论与实证［M］．北京：北京大学出版社，2004：7.

❸ 要素禀赋结构是指土地（自然资源）、资本和劳动的相对丰裕程度。

产业。比如，在发展的早期，资本相对稀缺，劳动相对丰富，具有比较优势是劳动密集的产业或是资本相对密集型产业中劳动相对密集的区段，这个经济体的产业选择也应该集中于此；随着经济发展，要素禀赋结构提升，资本相对丰富，劳动相对稀缺，具有比较优势的产业随之提升为资本相对密集的产业❶"。按照比较优势来发展经济，这样生产中密集使用的资源要素就相对丰富，成本最低，竞争力最大，从而获得最高点利润；如果和这个经济的比较优势不一致，则这样的企业没有自生能力，只能靠政府的政策补贴才能生存。

金碚在《竞争力经济学》一书中指出，区域产业竞争力是形成区域竞争力的核心，而这种产业竞争力是与企业的竞争力紧密联系在一起的，它既决定于区域比较优势，又决定于企业竞争优势，两种优势相互联系、相互促进，构成区域竞争力的基础❷。可见，企业的发展和赢利是区域发展的基础，无论是居民福祉还是地方财政收入的改善，其主体载体均是具有"自生能力"的企业。在自由、开放、竞争的市场经济中，如果地方政府推行违背比较优势的发展战略，就会促使区域内企业选择与本地区要素禀赋不符甚至违背本地区要素禀赋的产业和技术，最终因在竞争中不具备竞争优势而被市场淘汰。对于中部贫困地区而言，现阶段要素禀赋结构的特征是资本的严重缺乏，在此要素禀赋结构特征下，如果推行资本密集型产业优先发展的战略，所能做的仅仅是把有限的资本倾斜配置到少数几个产业上，其他产业将得不到起码的资本，结果，所扶持的产业也许能在价格扭曲和政策保护下成长起来，但这样的企业在一个开放、自由、竞争的市场中将没有自生能力，整个产业也就难以形成有效的竞争力，因而整个经济缺乏竞争力，该地区综合发展实力的提高也只能落空。同时，违背比较优势所形成的畸形产业结构与劳动力丰富的要素禀赋形成矛盾，大大抑制了对劳动力的吸收，广大人民依然不能分享经济发展的好处，使得相当多的贫困人口依然处于贫困之中。因此，中部贫困地区要成为具有自生能力的区域，就应该推行与本地要素禀赋相一致的经济发展战略，吸引本地企业选择与本地要素禀赋相符的产业和技术，并最终使本地企业在市场竞争中存活并发展起来，那么这样一个存在大量有自生能力企业的区域就是有自生能力的区域。

毫无疑问，中部贫困地区的未来、富强单靠扶贫是无法实现的，只有依靠山区自身发展，增强自身的造血功能，主动迎接挑战，主动发挥自身的竞争优势，制定与本地区发展相适应、与全国甚至世界发展潮流相呼应的发展

---

❶ 林毅夫，等．以共享式增长促进社会和谐［M］．北京：中国计划出版社，2008：40-83.

❷ 金碚，等．竞争力经济学［M］．广州：广东经济出版社，2003：354-361.

战略，才能有助于经济社会发展竞争力的提升，也才能从根本上解决中部贫困地区的贫困问题。

### 5.3.4 环境友好——目标价值取向

环境友好（Environmentally Friendly），旨在阐述人与自然的关系，其核心内涵是人类的生产和消费活动应该与自然生态系统协调可持续发展。环境友好，即无害环境，正式诞生于1992年联合国里约环境与发展大会通过的《21世纪议程》。我国在党的十六届五中全会上，正式将建设资源节约型和环境友好型社会确定为国民经济与社会发展中长期规划的一项战略任务。保护环境是我国的一项基本国策。党的十八大报告把生态文明建设放融入经济建设、政治建设、文化建设、社会建设各方面和全过程。

竞争力来源理论中，无论是比较优势理论，还是要素禀赋理论，都没有考虑资源环境这一独立的生产要素对竞争力的影响。但实际上，任何生产活动都离不开环境，资源环境是一项不可或缺的生产要素，所有产品生产都存在环境成本的问题。迈克尔·波特在其经典著作《竞争论》中就指出，环境与经济之间相矛盾的观点是建立在环境法规静态观基础之上。然而，我们却生活在动态且不断变化的世界。当今世界，竞争力的范式已经脱离静态模式，国家竞争力的新范式是动态的，并建立在创新基础之上。在一定层面上，环境改善和竞争力是合二为一的。

中部贫困地区经济社会发展竞争力的培育应该坚持“十二五”规划提出的“绿色发展”理念，节约资源、保护环境，增强可持续发展能力，朝着实现可持续竞争力方向努力。因为，作为特殊的自然资源，环境要素对中部贫困地区具有特殊的重要意义。许多产业对自然资源环境具有高度的依赖性。如旅游业的发展就需要良好的自然条件，生态农业的实现也离不开优良的环境质量。但现实中，政府居于经济增长的主导目标，常认为保护环境与经济竞争力背道而驰，因为需要高环境成本的投入，对未达环保标准的企业持放任的态度；企业和居民居于利益最大化的考量，通过各种途径规避或抗拒环境资源保护法律法规，而不是以创新来应对，结果是耗尽了真正解决问题所需的资源。造成中部贫困地区自然环境恶劣，生态环境脆弱，如山西贫困地区地处燕山—太行土石山区、吕梁山区和晋西北黄土高原丘陵山区，脆弱的生态条件和恶劣的自然环境导致干旱、低温、风暴、洪涝、山体滑坡、泥石流等自然灾害频发。加上由于矿产资源开发引发的大面积土地塌陷和地下水漏失，区域内小型煤焦铁企业技术落后，管理粗放，造成了严重的资源浪费、污染严重和生态破坏。中部贫困地区处理好环境与竞争力的关系，预防是关键。形成环境友好理念，采用清洁生产、循环经济发展模式，将环境问题消灭在摇篮状态。此外，还应该构建资源生产力的观念，适时创新，提高资源的综合利用率。

## 5.4　本章小结

中部贫困地区经济社会发展竞争力研究是一个全新的课题，理论基础的架构非常重要。本章在竞争力和县域两概念厘清的基础上将中部贫困地区经济社会发展竞争力界定为：以脱贫奔小康为目标的中部贫困地区，在经济社会发展方面所具有的禀赋基础、市场活力、内生能力和制度保障力的统一体，这些能力综合反映在中部贫困地区经济、环境、科教、医疗卫生、社会保障、政府作用等方面。中部贫困地区经济社会发展竞争力重点通过考察经济生产规模、发展实力、效益和产业结构等来揭示县域的比较优势，同时也重视社会建设的保障作用和目标导向性，通过其人力资本情况（规模、发展实力、数量、质量、健康状况等），分析县域潜在发展能力；通过城乡居民收入情况分析其经济发展成果；通过科教文化医疗社会福利水平分析其社会保障能力。综合竞争优势阶段划分理论和工业化阶段理论，对中部贫困地区经济社会发展竞争力进行了阶段定位，指出中部贫困地区经济社会发展竞争力处于要素推动阶段，产业竞争优势表现为自然资源的充分利用及开采利用效率，要素禀赋的竞争是其竞争的主要形式。在提升竞争力的过程中，应该追求以人为本、公平与效率统一、自生能力培育，以及环境友好四个价值取向，并作为其基础价值取向、根本价值取向、核心价值取向和目标价值取向努力。

# 第6章　中部贫困地区经济社会发展竞争力评价体系和方法

前文对中部贫困地区经济社会发展竞争力的概念、发展阶段定位以及价值取向进行了分析，而要对中部贫困地区经济社会发展竞争力进行比较评价，还必须要有明确的评价体系和可行的评价方法。本章针对这两个重点进行论述。

## 6.1　评价体系构建的目标、原则及方法

### 6.1.1　评价体系构建的目标

1. 描述中部贫困地区经济社会基本发展能力

基本发展能力反映的是一个县域经济社会发展的基础，涉及经济、社会、人口、资源、环境等诸多方面。基本发展能力一般都是难以调整和控制的，在短期内（一两年）一般不会有大的改观，但是对于县域经济社会发展却起着十分重要的作用，是起点，也是基础。通过设置具体评价指标，将特定县域复杂的社会和经济发展状况变为可以度量、计算和比较的数据、符号，可以借此来认清中部贫困地区经济社会发展程度，以此作为县域经济社会发展宏观调控和管理的依据。

2. 判断影响中部贫困地区经济社会发展的关键因素

对于贫困地区而言，发展仍是其第一要务。要促进贫困地区的发展，提高其经济发展水平，首先要找出影响其发展，使其贫困落后的因素。通过指标设置和量化评价，判断影响中部贫困地区经济社会发展的因素，以及各要素在中部贫困地区经济社会发展中所取作用的大小，进而找出其经济社会发展竞争力弱的原因所在，为政府部门改进发展战略、优化发展路径提供正确导向。

3. 识别中部贫困地区经济社会发展的潜在能力

提升贫困地区经济社会发展竞争力，识别其核心发展能力和潜在发展能力非常重要。根据大卫·李嘉图的比较优势理论可知，任何一个经济主体都有它的比较优势，并且在发展过程中各个经济主体都应该按照资源优化配置的要求去进行分工，来发现自己的比较优势。我们需要在全面考察中部贫困地区资源状况基础上，设置符合实际的指标，反映其核心发展能力，识别其潜在发展能力，为其县域经济社会实现全面、协调、可持续发展指明方向。

### 6.1.2　评价体系构建的原则

中部贫困地区经济社会发展竞争力评价实际上是对其经济社会的一种综合测评和分析，其指标体系是由反映一个复杂系统的多个指标所组成的相互联系、相互依存的统计指标群。构建综合测评指标体系至少应遵循以下原则：

第一，系统性原则。

系统性意味着指标体系内一级指标与二级指标、二级指标与三级指标、以及各级指标之间具有内在的逻辑联系。指标体系内多元性指标之间相互联系、相互配合、各有侧重，构成复杂的统一整体。

第二，相对完备性原则和精简性原则。

指标体系作为一个有机整体，应该能够比较全面地反映和测度贫困地区经济社会发展竞争力的发展状况和主要特征，能反映经济、科教、民生、基础设施建设、政府作用等各个方面。当然，指标体系大小应适宜，过大会因指标层次过多过细而掩盖主要问题；过小则会因指标层次过少过粗而无法反映县域经济社会运行的全面，因而，指标体系应在相对完整性的基础上，尽量选择那些具有代表性的综合指标和主要指标。

第三，科学性原则。

科学性要求所涉及的指标必须符合经济理论和统计理论，符合中部贫困地区发展的实际，切勿好高骛远；科学性也要求指标概念准确、计算范围明确、计算方法科学、操作过程方便，既能较全面地反映中部贫困地区经济社会发展的全貌，又能在某一方面揭示对贫困地区发展有促进或阻碍作用的因素。

第四，可获得性原则。

理论上讲，基于发展要素的中部贫困地区经济社会发展竞争力指标体系应该是全方位、多层次和多视角的。但实际操作中，有些数据收集难度相当大，不具有可行性。因此，指标体系应充分考虑目前县域统计体系的现实，充分考虑数据资料的来源。指标体系中的具体指标能够在国家、各省市和各县统计年鉴（或统计公报）中找到，或者能够以年鉴（或公报）相关数据进行核算得到。

第五，可计量性原则。

选取的指标所包括的内涵可以进行定量描述，通过对各个贫困地区的社会经济发展状况做定量分析，从而反映各个地区经济社会发展的区别，适宜在中部贫困地区之间进行比较分析。

### 6.1.3 评价体系构建的方法

1. 文献检索法

中部贫困地区经济社会发展竞争力评价的初选指标主要根据文献检索所获得的。因为任何科学研究都需要在继承的基础上进行创新，而不是从零开始❶。为此，本书特别注重文献检索法的利用，查阅了相关的内部资料、学位论文、报纸、期刊、论文集、专著、教材、年鉴、统计公报、政府报告等，以为中部贫困地区经济社会发展竞争力评价的具体指标构建奠定翔实的资料基础。

2. 德尔菲法

由于经济社会发展问题本身就是一个非常复杂的系统，且本课题的研究对象涉及整个中部贫困地区，范围相当广泛，为了能较为全面、科学地确立其竞争力评价指标体系，本书借助德尔菲评价法，通过德尔菲法的专家评分为评价指标的重要性提供数据支撑，进而为中部贫困地区经济社会发展竞争力评价指标体系的最终确立提供参考。

德尔菲法，是以古希腊城市德尔菲（Delphi）命名的规定程序专家调查法❷，是在20世纪40年代由O. 赫尔姆和N. 达尔克首创，经过T. J. 戈登和兰德公司进一步发展而成的。该方法有一定的程序，由组织者就拟定的问题设计调查表，通过函件分别向选定的专家组成员征询意见，专家组成员通过组织者的反馈材料匿名的交流意见，经过多次反馈，意见逐渐集中。德尔菲法要求在预测评价过程中，第一，专家组成员在预测评价领域里有一定的代表性和权威性；第二，问卷调查表设计尽量简单易懂，提供的信息较为详细准确；第三，在进行结果统计分析时，应完全尊重专家的意见，力求客观实际。该方法由于具有匿名性、反馈性、统计性等特点，调查过程中对专家意

---

❶ 颜玖．文献检索法在社会科学研究中的应用［J］．北京市总工会职工大学学报，2001（6）：44-50.

❷ 田军，张朋柱，王刊良，汪应洛．基于德尔菲法的专家意见集成模型研究［J］．系统工程理论与实践，2004（1）：57-69.

见的统计、分析和反馈，充分发挥了信息反馈和信息控制的作用，科学化、民主化的决策过程使其在许多领域得到了广泛的应用，不仅可以用于预测领域，而且可以广泛应用于各种评价指标体系的建立和具体指标的确定过程。本书中部贫困地区经济社会发展竞争力评价具体指标的构建就采用了德尔菲法，就其各项指标的重要性进行科学确定。采取李克特（五点）量表法设计了问卷（见附录 1），邀请了中部六省经济学、管理学、社会学、统计学等方面 16 位专家对评价体系进行了初步确定，组成分别是南昌大学 6 位专家、江西省统计局 1 位专家、江西省政府发展研究中心 1 为专家、江西省社会科学院 1 位专家、江西师范大学 1 位专家、江西财经大学 1 位专家、湖北省政府研究室 1 位专家，安徽省政府发展研究中心 1 位专家、安徽大学 1 位专家、湖南省人民政府经济研究信息中心 1 位专家、山西省政府发展研究中心 1 位专家（专家情况见附录 2）。

3. 实践调研

中部贫困地区经济社会发展竞争力评价体系的最终确立是理论分析与实践调研的相互结合过程。本书依托教育部人文社会科学重点研究基地重大项目"中部贫困地区经济社会发展比较研究"联合中央苏区振兴重大课题"中央苏区集中连片特殊困难地区扶贫开发与新农村建设研究"一起进行了实地调研。调研选取了江西省兴国县、瑞金市和南康市 3 个苏区县（市），福建省上杭县、武平县 2 个苏区县作为调研对象，调研地点涉及各苏区县（市）的扶贫办、民政局、财政局、教育局、卫生局、农业局、果业局、家具局、党史办、信用社及新农村建设相关机构，采取了座谈会、问卷调研和个别访谈相结合的方式进行。

每个苏区县的调研首先以座谈会的形式进行。参与人员包括各苏区县（市）的扶贫办、民政局、财政局、教育局、卫生局、农业局、果业局、家具局、党史办、信用社及新农村建设相关机构的负责人，以及调研组一行，座谈会上听取了相关负责人的部门情况介绍，了解了各部门对扶贫开发和新农村建设的意见和建议，并收集了相关的资料如相关政策、文件、工作报告和总结、研究性调查报告和文章、新闻报道材料、和统计年鉴等，为后期的研究提供了翔实具体的资料。

中部贫困地区经济社会发展调研获取了相当多的资料和数据，为中部贫困地区经济社会发展研究提供了支撑，也为中部贫困地区经济社会发展竞争力评价体系的构建提供了实践要求。

## 6.2 中部贫困地区经济社会发展竞争力的影响因素分析

综合中部贫困地区经济社会发展竞争力的概念和区域竞争力的相关理论分析，本研究认为中部贫困地区经济社会发展竞争力的影响因素主要有四个方面：一是禀赋基础；二是市场活力；三是内生能力；四是制度保障。

### 6.2.1 禀赋基础影响模型

中部贫困地区经济社会发展竞争力评价的禀赋基础，即是其现有的基本发展实力，是影响中部贫困地区经济社会发展的即有的和潜在的因素，这些因素包括人力、物力、政策支持和各种资源的社会配置能力等。主要来说体现为经济水平、资源环境和贫困程度三方面。

经济水平是中部贫困地区经济社会发展竞争力的基础，反映了中部贫困地区发展所达到的水准。经济水平越高，能提供经济社会发展的资本越充足，地区发展竞争力相对更高；经济水平越低，制约经济社会发展的障碍越多，地区发展竞争力相对越弱。

任何区域的发展都是建立在本地区资源禀赋的基础上的，自然资源提供了经济增长的物质条件，影响产业结构与布局，自然资源对地区经济发展起到了决定性的作用，进而对地区经济社会发展竞争力起到重要影响作用。

本课题研究的对象是中部贫困地区，主要的任务是进行中部贫困地区之间竞争力的比较，既然是比较就要找出差异，虽然都是贫困地区，但其贫困的程度是不一样的，因此，中部贫困地区经济社会发展竞争力评价首先要揭示的是各贫困地区的现在贫困程度，也是多年减贫效果的直接体现。

根据上述理论分析及借鉴国内外研究成果，提出禀赋基础对中部贫困地区经济社会发展竞争力的影响模型，如图 6-1 所示。

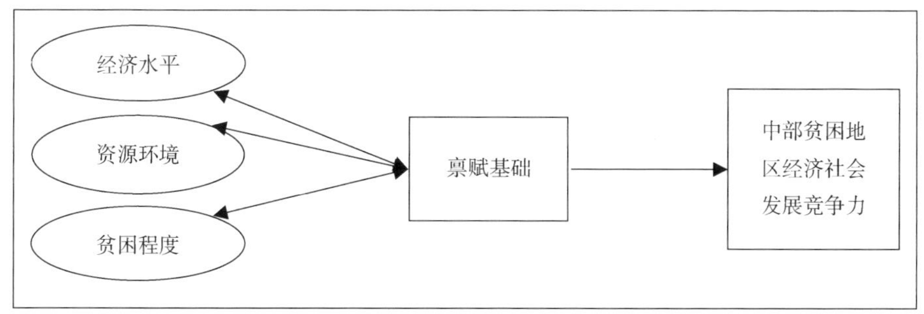


**图 6-1　禀赋基础对中部贫困地区经济社会发展竞争力的影响模型**

### 6.2.2　市场活力影响模型

对外开放是实践的成果，是发展的明证。中部贫困地区多处山区，山区文化较之沿海和平原地带是保守的。无论是政府管理人员还是农民都相对缺乏创新意识和开拓意识。劳动力文化程度低，缺少实用技能培训，这是农村贫困家庭普遍存在的一种致贫现象。从劳动力的就业情况来看，绝大部分贫困户都在本地从业，而且从事单一的种植业和家庭式的养殖业，很少人经营第二、第三产业。由于劳动力束缚在单一的种养业上，增收渠道狭窄。另外，中部贫困地区基本都在山区，地理条件的限制导致交通通信等基础设施发展滞后。这一地区的基础设施状况普遍低于其他地区，特别是农业基础设施薄弱，水、电、路等情况还比较落后。由于基础设施落后，直接导致农民生产成本增加，农民的增收致富难度加大。这些是中部贫困地区贫困的重要原因。范元平指出贫困地区应坚持以更新观念为前提，以交通为重点，以软环境为保障，以招商引资为先导，不断提高对内对外开放的水平，大力发展开放型经济[1]。林文、邓明通过实证分析后认为，贸易开放度能显著降低我国农村居民家庭的贫困脆弱性[2]。

王秉安等学者认为产业竞争力、企业竞争力和涉外竞争力构成了直接竞争力[3]。倪鹏飞论述的决定区域竞争力九大要素中，有 3 项与市场开放有关，包括产业体系、外部条件和企业聚合。指出产业发展和升级是区域发展和竞争的永恒主题。外部条件是带动。外部市场的利用可能为本区域带来机遇和

---

[1] 范元平．努力扩大对外开放增强贫困地区发展活力［J］．乌蒙论坛，2009（1）：40-42.

[2] 林文，邓明．贸易开放度是否影响了我国农村贫困脆弱性——基于 CHNS 微观数据的经验分析［J］．国际贸易问题，2014（1）：23-32.

[3] 王秉安，等．区域竞争力研究——理论探讨［J］．福建行政学院福建经济管理干部学院学报，1999（1）：2-5.

希望。企业聚合是竞争力的关键，而城市是企业聚合的载体和支撑，表明城市化的重要性。

市场活力的提升除了积极扩大对外开放外，还应提高竞争强度。因为竞争带来活力，竞争强度越大，越能赢取市场，市场越来越大，越来越多的企业加入，企业聚合促成地区经济社会发展竞争力的关键。

投资是经济增长的前提，是拉动经济增长的重要因素，大量资金的投入或是大批项目的建成投产，一方面能增强对经济增长的拉动作用，另一方面优化的投资结构也能促进各产业部门的发展，最终促成竞争力的增强。

根据上述理论分析及借鉴国内外研究成果，提出市场活力对中部贫困地区经济社会发展竞争力的影响模型，如图 6-2 所示。

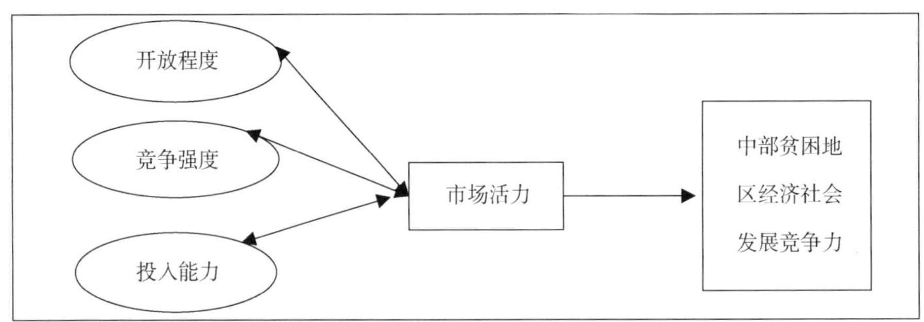


**图 6-2　市场活力对中部贫困地区经济社会发展竞争力的影响模型**

### 6.2.3　内生能力影响模型

内生增长理论兴起于 20 世纪 80 年代，本质是将人力资本和科技进步作为经济增长的内生变量。美国诺贝尔经济学家获得者卢卡斯认为人力资本是经济增长的“发动机”，是经济增长的真正源泉。舒尔茨等进一步指出人力资本的投资是多方面的，而教育是众多投资的核心。舒尔茨用收益率的方法计算了教育对美国经济增长的贡献率达 33%[❶]。

内生增长理论另一重大贡献是把技术进步内生化，从理论和实证两方面充分论证了“科学技术是第一生产力”，指出科技创新是经济增长的内动力。科技进步内生化的思路主要有两种：一是将科技进步具体转化为人力资本积累，人力资本水平提高使生产要素的收益和规模收益递增，从而实现经济增长；二是把技术视为一种知识，通过对人力资本和生产新知识的研发部门的投资，不断生产或引入新知识，促进技术进步自身的溢出效应所带来的收益

❶ 周绍森，胡德龙．现代经济发展内生动力论［M］．北京：经济科学出版社，2010：104-105.

递增，实现经济的长期增长。

中部贫困地区实现经济增长是其首要任务，实现经济增长不能一直是等、靠、要的思想，需要从内部进行突破，而且我国扶贫开发的政策一直强调要增强扶贫对象自我发展能力。一方面需要加强和重视教育，增强人力资本，改善农民个人和家庭的收入状况，如刘纯阳（2005）通过对湖南西部贫困县的实证分析证明了这一点；另一方面需要加强和重视科技创新，实现落后的生产生活方式向现代的生产生活方式的转变，促进经济发展，如刘霞、王生林（2013）运用时间系列对甘肃省贫困县的农业科技进步贡献率进行了测算，指出 2001—2010 年甘肃省农业科技进步的贡献份额为 54.32%，物质费用、农业劳动力及耕地对农业总产值增长的贡献份额分别为 34.41%、7.84%、3.4%，说明农业科技进步对甘肃省农业增长所起的作用最大。❶ 可见，内生能力强的区域，经济增长能力强，经济社会发展竞争力也就相对更强。

提升中部贫困地区经济社会发展竞争力的最终目的是实现地区脱贫，而脱贫是一个长期的过程，不可能一蹴而就。需要从制定规划着手，突出建设重点，着眼长远，实现贫困人口长期稳定脱贫。因此，中部贫困地区经济社会发展竞争力在考察不同贫困程度的基础上，还需要重视不同的减贫举措在减贫方面体现的潜力。

根据上述理论分析及借鉴国内外研究成果，提出内生能力对中部贫困地区经济社会发展竞争力的影响模型，如图 6-3 所示。

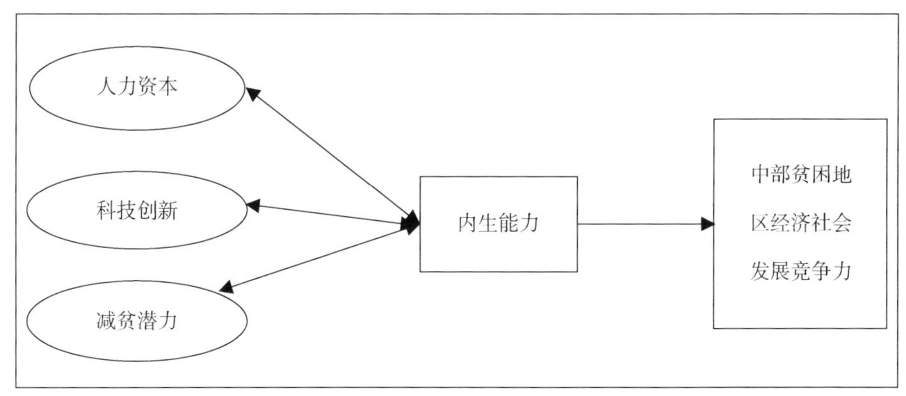


**图 6-3　内生能力对中部贫困地区经济社会发展竞争力的影响模型**

❶ 刘霞，王生林．甘肃省典型贫困县农业科技贡献率的测算与分析［J］．云南农业大学学报，2013（7）：32-36.

### 6.2.4 制度保障影响模型

制度保障是中部贫困地区经济社会发展的支持与坚强后盾，其对竞争力的影响受到了多数学者的关注，波特（1990）、IMD（1997）、倪鹏飞（2009）、周绍森，王圣云（2012）等构建国家竞争力或区域竞争力时都考虑到政府的作用。

政府在教育、医疗卫生、养老、社会福利、安全等民生保障方面提供公共服务，切实做到以公共产品为人民服务，注重人的全面发展，体现了“以人为本”的发展思想，这正符合了中部贫困地区经济社会发展竞争力的基础价值取向。建立健全同经济发展水平相适应的社会保障体系，是中部贫困地区社会稳定和可持续发展的重要保证。

罗楚亮（2012）在对住户调查和时间系列数据实证分析的基础上，指出分配弹性与增长弹性的变动表明，收入分配的不均等性越来越成为贫困减缓的阻碍因素，对于贫困程度较深的人群而言，分配效应的不利影响表现得更为突出❶。毛伟等（2013）通过实证分析认为，片面强调 GDP 数据的增长而忽视改善收入不平等，快速减贫的目标将难以实现，甚至贫困状况还会更加恶化❷。此外，过高的失业率也是社会不稳定的重要因素，大量的失业人员的存在，由于生活陷入困难之中，会引起社会的动荡，导致治安、刑事案件增多。稳定的社会环境才能带来经济的可持续增长；不稳定、不和谐的社会抑制了经济的发展。可见，社会稳定对贫困地区经济社会发展竞争力有着重要的影响作用。

对贫困地区的扶贫政策是促进其经济社会发展的重要制度保障。世界银行指出，按照世界银行 1 天 1 美元的贫困标准，中国农村贫困人口从 1981 年的 7.3 亿人下降到 2008 年的 9700 万人，减少了 6.3 亿人，贫困发生率从 73.5%下降到 7.4%。张伟宾、汪三贵通过实证分析总结认为，现行的开发式扶贫显著改善了贫困地区的基础设施和生产生活条件，为农民创收提供了良好的基础。整村推进从总体上改善了贫困地区分享经济发展成果的机会和能力；劳动力培训转移提高了生产能力和市场的参与度；财政补贴一定程度上缓解了贫困的脆弱❸。

根据上述理论分析及借鉴国内外研究成果，提出制度保障对中部贫困地

---

❶ 罗楚亮. 经济增长、收入差距与农村贫困 [J]. 经济研究，2012（2）：15-26.

❷ 毛伟，李超，居占杰. 经济增长、收入不平等和政府干预减贫的空间效应与门槛特征 [J]. 农业技术经济，2013（10）：16-27.

❸ 张伟宾，汪三贵. 扶贫政策、收入分配与中国农村减贫 [J]. 农业经济问题，2013（2）：66-74.

区经济社会发展竞争力的影响模型，如图 6-4 所示。

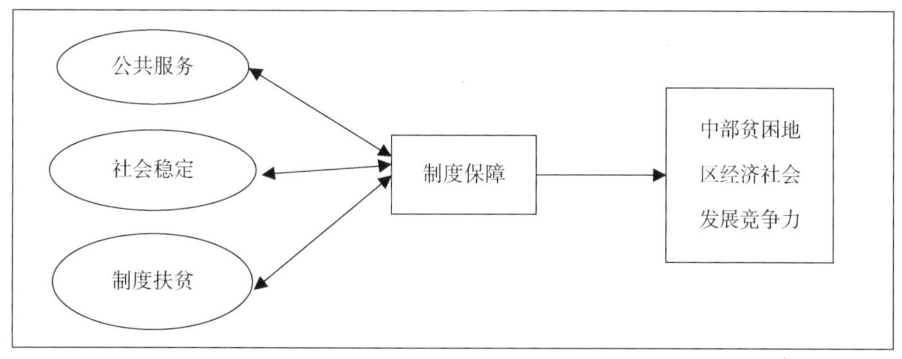


**图 6-4　制度保障对中部贫困地区经济社会发展竞争力的影响模型**

## 6.3　中部贫困地区经济社会发展竞争力评价模型与具体指标选择

### 6.3.1　评价模型构建

综上分析，可以构建中部贫困地区经济社会发展竞争力评价模型，如图 6-5 所示。

该模型中禀赋基础、市场活力、内生能力和制度保障四个构成要件并不孤立存在，他们之间是相互联系、相互促进的。具体表现为：中部贫困地区经济社会发展竞争力的禀赋基础是实力体现，只有先有了发展实力，即有了人力和物力的保证，才会有中部贫困地区经济社会发展竞争力的市场活力、内生能力和制度保障力。中部贫困地区经济社会发展竞争力的市场活力一般表现为其参与竞争争夺资源和市场的手段、方式、效率、效益和速度等，是提升整体竞争力的途径。有利于其禀赋基础的提升和居民财富的增加，同时也能增加政府的制度保障力。中部贫困地区的内生能力是其发展的内在动力，对于地区禀赋基础、市场活力和制度保障等方面竞争力的提升有推动作用。政府作为增进中部贫困地区经济社会发展竞争力的主体之一，在现在激烈的竞争环境中扮演了更加活跃和主动的角色。政府作为宏观经济调控者，通过公共产品和服务的提供、投资的引导以及政府政策等方式能创造一个公平、合理且有序的竞争环境。且政府的政策导向、扶贫资金的使用情况能对教育文化、科技水平、医疗卫生建设等起很大程度的影响作用。

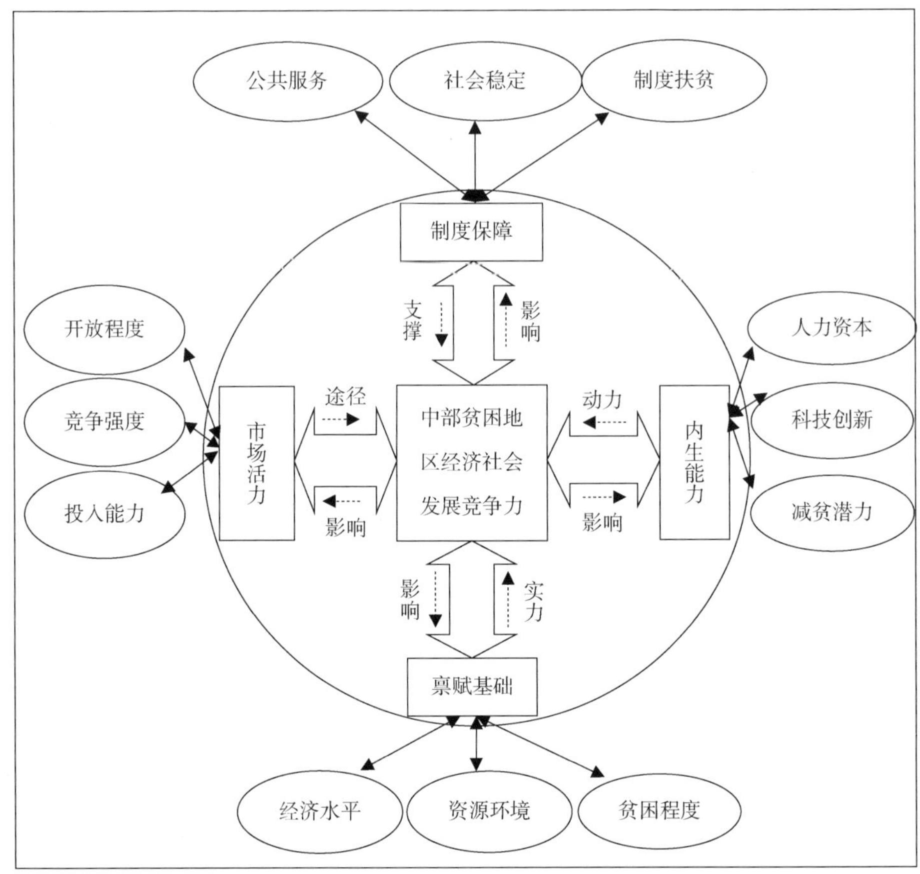


**图 6-5　中部贫困地区经济社会发展竞争力评价模型**

### 6.3.2　具体指标的选择与解释

依前文所述，中部贫困地区经济社会发展竞争力评价体系包含了禀赋基础、市场活力、内生能力和制度保障 4 个一级指标；经济水平、资源环境、贫困程度、开放程度、竞争强度、投入能力、人力资本、科技创新、减贫潜力、公共服务、社会稳定和制度扶贫共 12 个二级指标。

三级指标的具体选定主要遵循三个原则：第一，优先选用国内外权威机构及研究者采用的高频指标，兼顾中部贫困地区经济社会发展的特殊性。第二，更加注重人均、比重、百分率、评价指标，尽量消除如地域面积等不可比因素对评价结果的影响。第三，结合竞争力评价体系构建的目标、原则和方法，根据上述具体指标选择过程最终确定三级指标。

1. 禀赋基础竞争力指标

禀赋基础竞争力指标是反映中部贫困地区经济水平、资源环境状况和贫困程度的指标。经济水平主要考察中部贫困地区经济发展规模和经济发展水准。不仅考虑地区经济发展水平，也关注居民的经济水平，选取了人均GDP、人均一般预算财政收入、农村居民人均纯收入、城镇居民人均可支配收入、公路里程密度和城镇化率共6项指标。资源环境考察中部贫困地区的自然资源和生态环境状况。资源环境是中部贫困地区经济社会发展的物质基础，也是贫困地区资源禀赋比较优势的重要体现。资源环境一般考察劳动力、耕地、森林等主要自然资源的拥有、节约及保护状况以及生态环境质量，选用劳动力占总人口的比重、人均耕地面积、森林覆盖率、万元GDP能耗、环保支出占GDP比重共5项指标。贫困程度是对中部贫困地区具体贫困状况以及与一般平均水平的差距的描述，根据贫困地区评定的标准，选取了贫困人口占总人口比例、农民人均纯收入相当于中部地区平均水平的比例共两项指标。

（1）人均地区生产总值（人均GDP）。该指标是一个相对指标，反映了该地区经济发展的水平，也是本区居民人均收入水平、生活水平高低的重要参照指标。其计算公式为：

人均GDP=地区生产总值（GDP）/地区常住人口

（2）人均地方财政一般预算收入。该指标是一个相对指标，与地区的民生保障和福利水平密切相关。其计算公式为：

人均地方财政一般预算收入=地方财政一般预算收入/地区常住人口

（3）农村居民人均纯收入。指按农村人口平均的农民纯收入，反映的是一个地区农村居民收入的平均水平。农村居民纯收入是农民的总收入扣除相应的各项费用性支出后，归农民所有的收入，包括工资性纯收入、家庭经营纯收入、转移性收入和财产性收入四部分。农村居民人均纯收入数值越高说明该地区农村居民收入水平越高，扩大再生产和家庭的生活保障能力就越强，对于经济发展更有促进作用。

（4）城镇居民人均可支配收入。指城镇居民家庭全部现金收入能用于安排家庭日常生活的那部分收入，是衡量城镇居民收入水平和生活水平的重要指标。

（5）公路里程密度。该指标是一个相对指标，反映了革命老区（贫困地区）经济发展交通基础设施的基本状况。俗话说“要想富先修路”，革命老区（贫困地区）基本都是山区县，薄弱的交通基础设施成了其发展的严重障碍。该指标为正向指标，数值越大说明交通设施越完善，对提升经济社会竞争力越有利。其计算公式为：

公路里程密度=县域公路总里程/总人数

（6）城镇化率。城镇化率反映的是一个地区城市化水平，提高城市化水平有利于促进产业发展提高就业；有利于转移农村剩余劳动力提高农民的收入；有利于拉动消费、刺激增长，是衡量中部革命老区（贫困地区）社会组织程度和管理水平的重要标志。其计算公式为：

城镇化率=地区城镇人口/地区常住人口

（7）劳动力占总人口的比重。该指标反映劳动力资源状况，数值越大，表明该地区劳动力人口占总人口比重越高，社会抚养率越低，越有利于经济增长。其计算公式为：

劳动力占总人口的比重=地区劳动力人口/地区总人口

（8）人均耕地面积。该指标反映地区土地资源状况，是农业可持续发展的重要保障，更是贫困地区农民生产生活的基础，对贫困农户具有绝对重要意义。其计算公式为：

人均耕地面积=地区耕地面积/地区总人口

（9）森林覆盖率。指地区总的森林面积占国土面积的百分比。该指标反映革命老区（贫困地区）经济发展与自然环境的和谐程度，指标数值越大说明其经济发展过程中越注意环境保护，可持续发展能力强。

（10）万元 GDP 能耗。指一个地区在报告内（如一年内）创造每一万元生产总值所耗费的综合能源量，其计算公式为：

万元 GDP 能耗=综合能源消费量（吨标准煤）/GDP（万元）

该指标是反映革命老区（贫困地区）经济发展方式的重要指标。其属于逆向指标，数值越高说明发展方式是粗放型的模式，不利于经济社会的可持续发展；数值越小说明发展方式是集约型的模式，经济发展成本低，具有较好的经济社会可持续发展能力。该指标属于前瞻性指标，县域统计中有些县尚未公布此数据，难以全面获取该数据。

（11）环保支出占 GDP 比重。指用于节能环保投入占当年地区生产总值（GDP）的比例，是国际上衡量环境保护问题的重要指标。环境问题已成为威胁人体健康、公共安全和社会稳定的重要因素之一。保护环境被确立为我国的基本国策，是转变经济发展方式的重要手段和推进生态文明建设的根本措施。特别是对于资源型贫困县而言，节约能源保护环境的任务更为突出。把环境保护列入各级财政年度预算并逐步增加投入，适时增加同级环境保护能力建设经费安排，强化各级财政资金的引导作用有着重要意义。其计算公式为：

环保投入占 GDP 比重=节能环保投入资金/当年地区生产总值（GDP）

（12）贫困人口比例。该指标是一个相对指标，反映了革命老区（贫困地区）经济社会发展的艰巨任务，是一个逆向指标。其计算公式为：

贫困人口比例=贫困人口/总人口

（13）农村居民人均纯收入相当于中部地区平均水平的比例。

中部贫困地区脱贫受限于其现在的贫困状态，贫困状态包括贫困的广度、贫困的深度和贫困的强度，地区越贫困，脱贫难度越大；反之，则脱贫难度相对较小。贫困地区一般都具有贫困人口数量多、农民人均纯收入、人均GDP和人均财政收入较低的共同特点，如果用贫困人口比例、农民人均纯收入、人均GDP和人均财政收入这些指标，就只是体现了其贫困的共性，没有体现贫困的差异程度，这样就不能确切地反映其竞争力。为了更准确反映中部贫困地区经济社会发展竞争力，贫困维度构架时应主要突出贫困的差异程度。实践中贫困地区认定主要考虑农村居民人均纯收入，因此，这里主要选用农民人均纯收入相当于中部地区平均水平的比例这一指标来反映中部贫困地区农民人均纯收入与中部地区的差距，是贫困程度的进一步体现。计算公式为：

农村居民人均纯收入相当于中部地区平均水平的比例=地区农村居民人均纯收入/中部地区农村居民人均纯收入平均水平

2. 市场活力竞争力指标

市场活力竞争力指标是反映中部贫困地区开放程度、竞争强度和投入能力的指标。开放程度维度考察中部贫困地区现在的内外自由贸易情况和市场开放的载体的未来保障，用人均社会消费品零售总额、实际利用外资和境内县外3000万元以上项目资金数、移动电话普及率和互联网普及率4项指标反映。竞争强度维度，其一表现为经济发展的速度，经济发展速度快，追赶发达地区的能力强，经济竞争强度加大，竞争力增强，这里主要用GDP增长速度、一般预算财政收入增长速度、规模以上工业增加值增长速度和非农产业占GDP比重四项指标来反映。投入能力是经济增长的前提，集中体现在人均固定资产投资总额、人均居民储蓄存款余额和人均金融机构贷款余额三方面。

（1）人均社会消费品零售总额。指批发和零售业、住宿和餐饮业以及其他行业直接售给企事业单位和城乡居民消费品的人均零售额。反映了本地区经济的活跃程度。人均社会消费品零售总额越大说明该地区经济活跃度越高，消费越旺盛，对经济发展有更大的促进作用；总额越小说明本地经济内部商品交换不够发达，消费能力不足，对经济发展的带动作用不大。其计算公式为：

人均社会消费品零售总额=社会消费品零售总额/地区常住人口

（2）实际利用外资总额。该指标是地区市场活力的重要体现。实际利用外资真正体现地区的外资利用水平。合理引进外资是地区经济工作的一个重点，因为外资是加快地区经济发展的催化剂。

（3）移动电话普及率。反映一个地区电话通信服务水平的一个重要指标，也是衡量一个地区的社会信息化程度的一个重要标志。其计算公式为：

移动电话普及率=移动电话用户数/地区总人口

（4）互联网普及率。反映一个地区网络通信服务水平的一个重要指标，也是衡量一个地区的社会信息化程度的一个重要标志。其计算公式为：

互联网普及率=地区互联网宽带接入用户数/地区总人口

（5）GDP 增长速度。该指标反映了革命老区（贫困地区）追赶发达地区经济的能力。该指标数值越大，说明经济发展的速度就越快，追赶发达地区经济所需的时间就越短。其计算公式为：

GDP 增长速度=（报告期 GDP-基期 GDP）/基期 GDP

（6）地方财政一般预算增长速度。该指标反映了经济规模的扩大速度，及经济效益的提高速度。其数值越大说明该地区经济的规模增长很快，企业的效益提高很快。其计算公式为：

地方财政一般预算增长速度=（报告期地方财政一般预算收入-基期地方财政一般预算收入）/基期地方财政一般预算收入

（7）规模以上工业增加值增长速度。该指标反映了地区规模以上工业企业发展状况，规模经济特别是龙头企业的发展是经济发展的重要增长点，规模以上工业增加值增长速度越高，则工业经济的竞争力越强。其计算公式为：

规模以上工业增加值增长速度=（报告期规模以上工业增加值增长速度-基期规模以上工业增加值增长速度）/基期规模以上工业增加值增长速度

（8）非农产业占 GDP 比重。这是一个相对指标，反映了革命老区（贫困地区）经济产业结构的合理程度。其计算公式为：

非农产业占 GDP 比重=第二、第三产业总产值/地区生产总值

从经济发达地区的经验来看，一个地区经济发展的最好形式还是非农产业比重的提高，也就是第二、第三产业增加值在 GDP 中占据较大的比重。中部贫困地区基本是以农业为主的县域经济，发展较为落后。但是以农业为主的县域经济并不是注定落后，如果实现“现代农业”，规模化、产业化经营，发展生态保护农业、休闲观光农业、循环农业、服务型农业等多种新型农业形态，其农产品的深加工、出口贸易以及与农业相关的第三产业都能带动该地区经济的发展。一般情况下，我们将农产品加工业归类到第二产业，农产品的出口贸易归类到第三产业，所以以农业为主导的贫困地区经济走“现代农业”的道路也能较快地促进经济的发展。因此选用非农产业占 GDP 比重这一指标来反映产业竞争强度。

（9）人均固定资产投资额。它是以货币表现的建造和购置固定资产活动的工作量，它是反映固定资产投资规模、速度、比例关系和使用方向的综合性指标。按照现在的统计口径，固定资产投资额统计范围包括500万元以上的建设和改造投资、房地产开发投资、500万元以上的农村非农户投资和私人建房投资。投资作为拉动经济增长的“三驾马车”之一，对于贫困地区的发展来说非常重要。由于固定资产投资的产出往往有较长的滞后期，因此用这一指标也表示贫困地区未来潜在的发展能力。其计算公式为：

人均固定资产投资额=固定资产投资额/地区常住人口

（10）人均储蓄存款余额。该指标指某一时点城乡居民存入银行及农村信用社的人均储蓄金额，包括城镇居民储蓄存款和农民个人储蓄存款。该指标反映本地居民财富的增长和富裕程度，也是居民生产生活的基础。其计算公式为：

人均储蓄存款余额=储蓄存款余额/地区常住人口

（11）人均金融机构贷款余额。该指标是投入能力的体现，指标值越大，说明资金投放量越大，为社会提供的物质越大，对市场发展起促进作用。其计算公式为：

人均金融机构贷款余额=金融机构贷款余额/地区常住人口

3. 内生能力竞争力指标

内生能力竞争力指标是反映中部贫困地区人力资本、科技创新和减贫潜力的指标。人力资本维度，教育是其核心要素，可以通过中部贫困地区百姓对教育的重视程度、受教育情况以及百姓文化层次比例等方面体现，反映在人口出生率、义务教育巩固率、人均受教育年限、每万人接受职业教育等方面。科技创新维度主要考察中部贫困地区科技创新资金投入、成果和市场交易情况3方面，用研发经费占GDP比重、每万人专利拥有量、科技市场成交量3项指标来反映。减贫潜力主要考察贫困人口自我发展情况，集中反映在贫困人口减少速度和贫困人口人均纯收入增长率两方面。

（1）人口出生率。该指标反映人口出生的幅度，它与城市化的程度、工业化的水平及文化状况有密切联系。该指标为逆指标，通常经济发展水平较高、文化教育普及的地区，出生率就低，反之，则高一些。

（2）义务教育巩固率。该指标首先体现了地区中小学生辍学情况，也反映了人们对教育的重视程度，更是地区人力资源的基础保障。贫困地区要从根本上摆脱贫困，必须重视教育在扶贫中的重要作用，首先应该重视基础教育。

(3) 人均受教育年限。刘纯阳 (2005)[1] 实证分析表明，人均受教育年限与农民增收、经济发展存在显著的正相关关系。若该地区的人均受教育年限高，该地区的经济状况较好，有利于农民增收，相反，若人均受教育年限低，则经济发展相对缓慢。如程名望等 (2014) 实证分析后指出，人均受教育年限每增加 1 年，绝对贫困户和相对贫困户人均年纯收入分别增加 2.93% 和 2.94%；劳动力受职业教育比例每增加 1 个百分点，绝对贫困户和相对贫困户人均年纯收入分别增加 6.66% 和 7.31%[2]。

(4) 每万人接受中等职业教育在校学生数。贫困地区农村有大量富余劳动力，要提高农民脱贫致富的能力，职业教育作用不可忽视。职业教育培训能与就业紧密衔接，培养大批新型农民和在第二、第三产业就业的技术技能人才。用每万人接受中等职业教育在校学生数这一指标可以反映地区职业教育发展情况，也是劳动者素质的重要体现。

(5) 研发经费占 GDP 比重。该指标一方面反映了地区经济发展的现状，另一方面也反映地区的研究开发能力和政府对高新技术的重视程度。该指标值越大说明该地区政府对创新能力的培养越重视，其研究与开发能力就越强，经济社会发展的带动促进作用越大。其计算公式为：

研发经费占 GDP 比重=地区内用于研发支出总额/地区生产总值 (GDP)

(6) 每万人专利拥有量。指每万人拥有经国内外知识产权行政部门授权且在有效期内的专利件数。体现了一个地区自主创新能力，是衡量一个地区科研产出质量和市场应用水平的综合指标。其计算公式为：

每万人专利拥有量=年末拥有专利授权量/年末总人口

(7) 科技市场成交量。指地区技术合同成交项目的总金额，反映技术转移和科技成果转化的总体规模，是对创新驱动发展的总体考核。

(8) 贫困人口减少速度。该指标反映贫困地区减贫的潜力。提升中部贫困地区经济社会发展竞争力的最终目的是为了实现地区脱贫，而脱贫是一个长期的过程，不可能一蹴而就。需要从制定规划着手，突出建设重点，着眼长远，实现贫困人口长期稳定脱贫。因此，中部贫困地区经济社会发展竞争力在考察不同贫困程度的基础上，还需要重视不同的减贫举措以及其在减贫方面体现的潜力。其计算公式为：

贫困人口减少速度= (基期贫困人口-报告期贫困人口) /基期贫困人口

---

[1] 刘纯阳. 人力资本对典型贫困地区农民收入的影响——对湖南西部的实证分析 [J]. 经济问题, 2005 (6).

[2] 程名望, Jin Yanhong, 盖庆恩, 史清华. 农村减贫：应该更关注教育还是健康——基于收入增长和差距缩小双重视角的实证 [J]. 经济研究, 2014 (11): 130-142.

（9）贫困人口人均纯收入增长率。中部贫困地区缓解贫困的核心，就是增加贫困农户的收入，因此贫困人口人均纯收入增长率就是减贫潜力的另一重要体现。其计算公式为：

贫困人口人均纯收入增长速度=（报告期贫困人口人均纯收入-基期贫困人口人均纯收入）/基期贫困人口人均纯收入

4. 制度保障竞争力指标

制度保障竞争力指标是反映中部贫困地区公共服务、社会稳定和制度扶贫三方面的指标。公共服务维度一般表现为政府对教育、文化、医疗卫生、社会保障等方面的支持程度，用教育文化医疗卫生支出占GDP比重来反映、用每万人拥有社会福利机构床位数来反映其社会福利保障情况，贫困地区还应特别重视新型农村合作医疗参合率。社会稳定集中反映在城乡收入比、城镇失业率和每万人刑事案件数三方面。制度扶贫是对我国扶贫政策的集中体现，我国较为突出的扶贫政策有财政补贴、整村推进和技能培训“雨露计划”等，用财政扶贫资金人均占有量、整村推进覆盖率和培训劳动力当年人数占劳务输出人数的比例3项指标反映。

（1）教育文化医疗卫生支出占GDP比重。该指标数值越大说明政府在教育、文化、医疗卫生等公共服务方面的投入越努力，但这种努力的能力与政府的财政收入强弱有关。因为财政性教育支出占GDP比重与财政支出占GDP比重和财政性教育支出占财政总支出的比重两个因素密切相关，其中财政支出比重是关键因素，而这需要相应的财政收入作支撑。其计算公式为：

教育文化卫生支出占GDP比重=政府财政用于教育文化医疗卫生支出/地区生产总值（GDP）

（2）每万人拥有各种收养性社会福利单位床位数。该指标指每万人口拥有的各种收养性社会福利单位的床位数。它反映社会福利设施状况，也是区域社会福利水平的体现，是反映社会保障水平高低的重要指标。收养性社会福利单位床位数是指提供食宿，不以赢利为目的收养性社会福利服务机构的床位数。收养性社会福利服务机构分事业单位、企业和民办非企业单位3类。包括革命伤残军人修养院、复退军人慢性病疗养院、复退军人精神病院、光荣院、社会福利院、儿童福利院、精神病人福利院、老年收养性机构（敬老院、养老院、老年公寓）等。

计算公式为：

每万人拥有各种收养性社会福利单位床位数=地区各种收养性社会福利单位床位数/地区总人口

（3）新型农村合作医疗参合率。新型农村合作医疗制度，简称新农合，是由政府组织、引导、支持，农民自愿参加，个人、集体和政府多方筹资，以大病统筹为主的农民医疗互助共济制度。在保障农民获得基本卫生服务、缓解农民因病致贫和因病返贫方面发挥了重要的作用。从中部贫困地区贫困的原因来看，农村“因病返贫”现象也较为突出。针对这一问题，我国较为有效的做法是引导农民参加新型农村合作医疗，在保障农民获得基本卫生服务、缓解农民因病致贫和因病返贫方面发挥了重要的作用，并且也获得了农民的认可。新型农村合作医疗参合率这一指标数值越大，说明新农合覆盖面越广，农村医疗保障能力越强。其计算公式为：

新型农村合作医疗参合率=地区新型农村合作医疗参保人数/地区农村总人口

（4）城乡收入比。它是城镇居民人均可支配收入与农村居民人均纯收入之比，不仅反映了城乡居民的工资收入情况，也反映城乡居民收入差距情况。收入差距过大不符合社会公平的理念，也不利于社会稳定。缩小城乡差距是实现城乡协调发展、提升区域竞争力的重要途径。该指标为逆指标，其计算公式为：

城乡收入比=城镇居民人均可支配收入/农村居民人均纯收入

（5）城镇登记失业率。该指标是反映地区劳动力的就业状况，反映城镇居民的登记失业率，不包括农村的剩余劳动力。是逆指标，指标数值越小，失业人数越少，社会和谐度高，有利于经济健康发展；指标数值越大，失业人数越多，社会和谐度降低，经济发展呈现衰退之势。其计算公式为：

城镇登记失业率=城镇登记失业人员/（城镇从业人员+城镇登记失业人员）

（6）每万人刑事案件数。该指标反映地区社会治安状况，指标数值越小越好，是逆指标。其计算公式为：

每万人刑事案件数=刑事案件发案数/地区总人口

（7）财政扶贫资金人均占有量。2011 年 11 月 7 日财政部、国家发展改革委、国务院扶贫办联合发布了《财政专项扶贫资金管理办法》（以下简称《办法》）。《办法》第 2 条规定，财政专项扶贫资金是国家财政预算安排用于支持各省（自治区、直辖市）农村贫困地区、少数民族地区、边境地区、国有贫困农场、国有贫困林场、新疆生产建设兵团贫困团场（以下简称各地）加快经济社会发展，改善扶贫对象基本生产生活条件，增强其自我发展能力，帮助提高收入水平，促进消除农村贫困现象的专项资金。中央财政预算安排的财政专项扶贫资金按使用方向分为发展资金、以工代赈资金、少数民族发展资金、“三西”农业建设专项补助资金、国有贫困农场扶贫资金、国有贫困林场扶贫资金、扶贫贷款贴息资金。省级财政安排的扶贫资金，指纳入省级财政预算，专项安排扶持重点县、重点村的各项扶贫资金，也是贫困地区经济社会发展的重要支持。

（8）政府扶贫开发举措多种多样，包括政策支持、技术支持、资金支持等。从现有文献来看，扶贫开发资金投入对缓解贫困的正向影响关系总体上得到承认。Ravallion 和 Jyotsna（1998）对我国贵州、云南、广西和广东的重点贫困县进行评估后指出：政府扶贫投资的回报率为12%❶。魏勇，杨甲文（2011）通过对2001—2008年重庆市农村扶贫开发资金效应的实证分析认为，结合历年间扶贫开发的实际效果判断，重庆市扶贫开发资金利用效率呈总体有效❷。叶初升、张凤华（2011）实证分析的基础上指出，在短期内，扶贫开发资金只是对农村贫困强度的下降速度具有积极影响。但同时也指出扶贫开发资金对农村贫困发生率、贫困深度以及农村居民收入的影响都不显著；从跨期动态看，扶贫开发资金增长率的一次性冲击对农村减贫的影响很有限，其显著响应期基本上都止于冲击发生后一期❸。从文献中出现频率和可量化角度考虑，本书选用财政扶贫资金人均占有量这一指标来反映政府扶贫开发保障方面的能力。

该指标为前瞻性指标，数据的获取有一定的局限性，一方面扶贫资金来源较为复杂，另一方面有些贫困县对于财政扶贫资金数额并未公开。但该指标相对现阶段贫困地区竞争力而言是其重要的体现，在此将其纳入本指标体系。其计算公式为：

财政扶贫资金人均占有量=地区财政扶贫资金/地区当年贫困人口

（9）整村推进覆盖率。整村推进由于效果明显，被《中国农村扶贫开发纲要（2001—2010年）》和《中国农村扶贫开发纲要（2010—2020年）》确定为扶贫开发的一项关键举措。以扶贫开发工作重点村为对象，通过对其水利、电力、道路、房屋等的基础设施全面建设，同时引入产业扶贫，发展特色农业，加强文明建设，理论和实践上整村推进被认为是融合了经济、社会的综合开发，有利于贫困村的自我发展能力提高，实现贫困农户稳定脱贫的有效开发模式。在此，用整村推进覆盖率，即扶贫开发工作重点村/行政村数来反映整村推进扶贫制度竞争力。该数值越大，受益的贫困村越多，有利于越多的贫困农户脱贫，越有利于整体竞争力的提升。

从相关整村推进五年规划来看，其实施主要有两种模式，一种是在确定扶贫开发工作重点村数量的基础上，平均依次安排在五年之内实施；另一种

---

❶ Jyotsna J., Ravallion M.. Are there dynamic gains form a poor - area development program [J]. Journal of Public Economics, 1998 (67): 338-357.

❷ 魏勇，杨甲文．重庆市农村扶贫开发资金利用效率实证研究［J］．西南农业大学学报（社会科学版），2011（11）：44-47.

❸ 叶初升，张凤华．政府减贫行为的动态效应——中国农村减贫问题的SVAR模型实证分析（1990—2008）［J］．中国人口·资源与环境，2011，21（9）：123-131.

是在确定扶贫开发工作重点村数量的基础上，每一年都全部推进。为了统一标准，本书将各贫困县确定扶贫开发工作重点村数量平均分配在五年内。

（10）培训劳动力当年人数占劳务输出人数的比例。该指标综合体现了我国两项重要的扶贫举措，即劳务输出与“雨露计划”。对于贫困地区而言，劳务输出依然是大部分农民提高自身收入的主要选择，困境是由于文化程度偏低又缺乏专业技能，农村劳动力在竞争中明显处于劣势。“雨露计划”成了重要的有针对性的扶贫开发工作。雨露计划是人力资源开发的专项扶贫措施，通过资助、引导农村贫困家庭劳动力接受职业教育和各类技能培训，扶持和帮助贫困人口增加就业发展机会，进而提高劳动收入。我国多年的扶贫开发实践也已证明，通过扶持、引导和培训，提高贫困人口素质，增强其就业和创业能力，把人口压力转化为资源优势，是加快贫困农民脱贫致富步伐的有效途径。《中国农村扶贫开发纲要（2001—2010 年）实施效果的评估报告》指出，劳动力输出和培训政策对于减少农村地区的贫困起到了积极的作用。

培训劳动力当年人数占劳务输出人数的比例这一指标是正向指标，与当年劳动力培训人数和劳务输出人数密切相关，指标数值越大，说明该地区外出务工劳动力竞争力越强，越有利于提高收入，促进贫困人口的减少，增强地区综合竞争力。其计算公式为：

培训劳动力当年人数占劳务输出人数的比例＝地区培训劳动力当年人数/地区当年劳务输出人数

综上所述，本书最终确立中部贫困地区经济社会发展竞争力评价体系。该套评价体系为：一级指标为禀赋基础竞争力、市场活力竞争力、内生能力竞争力和制度保障竞争力（4 个）；二级指标为经济水平、资源环境、贫困程度、开放程度、竞争强度、投入能力、人力资本、科技创新、减贫潜力、公共服务、社会稳定和制度扶贫维度（12 个）；三级指标为具体统计指标（42 个）（见表 6-1）。

**表 6-1 中部贫困地区经济社会发展竞争力评价体系**

| | 一级指标 | 二级指标 | 三级指标 | 单位 |
|---|---|---|---|---|
| 中部贫困地区经济社会发展竞争力评价体系 | 禀赋基础 | 经济水平 | 人均 GDP | 元 |
| | | | 人均一般预算财政收入 | 元 |
| | | | 农村居民纯收入 | 元 |
| | | | 城镇居民人均可支配收入 | 元 |
| | | | 公路里程密度 | km/万人 |
| | | | 城镇化率 | % |

续表

| | 一级指标 | 二级指标 | 三级指标 | 单位 |
|---|---|---|---|---|
| 中部贫困地区经济社会发展竞争力评价体系 | 禀赋基础 | 资源环境 | 劳动力占总人口的比重 | % |
| | | | 人均耕地面积 | 亩 |
| | | | 森林覆盖率 | % |
| | | | 万元 GDP 能耗↓ | 吨标准煤/万元 |
| | | | 环保支出占 GDP 比重 | % |
| | | 贫困程度 | 贫困人口占总人口比例↓ | % |
| | | | 农民人均纯收入相当于中部地区平均水平的比例 | % |
| | 市场活力 | 开放程度 | 人均社会消费品零售总额 | 元 |
| | | | 实际利用外资 | 万美元 |
| | | | 移动电话普及率 | 户/百人 |
| | | | 互联网普及率 | % |
| | 市场活力 | 竞争强度 | GDP 增长速度 | % |
| | | | 一般预算财政收入增长速度 | % |
| | | | 规模以上工业增加值增长速度 | % |
| | | | 非农产业占 GDP 比重 | % |
| | | 投入能力 | 人均固定资产投资总额 | 元 |
| | | | 人均居民储蓄存款余额 | 元 |
| | | | 人均金融机构贷款余额 | 元 |
| 中部贫困地区经济社会发展竞争力评价体系 | 内生能力 | 人力资本 | 人口出生率↓ | % |
| | | | 义务教育巩固率 | % |
| | | | 人均受教育年限 | 年 |
| | | | 每万人接受职业教育在校学生数 | 人 |
| | | 科技创新 | 研发经费占 GDP 比重 | % |
| | | | 每万人专利拥有量 | 件 |
| | | | 科技市场成交量 | 万元 |
| | | 减贫潜力 | 贫困人口减少速度 | % |

续表

| | 一级指标 | 二级指标 | 三级指标 | 单位 |
|---|---|---|---|---|
| 中部贫困地区经济社会发展竞争力评价体系 | 内生能力 | 减贫潜力 | 贫困人口人均纯收入增长率 | % |
| | 制度保障 | 公共服务 | 教育文化医疗卫生支出占 GDP 比重 | % |
| | | | 每万人拥有各种收养性社会福利单位床位数 | 张/万人 |
| | | | 新型农村合作医疗参合率 | % |
| | | 社会稳定 | 城乡收入比↓ | |
| | | | 城镇登记失业率↓ | % |
| | | | 每万人刑事案件数↓ | 件 |
| | | 制度扶贫 | 财政扶贫资金人均占有量 | 元 |
| | | | 整村推进覆盖率 | % |
| | | | 培训劳动力当年人数占劳务输出人数的比例 | % |

注：↓表示该指标为逆向指标。

## 6.4 中部贫困地区经济社会发展竞争力的评价方法

### 6.4.1 熵权法确定权重

主观赋权法和客观赋权法是确定指标权重的两种基本方法。主观赋权法具有主观性，它主要是通过专家的判断进行打分，也可以通过比较来获得相应的判断矩阵进而得到权数，比如德尔菲法、层次分析法（AHP）等。客观赋权法主要通过对原始数据自身波动性的研究来确定权数，相较于主观赋权法则更为科学和客观，主要有主成分法、变异系数法、熵权法等。本书采用客观赋权法中的熵权法对中部贫困地区经济社会发展竞争力评价指标体系进行权重的计算。

熵是物理学中的概念，主要描述物体系统内部分子的无序性，C. E. Shannon 将其引入到信息论中，得到信息熵的概念，后来广泛应用于工程技术、社会经济等领域。信息熵主要是通过对各指标变异程度的衡量确定指标权重。熵权法的运用较广，适用于任何综合评价研究中的指标权重的确定，而且相比较于德尔菲法、层次分析法等主观赋值法，熵权法具有客观性强、准确性高等优点，能够更好地进行研究分析。

根据信息论的基本原理，系统有序程度的度量是信息，熵则是对系统无序程度的度量。假设一个信息源含有 $n$ 个信元 $\{M_1, M_2, \cdots M_n\}$，各信元 $M_i$ 出现的概率为 $P(M_i)$，则信息熵值的计算公式为：

$$H(M) = -K\sum_{i=1}^{n} P(M_i) \times \ln P(M_i) \tag{6.1}$$

其中，K 为大于 0 的系数；$0 < P(M_i) < 1$，且 $\sum_{i=1}^{n} P(M_i) = 1$。随着信息量的增加，信息熵逐渐减少，信息熵值越小，可用的信息量就越多，重要性就越大。利用这一原理，可以根据反映贫困地区经济社会发展竞争力各指标值的差异程度，利用信息熵计算出各指标的权重。一般情况下，贫困地区经济社会发展竞争力评价中各指标值差异程度越大的指标提供的信息量越大，则该指标的权重也应越大，反之，权重就越小。

### 6.4.2　TOPSIS 综合评价法

逼近理想解排序法（Technique for Order Preference by Similarity to an Ideal Solution，TOPSIS）是一种综合评价的方法。该方法的基本思路是首先对数据进行归一化处理，再根据待评价对象和理想解、负理想解的贴近程度，对待评价对象进行相对优劣的评价。TOPSIS 法本质上是一种评价与理想解距离的综合评价排序方法，理想解是一设想的最优的解（方案），它的各个属性值都达到各比较方案中的最好的值；而负理想解是一设想的最劣的解（方案），它的各个属性值都达到各比较方案中的最坏的值。评价排序的规则是把各比较方案与理想解和负理想解做比较，若其中有一个方案最接近理想解，而同时又远离负理想解，则该方案是各比较方案中最好的方案。TOPSIS 方法对于待评价对象的规模和数目都没有严格的限制，既可以进行横向比较，又可以进行纵向比较，并且能够完全利用原始数据的信息，准确地反映各评价对象的优劣程度。TOPSIS 法在经济评价、竞争力评价方面得到广泛有效应用。许方球等（2010）通过利用熵权法 TOPSIS 法对上市的中药企业竞争力进行分析研究；慈斌（2012）利用熵权法 TOPSIS 对农业领域的上市公司的竞争力进行分析研究；邢向阳（2014）利用熵权法 TOPSIS 对我国 15 个省会城市的旅游产业竞争力进行评价研究，等等。

### 6.4.3　中部贫困地区经济社会发展竞争力熵权 TOPSIS 法综合评价的具体步骤

本书中中部贫困地区经济社会发展竞争力的综合评价涉及指标和数据较多，需要利用统计学上的工具进行分析，结合熵权的 TOPSIS 法可以避免主观赋权法权重确定的主观性和计算复杂的问题，能够较为充分的利用数据本身所具有的信息。将熵权法和 TOPSIS 法结合使用，对中部贫困地区经济社会发展竞争力的综合评价的具体步骤如下：

步骤 1：根据有关待评价对象的数据信息，赋予评价指标具体的指标值，列出初始矩阵，即原始矩阵 $Q$，假设有 $m$ 个待评价对象的最低层次由 $n$ 个指标构成，则建立的原始矩阵为：

$$(Q_{ij})_{m\times n}=\begin{pmatrix} Q_{11} & Q_{12} & \cdots & Q_{1n} \\ Q_{21} & Q_{22} & \cdots & Q_{2n} \\ \cdots & \cdots & \cdots & \cdots \\ Q_{m1} & Q_{m2} & \cdots & Q_{mn} \end{pmatrix} \tag{6.2}$$

原始数据矩阵 $(Q_{ij})_{m\times n}$ 的每项指标数值差距越大，表明指标提供信息量越多，在中部贫困地区经济社会发展竞争力综合评价中的作用就越大，反之，该指标发挥的作用就越小。

步骤 2：为消除各指标量纲及数量级差异，对评价矩阵进行标准化处理，得到规范化矩阵 $(Z_{ij})_{m\times n}$。数据标准化计算式为：

对于某指标值越大越好时，

$$Z_{ij}=\frac{Q_{ij}-\min(Q_{ij})}{\max(Q_{ij})-\min(Q_{ij})} \tag{6.3}$$

对于某指标值越小越好时，

$$Z_{ij}=\frac{\max(Q_{ij})-Q_{ij}}{\max(Q_{ij})-\min(Q_{ij})} \tag{6.4}$$

其中，$Q_{ij}$ 为第 $i$ 个样本的第 $j$ 个指标的值，max（$Q_{ij}$）是第 $j$ 个指标的最大值，min（$Q_{ij}$）是第 $j$ 个指标的最小值

步骤 3：用熵权法确定指标权重。根据矩阵 $(Z_{ij})_{m\times n}$ 计算信息熵：

$$H_j=-k\left(\sum_{i=1}^{m}p_{ij}\ln p_{ij}\right),\ i=1,\ 2,\ \cdots,\ m;\ j=1,\ 2,\ \cdots,\ n,\ k=\frac{1}{\ln m} \tag{6.5}$$

其中，定义 $p_{ij}$ 为评价矩阵 $Z$ 第 $j$ 项指标下的第 $i$ 个被评价对象的指标值落入某一个区间的频率的比重：

$$p_{ij}=\frac{Z_{ij}}{\sum_{i=1}^{m}Z_{ij}} \tag{6.6}$$

根据数值的变异程度，计算指标 $j$ 的差异系数 $D_j$：

$$D_j=1-H_j,\ j=1,\ 2,\ \cdots,\ n \tag{6.7}$$

定义指标 $j$ 的信息熵权值 $w_j$ 为：

$$w_j=\frac{D_j}{\sum_{j=1}^{n}D_j}=\frac{1-H_j}{n-\sum_{j=1}^{n}H_j} \tag{6.8}$$

步骤 4：用熵权 TOPSIS 法对评价对象进行单排序。分别用标准化矩阵中各指标的最大值和最小值表示理想解和负理想解。考虑权重后，用加权欧氏距离计算各评价对象与理想解和负理想解间的距离 $d_i^+$、$d_i^-$：

$$d_i^+=\sqrt{\sum_{j=1}^{n}w_j(Z_{ij}-Z_j^+)^2},\ i=1,\ 2,\ \cdots,\ m;\ 0\leqslant d_i^+\leqslant 1 \tag{6.9}$$

$$d_i^-=\sqrt{\sum_{j=1}^{n}w_j(Z_{ij}-Z_j^-)^2},\ i=1,\ 2,\ \cdots,\ m;\ 0\leqslant d_i^-\leqslant 1 \tag{6.10}$$

其中，指标权重 $W=(w_1,\ w_2,\ \cdots,\ w_n)^T$ 向量由步骤 3 中的公式（6.8）所确定。$d_i^+$ 越小，表示评价对象与理想解越接近，越满足评价期望；$d_i^-$ 越大，表示评价对象越远离负理想解，评价状况越好。为综合 $d_i^+$ 和 $d_i^-$ 所反映的评价对象状态，采用贴近度 $C_i$ 来描述：

$$C_i=\frac{d_i^-}{d_i^+ + d_i^-},\ i=1,\ 2,\ \cdots,\ m;\ 0\leqslant C_i\leqslant 1 \tag{6.11}$$

$C_i$ 越大，表示评价对象的总体表现越接近于理想解，即表现越好，若评价对象在各个指标的表现均为最佳，则 $C_i=1$；若评价的对象在各个指标的表现都处于最差状态，则 $C_i=0$。对所有地区与理想解的贴近度 $C_i$ 进行降序后，可以得到各个贫困地区在相对应层次的相对排列，从而能够对各个贫困地区进行单层次比较。

步骤 5：评价对象的综合排序。运用熵权 TOPSIS 法对各个贫困地区进行多层次排序。此时下一层次的贴近度组成上一层次的评价矩阵数据，重复步骤 3、步骤 4，最后得到全部评价对象的综合排序。

## 6.5　本章小结

本章主要是对中部贫困地区经济社会发展竞争力评价体系和评价方法的

论述，首先，阐述了评价体系构建的目标、原则和方法，其次，在大量文献考察的基础上，结合贫困地区的特点，论述了中部贫困地区经济社会发展竞争力的影响因素，并建立的影响模型；再次，结合上述分析，构建了中部贫困地区经济社会发展竞争力评价模型，并且逐一确定了指标；最后，结合本书实际情况，选取了熵权 TOPSIS 法综合评价中部贫困地区经济社会发展竞争力。

# 第7章 中部贫困地区经济社会发展竞争力评价的实证研究

从前文理论论述可知，提升经济社会发展竞争力是中部贫困地区脱贫致富全民奔小康的重要途径之一，而且已经为中部贫困地区经济社会发展竞争力构建了完整的评价体系。本书研究的目的是对中部贫困地区经济社会发展竞争力进行比较评价，理论研究的基础上需要对实践进行分析，找出各贫困地区经济社会发展中的优势与不足，以指导实践，立意与此，本章主要进行中部贫困地区经济社会发展竞争力比较评价的实证分析。

## 7.1 中部贫困地区经济社会发展竞争力评价的思路

中部地区共有151个国家扶贫工作重点县，数量较多，在此难以全部进行实证分析，选取具有广泛代表性的部分县域进行动静态实证分析较为可行。为此本书采用两层评价法对中部贫困地区经济社会发展竞争力进行系统评价研究，首先，对130个贫困老区县的综合实力进行比较评价，并且对这130个县进行分省聚类；其次，在上述分析的基础上，分别选择好、中、差的共20个县作为经济社会发展竞争力实证分析的样本；最后，对上述20个县2011年至2013年的经济社会发展竞争力按照前文确定的评价体系进行动静态比较分析。

## 7.2 中部贫困地区20个竞争力评价代表县的确定研究

### 7.2.1 综合实力评价指标体系的确定

1. 中部贫困地区经济社会发展综合实力的含义

中部贫困地区发展综合实力与发展竞争力是两个密切联系的概念。综合实力是衡量中部贫困地区经济社会发展总体状态和水平的主要尺度，竞争力建立在综合实力基础上的一个衡量尺度，是综合实力的进一步深入评价系统。综合实力的评价是基础、初步的，只有全面评价综合实力，此基础上才能更好地评价其经济社会竞争力。中部贫困地区经济社会发展综合实力是中部贫困地区在经济和社会发展方面所具有的发展实力、发展活力、发展推动力和发展保障力的统一体，主要从规模、总量上衡量其经济社会发展的现实状态。

中部贫困地区的发展实力是指影响中部贫困地区经济社会发展的即有的和潜在的因素，广义上看，这些因素包括人力、物力、贫困状况、政策支持和各种中部资源的社会配置能力等。中部贫困地区的发展活力主要是反映中部贫困地区经济社会发展的现有质量、速度，以及促进中部贫困地区经济社会发展的手段、方式、效率等。贫困地区的发展推动力主要反映人们生产创造的积极性，通过财富的增长来反映。中部贫困地区发展保障力是其发展的支持与坚强后盾，道路交通、水利设施、电力通信等基础设施建设；教育、医疗卫生、养老、社会福利、社会公平、安全等民生保障方面；以及政府的统筹规划能力应是其考核的重点。

2. 中部贫困地区综合实力评价体系确定

中部贫困地区综合实力反映其社会经济发展状况，应是多方面的，任何单项指标都无法全面而客观地反映该地区的经济、社会、文化发展水平等。所以我们需要构建一套指标体系对中部贫困地区综合实力进行全面的评价。中部贫困地区综合实力评价体系依据其概念内涵，在参考大量的相关文献的基础上，进行最后的确定。

具体而言从发展实力、发展活力、发展推动力和发展保障力四方面来确定。首先，鉴于经济社会发展的复杂性，本书对中部贫困地区的发展实力评价，主要从人力、物力和贫困状况三方面进行，物力方面考虑地区生产总值、地方一般预算财政收入、固定资产投资、实际利用外资总额、农林牧渔业生产总值、社会消费品零售总额等；人力方面主要是人力的数量、质量，基于贫困老区的特殊性，这里人力资源主要通过贫困人口数来体现。一般而言，贫困人口对于地区经济社会发展实力而言是负面影响，但如果能有较好举措，帮助贫困农户自己脱贫致富，这些贫困人口也是地区经济社会发展实力的正能量。其次，发展活力是对发展质量、速度、手段和方式等的反映，因此，对中部贫困地区的发展活力的评价主要考虑人均地区生产总值、第二、第三产业占 GDP 比重、城镇化率、GDP 增长速度等方面进行。再次，人民的满意是地区经济社会发展的主要推手，而其中财富收入的增长是关键，因此对中部贫困地区经济社会发展推动力的评价主要考虑中部贫困地区城乡居民的工资收入以及储蓄存款状况。最后，发展保障力是对政府公共服务能力和社会公平维护等方面的反映。

上述分析的基础上，秉持系统性、相对完备性、精简性、科学性、可获得性、以及可计量性原则，本书最终确立中部贫困地区经济社会发展综合实力评价指标体系。该套评价指标体系为：一级指标为中部贫困地区经济社会发展综合实力（1 个）；二级指标为构成要素指标（4 个）；三级指标为具体统计指标（16 个）（见表 7-1）。

**表 7-1　中部贫困地区经济社会发展综合实力评价指标体系**

| 一级指标 | 二级指标 | 三级指标 | 代码 | 单位 |
|---|---|---|---|---|
| 中部贫困地区经济社会发展综合实力 | 发展实力 | 地区生产总值 | X1 | 万元 |
| | | 地方一般预算财政收入 | X2 | 万元 |
| | | 固定资产投资额 | X3 | 万元 |
| | | 农林牧渔业生产总值 | X4 | 万元 |
| | | 贫困人口 | X5 | 万人 |
| | 发展活力 | 人均 GDP | X6 | 元 |
| | | GDP 增长速度 | X7 | % |
| | | 非农产业占 GDP 比重 | X8 | % |
| | | 城镇化率 | X9 | % |
| | 发展推动力 | 农村居民人均纯收入 | X10 | 元 |
| | | 城乡居民收入比 | X11 | % |
| | | 居民储蓄存款余额 | X12 | 万元 |
| | 发展保障力 | 财政性教育支出占 GDP 比重 | X13 | % |
| | | 医疗卫生支出占 GDP 比重 | X14 | % |
| | | 每万人拥有各种社会福利收养性单位床位数 | X15 | 张/万人 |
| | | 基尼系数 | X16 | |

本书综合实力实证分析中数据都为 2013 年数据，所需数据主要来源于以下数据源：（1）2014 年的《中国县（市）社会经济统计年鉴》《中国区域经济统计年鉴》《江西统计年鉴》《湖北统计年鉴》《安徽统计年鉴》《山西统计年鉴》《湖南统计年鉴》和《山西统计年鉴》等；（2）各县 2014 年政府工作报告和 2013 年的经济社会发展统计公报；（3）六省统计局；（4）各相关的政

府网站；（5）其他网络资源。具体原始数据见附录 3。

### 7.2.2 中部 130 个贫困老区县综合实力评价研究

#### 7.2.2.1 因子分析法

因子分析法（Factor Analysis）是采用降维的思想，将更能够精确地反映客观事物特征的较多解释指标的信息通过少数几个综合指标来反映，消除指标之间的信息重叠合和多重共线性问题，在低维空间将信息分解为互不相关的部分以获得更有解释意义的一种多元统计评价方法。最初，因子分析法自 20 世纪初提出以来，得到飞速的发展与完善。特别随着计算机的快速发展和普及，因子分析法在相当多领域研究中得到了应用。与其他如层次分析评价法等主观评价法相比，因子分析法是一种客观赋权评价法，评价指标的权重取值不是人为确定的，而是根据变量数据本身的客观变化规律来确定的。而且因子分析法对数据是否是时间序列没有严格要求，另外，其计算简单、方便、易于操作。因此，本书选择用因子分析法来综合评价中部贫困老区综合实力，其应用的基本思路：

（1）构建因子分析评价模型

假设有 $n$ 个原始变量，表示为 $x_1,x_2,L,x_n$，根据因子分析的要求，假设这些变量已经标准化（均值为 0，标准差为 1），假设这 $n$ 个变量可以由 $k$ 个因子 $f_1,f_2,L,f_n$ 表示为线性组合，即因子分析模型为：

$$\begin{cases} x_1 = a_{11}f_1 + a_{12}f_2 + L + a_{1k}f_k + \omega_1 \\ x_2 = a_{21}f_1 + a_{22}f_2 + L + a_{2k}f_k + \omega_2 \\ \qquad \cdots \quad L \quad \cdots \\ x_n = a_{n1}f_1 + a_{n2}f_2 + L + a_{nk}f_k + \omega_n \end{cases} \tag{7.1}$$

其中，$f_1,f_2,L,f_k$ 为公共因子，$\omega_1,\omega_2,L,\omega_k$ 为特殊因子，其中包含了随机误差，$\omega^i$ 只与 $i$ 个变量 $x^i$ 有关；系数 $a_{ij}$成为第 $i$ 个变量 $x^i$ 在第 $j$ 个因子 $f_j$ 上的载荷（因子载荷）。

可以简单地用矩阵形式表示如下：

$$X=AF+\omega \tag{7.2}$$

其中，$X=(x_1,x_2,L,x_n)^T$，$F=(f_1,f_2,L,f_n)^T$，$\omega=(\omega_1,\omega_2,\omega,\omega_n)^T$

$$A=\begin{bmatrix} a_{11} & a_{12} & L & a_{1k} \\ a_{21} & a_{22} & L & a_{2k} \\ & \cdots & L & \cdots \\ a_{n1} & a_{n2} & L & a_{nk} \end{bmatrix} \text{是负载矩阵} \tag{7.3}$$

（2）数据的标准化处理

数据的标准化处理包括数据的正向化处理和无量纲处理。数据的正向化处理是指通过数学方法将逆向指标（越小越好的指标）转为正向指标（越大越好的指标），同时使数据的解释意义不变；数据的无量纲处理是指通过数学方法消除不同计量单位的影响，便于数据的合成和比较。在实际应用中，为了能够更加客观地反映事物的特征，不改变原始数据标准化后的意义，多采取逆向指标倒数转置与 Z 值标准化相结合和极差标准化这两种方法来对原始数据进行标准化处理，前一种适用于逆向指标中不含零的情况；后一种适用于逆向指标中有零的情况。

①逆向指标倒数转置与 Z 值标准化

首先，对逆向指标进行正向化处理

$$x_{ij}=\begin{cases} x_{ij}，对于正指标 \\ x_{ij}-\bar{x}/(\max(x_{ij}-\min(x_{ij})))，对于逆指标 \end{cases} \tag{7.4}$$

其次，采用 Z-Score 标准化对所有正向指标进行标准化

$$X_{ij}=\frac{x_{ij}-\overline{x_i}}{\sigma_j} \tag{7.5}$$

式中，$x_{ij}$ 为标准化后的指标值，$x_{ij}$ 为正向化处理后的指标值，$\overline{x_j}$ 为该项指标的平均值，$\sigma_j$ 为该项指标的标准差。

②极差标准化

首先，对逆向指标进行标准化

$$X_{ij}=\frac{\max(x_{ij})-x_{ij}}{\max(x_{ij})-\min(x_{ij})} \tag{7.6}$$

其次，对正向指标进行标准化

$$X_{ij}=\frac{x_{ij}-\min(x_{ij})}{\max(x_{ij})-\min(x_{ij})} \tag{7.7}$$

（3）因子分析

因子分析的具体步骤如下：

①因子分析适用性检验

因子分析的前提是变量之间的相关性。只有变量之间相关性较高，才适

合进行因子分析。变量之间的相关性检验的方法，主要有：一是 KMO[1] 样本测度。它是指所有变量的简单相关系数的平方和与这些变量之间的偏相关系数的平方和之差。一般来说，KMO 值在 0.9 以上，变量非常适合因子分析；0.8-0.9，很适合；0.7-0.8，适合；0.6-0.7，不太适合；0.5-0.6，很勉强；0.5 以下，不适合。二是巴特莱特球体检验。巴特莱特统计值的概率显著性小于等于 $a$ 时，拒绝原假设，可以作因子分析。

②公共因子的萃取

首先：计算标准化后的指标数据的相关系数矩阵 $R$，并通过主成分法求解其特征方程 $|R-\lambda E|=0$，可以得到 $k$ 个特征值：$\lambda_1 \geqslant \lambda_2 \geqslant L \geqslant \lambda_K \geqslant 0$，相应的特征向量 $U_1, U_2, L, U_k$ 以及因子载荷转化矩阵。

$$\mathrm{A}=\begin{bmatrix} a_{11} & a_{12} & L & a_{1k} \\ a_{21} & a_{22} & L & a_{2k} \\ & \cdots L \cdots & & \\ a_{n1} & a_{n2} & L & a_{nk} \end{bmatrix}=\begin{bmatrix} U_{11}\sqrt{\lambda_1} & U_{12}\sqrt{\lambda_2} & L & U_{1K}\sqrt{\lambda_K} \\ U_{21}\sqrt{\lambda_1} & U_{22}\sqrt{\lambda_2} & L & U_{2k}\sqrt{\lambda_k} \\ & \cdots L \cdots & & \\ U_{n1}\sqrt{\lambda_1} & U_{n2}\sqrt{\lambda_2} & L & U_{nk}\sqrt{\lambda_k} \end{bmatrix} \tag{7.8}$$

其次：根据特征值的大小和因子的累积方差贡献率来确定公因子的个数。一般来讲，特征值大于 1 的数或因子的累积方差贡献率大于等于 80% 的因子可以作为公因子。

③公共因子旋转

初始公共因子综合性太强，难以找出因子的实际意义，因此需要通过旋转坐标轴，使负载尽可能向±1、0 的方向靠近，降低每个因子的综合性，使其实际意义更加突显出来。坐标轴的旋转，有两种基本方式：正交旋转（保持因子之间的正交性）和斜交旋转（因子之间不一定正交），其中，正交旋转方法包括四次方差最大法、方差最大法和等量最大法。

④公共因子得分

采用回归法计算公共因子的得分系数矩阵。根据公共因子得分系数矩阵和原始数据标准化值计算得出每个公共因子的得分 $F_1, F_2, L, F_k$，对此可以用线性组合模型进行表示。

（4）综合评价

根据样本公共因子得分和方差贡献率，可以得出综合评价得分值。用公式表示为：

---

[1] 马庆国．管理统计——数据获取、统计原理、SPSS 工具与应用研究［M］．北京：科学出版社，2005（9）：320.

$$ZDF = a_1F_1 + a_2F_2 + L + a_kF_k \tag{7.9}$$

其中，$a_1, a_2, L, a_k$ 为公共因子的方差贡献率；$F_1, F_2, L, F_k$ 为公共因子的得分值。

#### 7.2.2.2　实证分析

1. 数据处理

由于 X5（贫困人口）和 X11（城乡居民收入比）两个指标是逆指标，也就是说这两个指标和中部地区的综合经济社会发展竞争力成反方向变化，故在分析前应将这两个指标进行逆指标正向化处理，处理公式为：

$$x_{ij} = \begin{cases} x_{ij}，对于正指标 \\ (x_{ij} - \bar{x})/(\max(x_{ij} - \min(x_{ij})))，对于逆指标 \end{cases} \tag{7.10}$$

其中，$x_{ij}$为第 $i$ 行第 $j$ 列指标值，$\bar{x}$ 为 $x_{ij}$第 $j$ 列的均值，max（$x_{ij}$）为 $x_{ij}$的极大值，min（$x_{ij}$）为 $x_{ij}$的极小值，其差称为极差。

为了消除指标变量间量纲的不同所带来的影响，在进行因子分析之前先对数据进行标准化处理，变换以后的数据均值为 0，标准差为 1，消除了量纲的影响。

本书中采用无量纲化的“直线型”的标准化法（Z-score 法），标准化公式如下：

$$X_{ij} = \frac{x_{ij} - \overline{x_j}}{\sigma_j} \tag{7.11}$$

由于篇幅所限，标准化的数据在此省略。

2. 因子分析

（1）因子分析适用性检验

将数据标准化以后，采用 SPSS21.0 进行因子分析。在进行因子分析之前需要数据进行相关指标的检验，检验数据是否符合进行因子分析。

表 7-2 为 KMO 和 Bartlett 的检验结果，本书通过 Bartlett 的球形度检验和检验以及相关系数矩阵来检验指标变量是否适合做因子分析，其中取样足够度的 Kaiser-Meyer-Olkin 度量值越逼近 1，表明选取的指标变量越适合做因子分析，一般而言，值大于 0.9 表示极佳；值在 0.8~0.9 之间表示良好；值在 0.7~0.8 之间表示中度；值在 0.6~0.7 之间平庸；值在 0.5~0.6 之间表示可悲；值小于 0.5 表示无法接受。在本书中，KMO 值为 0.769，渐进卡方值为 1871.080，观测的显著性水平为 0.000，故拒绝相关系数矩阵是一个单位矩阵

的原假设，说明变量之间不全独立，它们之间有简单的线性关系，可以做因子分析。

表 7-2 KMO 和 Bartlett 的检验

| 取样足够度的 Kaiser-Meyer-Olkin 度量 | | 0.769 |
|---|---|---|
| Bartlett 的球形度检验 | 近似卡方 | 1871.080 |
| | df | 120 |
| | Sig. | 0.000 |

（2）公因子萃取

本书采用主成分分析法对指标变量进行因子分析，表 7-3 中，成分列是给出了因子编号；初始特征值列给出了标准化数据的相关系数矩阵 R 的特征根的值，方差贡献率列给出了所占总体方差的比例，累计贡献率列给出了所占方差的累计比例；旋转平方和载入列，给出了所选择公共因子对应的负载的平方和，方差贡献率列给出了所占总体方差的比例，累计贡献率列给出了所占方差的累计比例。从表中可以看出，前面 5 个因子的特征值均大于 1，累计贡献率达到了 81.296%，五个主成分的方差贡献率分为 32.044%、23.818%、10.160%、8.361%和 6.913%，其包含的信息可以解释 16 个评价指标的 81%，足以解释原指标所含的大部分信息，用它们来代替原有指标进行我国中部 130 个贫困老区综合实力比较研究是可行的。

表 7-3 解释的总方差

| 成分 | 初始特征值 | | | 旋转平方和载入 | | |
|---|---|---|---|---|---|---|
| | 特征值 | 方差贡献率% | 累积贡献率% | 特征值 | 方差贡献率% | 累积贡献率% |
| 1 | 6.111 | 38.193 | 38.193 | 5.127 | 32.044 | 32.044 |
| 2 | 3.358 | 20.987 | 59.180 | 3.811 | 23.818 | 55.861 |
| 3 | 1.322 | 8.260 | 67.440 | 1.626 | 10.160 | 66.022 |
| 4 | 1.132 | 7.072 | 74.512 | 1.338 | 8.361 | 74.383 |
| 5 | 1.085 | 6.784 | 81.296 | 1.106 | 6.913 | 81.296 |
| 6 | 0.653 | 4.083 | 85.378 | | | |
| 7 | 0.504 | 3.150 | 88.528 | | | |
| 8 | 0.482 | 3.014 | 91.542 | | | |

续表

| 成分 | 初始特征值 | | | 旋转平方和载入 | | |
|---|---|---|---|---|---|---|
| | 特征值 | 方差贡献率% | 累积贡献率% | 特征值 | 方差贡献率% | 累积贡献率% |
| 9 | 0.370 | 2.311 | 93.853 | | | |
| 10 | 0.314 | 1.961 | 95.815 | | | |
| 11 | 0.199 | 1.246 | 97.060 | | | |
| 12 | 0.166 | 1.038 | 98.098 | | | |
| 13 | 0.142 | 0.885 | 98.983 | | | |
| 14 | 0.084 | 0.526 | 99.509 | | | |
| 15 | 0.063 | 0.391 | 99.900 | | | |
| 16 | 0.016 | 0.100 | 100.000 | | | |

（3）公因子旋转

表 7-4 是旋转后的因子载荷矩阵，对于系数显示格式，本书将各因子的得分系数按照大小进行排序，得到 16 个指标的成分系数矩阵。在因子旋转载荷矩阵中大的系数表示该指标与该公共因子的相关程度的大小，因而选取大的指标系数作为该因子的组成部分。根据因子旋转载荷矩阵可以看出，第一主成分包括居民存款余额、地区生产总值、农林牧渔业总产值、贫困人口、固定资产投资额、农村居民人均纯收入、地方财政一般预算收入共 7 个指标，显示中部贫困地区整体发展状况，故将其命名为发展规模与实力因子；第二主成分包括人均地区生产总值、非农产业占 GDP 比重、卫生支出占 GDP 的比重、财政性教育支出占 GDP 比重以及基尼系数共五个指标，显示中部贫困地区经济社会发展的质量、水平与产业结构，故将其命名为发展质量与产业结构因子；第三主成分包括城镇化率、城乡收入比反映了一个地区的城市化建设水平，将其命名为城市化水平因子；第四主成分包括每万人拥有各种社会福利收养性单位床位数 1 个指标，将其命名为社会福利水平因子；第五主成分包括 GDP 增长速度，故将其命名为 GDP 增长速度因子。

表 7-4　旋转后的因子载荷矩阵

| | 公因子 | | | | |
|---|---|---|---|---|---|
| | 1 | 2 | 3 | 4 | 5 |
| Z12 | 0.918 | 0.082 | 0.041 | -0.022 | 0.013 |
| Z1 | 0.891 | 0.363 | -0.061 | -0.03 | -0.062 |
| Z4 | 0.882 | -0.073 | -0.184 | 0.172 | -0.005 |
| Z3 | 0.797 | 0.353 | -0.053 | -0.041 | -0.016 |
| Z5 | 0.794 | -0.242 | -0.078 | 0.026 | 0.115 |
| Z10 | 0.646 | 0.377 | -0.333 | 0.316 | -0.258 |
| Z2 | 0.632 | 0.299 | 0.458 | 0.043 | 0.214 |
| Z16 | -0.049 | -0.954 | -0.144 | -0.091 | 0.015 |
| Z6 | 0.006 | 0.918 | 0.211 | 0.022 | -0.079 |
| Z14 | -0.255 | -0.766 | 0.08 | -0.046 | -0.184 |
| Z13 | -0.402 | -0.71 | 0.149 | -0.234 | -0.108 |
| Z8 | -0.36 | 0.565 | 0.401 | -0.362 | 0.026 |
| Z9 | -0.042 | 0.171 | 0.83 | 0.206 | -0.059 |
| Z11 | -0.518 | -0.202 | 0.541 | -0.37 | -0.019 |
| Z15 | -0.005 | 0.112 | 0.141 | 0.909 | 0.037 |
| Z7 | 0.016 | 0.086 | -0.029 | 0.031 | 0.958 |

(4) 公因子得分

表 7-5 为因子得分系数矩阵，即每个指标在公因子上的系数，根据因子得分系数矩阵得出公因子方程为：

$$
\begin{aligned}
F_1 &= 0.187\times Z_1 + 0.182\times Z_2 + \ldots - 0.08\times Z_{15} + 0.062\times Z_{16} \\
F_2 &= 0.047\times Z_1 - 0.03\times Z_2 + \ldots - 0.042\times Z_{15} - 0.272\times Z_{16} \\
F_3 &= 0.022\times Z_1 + 0.366\times Z_2 + \ldots + 0.146\times Z_{15} + 0.01\times Z_{16} \\
F_4 &= -0.137\times Z_1 - 0.011\times Z_2 + \ldots + 0.756\times Z_{15} - 0.19\times Z_{16} \\
F_5 &= -0.0846\times Z_1 + 0.16\times Z_2 + \ldots - 0.03\times Z_{15} + 0.042\times Z_{16}
\end{aligned} \tag{7.12}
$$

任何单个公因子都不足以对中部贫困老区综合实力水平进行评价，根据表 7-5 中公因子的权重得到中部贫困老区综合实力的得分方程为：

$$F=0.394165\times F_1+0.29298\times F_2+0.12497\times F_3+0.10284\times F_4+0.08503\times F_5 \tag{7.13}$$

表 7-5　因子得分系数矩阵

| | 成分 | | | | |
|---|---|---|---|---|---|
| | 1 | 2 | 3 | 4 | 5 |
| Z1 | 0. 187 | 0. 047 | 0. 022 | −0. 137 | −0. 080 |
| Z2 | 0. 182 | −0. 030 | 0. 366 | −0. 011 | 0. 160 |
| Z3 | 0. 165 | 0. 051 | 0. 015 | −0. 135 | −0. 036 |
| Z4 | 0. 187 | −0. 087 | 0. 002 | 0. 051 | −0. 013 |
| Z5 | 0. 205 | −0. 140 | 0. 075 | −0. 042 | 0. 098 |
| Z6 | −0. 053 | 0. 261 | 0. 035 | −0. 027 | −0. 100 |
| Z7 | −0. 029 | 0. 006 | −0. 062 | 0. 021 | 0. 872 |
| Z8 | −0. 055 | 0. 179 | 0. 142 | −0. 275 | 0. 001 |
| Z9 | 0. 062 | −0. 064 | 0. 584 | 0. 220 | −0. 085 |
| Z10 | 0. 061 | 0. 092 | −0. 176 | 0. 153 | −0. 243 |
| Z11 | −0. 007 | −0. 065 | 0. 325 | −0. 208 | −0. 024 |
| Z12 | 0. 229 | −0. 059 | 0. 134 | −0. 108 | −0. 009 |
| Z13 | 0. 006 | −0. 190 | 0. 138 | −0. 101 | −0. 081 |
| Z14 | 0. 022 | −0. 222 | 0. 130 | 0. 040 | −0. 149 |
| Z15 | −0. 080 | −0. 042 | 0. 146 | 0. 756 | 0. 030 |
| Z16 | 0. 062 | −0. 272 | 0. 010 | −0. 019 | 0. 042 |

#### 7. 2. 2. 3　综合实力评价结果与分析

根据前面的得分模型可以计算中部贫困地区经济社会发展综合实力的得分，并进行中部地区排名和省内排名，得分及排名结果如表 7-6 所示。

表 7-6　中部贫困地区经济社会发展实力综合评价结果

| 省份 | 地区 | F | 省内排名 | 中部排名 |
|---|---|---|---|---|
| 山西省 | 娄烦 | -0. 2373 | 9 | 87 |
| | 阳高 | -0. 6168 | 18 | 114 |
| | 天镇 | -0. 8515 | 27 | 125 |
| | 广灵 | -1. 0234 | 29 | 128 |
| | 灵丘 | -0. 6559 | 20 | 117 |
| | 浑源 | -0. 5236 | 13 | 107 |
| | 平顺 | -0. 7283 | 24 | 122 |
| | 壶关 | -0. 5311 | 14 | 108 |
| | 武乡 | 0. 1267 | 4 | 53 |
| | 左权 | -0. 076 | 8 | 77 |
| | 和顺 | 0. 1538 | 3 | 50 |
| | 平陆 | -0. 6966 | 23 | 121 |
| | 五台 | -0. 5458 | 16 | 110 |
| | 代县 | 0. 0933 | 6 | 61 |
| | 繁峙 | 0. 0235 | 7 | 68 |
| | 宁武 | 0. 1218 | 5 | 55 |
| | 静乐 | -0. 6594 | 21 | 119 |
| | 神池 | -0. 6156 | 17 | 113 |
| | 五寨 | -0. 4193 | 12 | 100 |
| | 岢岚 | -0. 346 | 11 | 94 |
| | 河曲 | 0. 3027 | 2 | 35 |
| | 偏关 | -0. 2784 | 10 | 89 |
| | 吉县 | -0. 7879 | 25 | 123 |
| | 大宁 | -1. 6433 | 31 | 130 |
| | 隰县 | -0. 9999 | 28 | 127 |
| | 汾西 | -0. 8021 | 26 | 124 |
| | 临县 | -0. 6852 | 22 | 120 |

续表

| 省份 | 地区 | F | 省内排名 | 中部排名 |
|---|---|---|---|---|
| 山西省 | 石楼 | -1. 1252 | 30 | 129 |
| | 岚县 | -0. 5407 | 15 | 109 |
| | 方山 | -0. 6203 | 19 | 115 |
| | 中阳 | 0. 5555 | 1 | 15 |
| 安徽省 | 潜山 | 0. 3861 | 6 | 28 |
| | 太湖 | 0. 1092 | 10 | 58 |
| | 宿松 | 0. 4403 | 4 | 22 |
| | 岳西 | -0. 0756 | 12 | 76 |
| | 砀山 | 0. 4218 | 5 | 26 |
| | 萧县 | 0. 8537 | 2 | 8 |
| | 灵璧 | 0. 2181 | 7 | 46 |
| | 泗县 | 0. 1111 | 9 | 56 |
| | 寿县 | 0. 1934 | 8 | 48 |
| | 霍邱 | 1. 3546 | 1 | 2 |
| | 舒城 | 0. 5441 | 3 | 16 |
| | 金寨 | -0. 0303 | 11 | 73 |
| | 石台 | -0. 1803 | 13 | 86 |
| 河南省 | 兰考 | 0. 5818 | 3 | 13 |
| | 栾川 | 0. 8801 | 2 | 7 |
| | 嵩县 | 0. 2575 | 10 | 40 |
| | 汝阳 | 0. 2131 | 14 | 47 |
| | 宜阳 | 0. 5612 | 4 | 14 |
| | 洛宁 | 0. 2828 | 9 | 37 |
| | 鲁山 | 0. 1361 | 16 | 52 |
| | 滑县 | 0. 2207 | 13 | 45 |
| | 封丘 | -0. 0874 | 20 | 80 |
| | 范县 | 0. 1107 | 17 | 57 |
| | 台前 | -0. 3588 | 21 | 96 |

续表

| 省份 | 地区 | F | 省内排名 | 中部排名 |
|---|---|---|---|---|
| 河南省 | 卢氏 | -0. 0129 | 19 | 72 |
| | 南召 | -0. 0087 | 18 | 71 |
| | 桐柏 | 0. 4222 | 5 | 25 |
| | 民权 | 0. 193 | 15 | 49 |
| | 光山 | 0. 3883 | 6 | 27 |
| | 新县 | 0. 2503 | 12 | 42 |
| | 商城 | 0. 3262 | 8 | 32 |
| | 固始 | 0. 9495 | 1 | 5 |
| | 上蔡 | 0. 3727 | 7 | 29 |
| | 确山 | 0. 2574 | 11 | 41 |
| 湖北省 | 阳新 | 0. 6096 | 5 | 12 |
| | 郧县 | 0. 2656 | 10 | 39 |
| | 郧西 | -0. 1126 | 19 | 83 |
| | 竹山 | 0. 2815 | 9 | 38 |
| | 竹溪 | 0. 0902 | 15 | 62 |
| | 房县 | 0. 0901 | 16 | 63 |
| | 丹江口 | 1. 5579 | 1 | 1 |
| | 秭归 | 0. 3256 | 8 | 33 |
| | 长阳 | 0. 2289 | 12 | 44 |
| | 孝昌 | 0. 2315 | 11 | 43 |
| | 大悟 | 0. 4628 | 6 | 21 |
| | 红安 | 0. 3691 | 7 | 31 |
| | 罗田 | 0. 1472 | 13 | 51 |
| | 英山 | 0. 1232 | 14 | 54 |
| | 蕲春 | 0. 9331 | 4 | 6 |
| | 麻城 | 1. 2622 | 2 | 3 |
| | 恩施市 | 0. 9916 | 3 | 4 |
| | 利川 | 0. 0162 | 17 | 70 |

续表

| 省份 | 地区 | F | 省内排名 | 中部排名 |
|---|---|---|---|---|
| 湖北省 | 建始 | −0. 1133 | 20 | 84 |
| | 巴东 | −0. 075 | 18 | 75 |
| | 宣恩 | −0. 4786 | 25 | 106 |
| | 咸丰 | −0. 1424 | 21 | 85 |
| | 来凤 | −0. 3741 | 24 | 97 |
| | 鹤峰 | −0. 3166 | 23 | 91 |
| | 神农架林区 | −0. 2441 | 22 | 88 |
| 湖南省 | 邵阳 | −0. 0619 | 6 | 74 |
| | 隆回 | 0. 023 | 5 | 69 |
| | 城步 | −0. 9049 | 19 | 126 |
| | 平江 | 0. 5364 | 1 | 17 |
| | 安化 | 0. 2884 | 4 | 36 |
| | 汝城 | −0. 4739 | 14 | 105 |
| | 桂东 | −0. 5677 | 15 | 111 |
| | 新田 | −0. 3516 | 10 | 95 |
| | 江华 | −0. 087 | 7 | 79 |
| | 沅陵 | 0. 4297 | 3 | 24 |
| | 通道 | −0. 6591 | 18 | 118 |
| | 新化 | 0. 4307 | 2 | 23 |
| | 泸溪 | −0. 431 | 13 | 102 |
| | 凤凰 | −0. 3455 | 9 | 93 |
| | 花垣 | −0. 3243 | 8 | 92 |
| | 保靖 | −0. 6344 | 17 | 116 |
| | 古丈 | −0. 594 | 16 | 112 |
| | 永顺 | −0. 3878 | 11 | 98 |
| | 龙山 | −0. 3989 | 12 | 99 |
| 江西省 | 莲花 | 0. 0706 | 11 | 64 |
| | 修水 | 0. 618 | 3 | 11 |

续表

| 省份 | 地区 | F | 省内排名 | 中部排名 |
|---|---|---|---|---|
| 江西省 | 赣县 | 0.5055 | 4 | 18 |
| | 上犹 | -0.3039 | 18 | 90 |
| | 安远 | -0.4439 | 21 | 104 |
| | 宁都 | 0.0972 | 10 | 60 |
| | 于都 | 0.478 | 6 | 20 |
| | 兴国 | 0.0361 | 13 | 66 |
| | 会昌 | -0.0929 | 16 | 81 |
| | 寻乌 | -0.4305 | 19 | 101 |
| | 吉安 | 0.7554 | 1 | 9 |
| | 遂川 | 0.0618 | 12 | 65 |
| | 万安 | -0.0993 | 17 | 82 |
| | 永新 | 0.0334 | 14 | 67 |
| | 井冈山 | 0.3156 | 8 | 34 |
| | 乐安 | -0.4432 | 20 | 103 |
| | 广昌 | -0.0826 | 15 | 78 |
| | 上饶 | 0.7047 | 2 | 10 |
| | 横峰 | 0.3712 | 7 | 30 |
| | 余干 | 0.0975 | 9 | 59 |
| | 鄱阳 | 0.4863 | 5 | 19 |

从上面分析情况可以发现，中部排名如下：

山西省31个县市中，经济社会发展总体实力得分上有3个（和顺、河曲和中阳）贫困地区进入前50名，8个贫困地区在50~100名之间，其余20个县市排名基本都在100名以外，总体来看，山西省的综合经济社会发展实力较弱，处于中部地区平均水平以下。县域之间的综合经济社会发展实力差距较大，发展不平衡。

安徽省13个县市中，霍邱和萧县分别排在第2和第8名，其余各县市经济社会发展总体实力得分上全部排在100名以内，从总体上来看，安徽贫困地区的经济社会发展综合实力较好。

河南省21个县市中，经济社会发展总体实力得分上固始和栾川县分别排在第 5 和第 7 位，共有 15 个县在前 50 名，6 个县在 100 名以内，河南贫困地区的经济社会发展综合实力相对较好。

湖北省 25 个县市中，经济社会发展总体实力得分上丹江口、麻城、恩施市和蕲春分别排在第 1、第 3、第 4 和第 6 名，共有 12 个县进入到前 50 名，除宣恩（第 106 名）外其他县都在 50~100 名之内，经济社会发展综合实力表现不均衡。

湖南省 19 个县市中，经济社会发展总体实力得分上只有 4 个县进入到 50 名以内，8 个县在 50~100 之间，7 个县排在 100 名以外，经济社会发展综合实力整体排名较后。

江西省 21 个县市中，经济社会发展总体实力得分上吉安、上饶相对较好，分别排在第 9 和第 10 名，8 个县市均排在 50 名以内，10 个县在 50~100 名之间，3 个县排在 100 名以外，经济社会发展综合实力表现不均衡。

中部贫困地区经济社会发展总体实力最强的前 20 个县市依次为丹江口、霍邱、麻城、恩施市、固始、蕲春、栾川、萧县、吉安、上饶、修水、阳新、兰考、宜阳、中阳、舒城、平江、赣县、鄱阳、于都；最弱的后 20 个县市依次为桂东、古丈、神池、阳高、方山、保靖、灵丘、通道、静乐、临县、平陆、平顺、吉县、汾西、天镇、城步、隰县、广灵、石楼、大宁。

表 7-7 为各省的贫困地区经济社会发展综合实力得分及排名情况，河南、安徽、江西和湖北的贫困地区综合经济社会发展综合实力处于整部平均水平以上，安徽贫困地区经济社会发展综合实力平均得分最高（平均得分 0. 377208），河南（平均得分 0. 31473）次之、湖北（平均得分 0. 245184）再次，江西（平均得分 0. 130238）贫困地区经济社会发展综合实力平均得分比较接近平均水平线，而湖南（平均得分-0. 23757）和山西（平均得分-0. 47201）的贫困地区综合经济社会发展实力平均得分则低于中部平均发展水平。

表 7-7　经济社会发展综合实力各省平均得分及排名

| 省份 | 得分 | 排名 |
|---|---|---|
| 安徽 | 0. 377208 | 1 |
| 河南 | 0. 31473 | 2 |
| 湖北 | 0. 245184 | 3 |
| 江西 | 0. 130238 | 4 |
| 湖南 | -0. 23757 | 5 |
| 山西 | -0. 47201 | 6 |

#### 7.2.2.4 综合实力的聚类分析

对中部贫困地区经济社会发展综合实力进行聚类分析，就有助于对中部贫困地区经济社会发展的特征进行归纳总结。考虑到本书研究样本量较大，一起进行聚类分析难以明确地指出类别特征，故本书选择对中部贫困地区经济社会发展综合实力实行分省聚类。采用欧式距离法，利用 SPSS21.0 对标准化后的指标数据进行系统聚类分析，将各省贫困地区经济社会发展综合实力从强到弱可以分为三类，结果如下：

1. 山西省贫困地区经济社会发展综合实力的聚类分析

从表 7-8 中可以看出，第一类综合实力平均得分 0.162663，包括了武乡、和顺、左权、中阳、宁武、河曲、代县、繁峙共 8 个县市，这一类县市在发展规模与实力、发展质量与产业结构和 GDP 增长速度三个方面都显著优于其他两类。城市化水平显著优于第二类贫困老区县。但也应该看到其发展规模与实力和社会福利水平明显低于中部地区平均水平；第二类综合实力平均得分-0.64956，包括了平顺、方山、娄烦、岢岚、汾西、吉县、偏关、神池、隰县、石楼、岚县、五寨、广灵、静乐、壶关、平陆、灵丘、天镇、五台、阳高、浑源、临县共 22 个县市，处于山西省贫困革命老区发展的中间水平，但其在发展规模与实力、发展质量与产业结构、城市化水平和社会福利水平等五个方面都在中部平均水平以下；而第三类中的大宁县综合实力平均得分-1.6433，其城市化水平相对其他两类有显著的优势，但其他 5 个方面都显著劣于其他两类，是综合实力最弱的一类。

**表 7-8 山西省贫困地区经济社会发展综合实力聚类分析表**

| 类别 | 地区 | F1 | F2 | F3 | F4 | F5 | F |
|---|---|---|---|---|---|---|---|
| 第一类 | 武乡、和顺<br>左权、中阳<br>宁武、河曲<br>代县、繁峙 | -0.8377 | 1.3331 | 1.2634 | -0.9362 | 0.4786 | 0.1627 |

续表

| 类别 | 地区 | F1 | F2 | F3 | F4 | F5 | F |
|---|---|---|---|---|---|---|---|
| 第二类 | 平顺、方山<br>娄烦、岢岚<br>汾西、吉县<br>偏关、神池<br>隰县、石楼<br>岚县、五寨<br>广灵、静乐<br>壶关、平陆<br>灵丘、天镇<br>五台、阳高<br>浑源、临县 | −0.9345 | −0.7376 | −0.0066 | −0.6607 | 0.0429 | −0.6496 |
| 第三类 | 大宁 | −1.0475 | −3.6614 | 2.6031 | −1.4989 | −3.8679 | −1.6433 |

2. 安徽省贫困地区经济社会发展综合实力的聚类分析

从表 7-9 中可以看出，第一类综合实力平均得分 1.3546，包括了霍邱一个县，这一类县市除发展质量与产业结构方面低于第二类，社会福利水平低于第三类，在发展规模与实力、城市化水平和 GDP 增长速度三个方面都显著优于其他两类；第二类综合实力平均得分 0.5292，包括了砀山、潜山、舒城、萧县、宿松共 5 个县，处于山西省贫困革命老区发展的中间水平，但其在发展质量与产业结构和 GDP 增长速度两个方面都在中部平均水平以下；而第三类综合实力平均得分 0.0493714，包括了金寨、灵璧、石台、寿县、泗县、太湖、岳西共 7 个县，在社会福利水平方面优于其他两类，但在发展规模与实力、发展质量与产业结构、城市化水平和 GDP 增长速度上显著劣于其他两类，且其在发展质量与产业结构和 GDP 增长速度两个方面都在中部平均水平以下。

**表 7-9　安徽省贫困地区经济社会发展综合实力聚类分析表**

| 类别 | 地区 | F1 | F2 | F3 | F4 | F5 | F |
|---|---|---|---|---|---|---|---|
| 第一类 | 霍邱 | 2.9040 | −0.3837 | 2.0811 | 0.5483 | 0.0694 | 1.3546 |
| 第二类 | 砀山、潜山<br>舒城、萧县<br>宿松 | 1.2518 | −0.0606 | 0.3050 | 0.5046 | −0.4289 | 0.5292 |

续表

| 类别 | 地区 | F1 | F2 | F3 | F4 | F5 | F |
|---|---|---|---|---|---|---|---|
| 第三类 | 金寨、灵璧<br>石台、寿县<br>泗县、太湖<br>岳西 | 0.3768 | -0.5350 | 0.1961 | 1.0344 | -0.8618 | 0.0494 |

3. 河南省贫困地区经济社会发展综合实力的聚类分析

从表7-10中可以看出，第一类综合实力平均得分0.74315，是本省贫困老区县综合实力最强的一类，包括了固始、兰考、栾川、宜阳4个县，这一类县市在发展规模与实力、发展质量与产业结构和城市化水平方面显著优于其他两类，但在社会福利水平和GDP增长速度两方面有明显劣势；第二类综合实力平均得分0.207625，包括了范县、封丘、光山、滑县、卢氏、鲁山、洛宁、民权、南召、确山、汝阳、商城、上蔡、嵩县、桐柏、新县共16个县，处于河南省贫困革命老区发展的中间水平，但其在城市化水平和GDP增长速度两个方面都在中部平均水平以下；而第三类综合实力平均得分-0.3588，包括了台前一个县，在发展规模与实力和社会福利水平上显著劣于其他两类。

**表7-10　河南省贫困地区经济社会发展综合实力聚类分析表**

| 类别 | 地区 | F1 | F2 | F3 | F4 | F5 | F |
|---|---|---|---|---|---|---|---|
| 第一类 | 固始、兰考<br>栾川、宜阳 | 1.1708 | 1.5214 | -0.1455 | -0.3747 | -1.2626 | 0.7432 |
| 第二类 | 范县、封丘<br>光山、滑县<br>卢氏、鲁山<br>洛宁、民权<br>南召、确山<br>汝阳、商城<br>上蔡、嵩县<br>桐柏、新县 | 0.3082 | 0.9032 | -1.0186 | 0.0468 | -0.6584 | 0.2076 |
| 第三类 | 台前 | -0.743 | 0.9235 | -1.5323 | -0.6237 | -0.9508 | -0.3588 |

4. 湖北省贫困地区经济社会发展综合实力的聚类分析

从表7-11中可以看出，第一类综合实力平均得分1.1862，包括了丹江口、恩施市、麻城、蕲春4个县市，是本省贫困老区县综合实力最强的一类，这一类县市在发展规模与实力、发展质量与产业结构、城市化水平和 GDP 增长速度 4 方面有明显优势，但社会福利水平显著劣于其他两类；第二类综合实力平均得分 0.2493462，包括了大悟、房县、红安、利川、罗田、孝昌、阳新、英山、郧县、长阳、竹山、竹溪、秭归共 13 个县市，处于湖北省贫困革命老区发展的中间水平，但其在发展质量与产业结构和城市化水平两个方面都在中部平均水平以下；而第三类综合实力平均得分-0.232088，包括了巴东、鹤峰、建始、来凤、咸丰、宣恩、郧西、神农架林区共 8 个县市，在发展规模与实力、发展质量与产业结构、城市化水平和 GDP 增长速度上显著劣于其他两类，且其发展规模与实力、发展质量与产业结构和城市化水平在中部平均水平以下。

**表 7-11 湖北省贫困地区经济社会发展综合实力聚类分析表**

| 类别 | 地区 | F1 | F2 | F3 | F4 | F5 | F |
|---|---|---|---|---|---|---|---|
| 第一类 | 丹江口、恩施市、麻城蕲春 | 1.8499 | 0.5861 | 1.5499 | 0.1876 | 0.8503 | 1.1862 |
| 第二类 | 大悟、房县红安、利川罗田、孝昌阳新、英山郧县、长阳竹山、竹溪秭归 | 0.4559 | -0.1412 | -0.3283 | 0.9059 | 0.6923 | 0.2493 |
| 第三类 | 巴东、鹤峰建始、来凤咸丰、宣恩郧西、神农架林区 | -0.4752 | -0.1380 | -0.5906 | 0.4761 | 0.2409 | -0.2321 |

5. 湖南省贫困地区经济社会发展综合实力的聚类分析

从表 7-12 中可以看出，第一类综合实力平均得分 0.4213，包括了安化、平江、新化、沅陵共 4 个县，这一类县市在发展规模与实力、发展质量与产业结构和 GDP 增长速度方面明显优于其他两类，但其城市化水平和社会福利水平方面都在中部平均水平以下；第二类综合实力平均得分-0.37815，包括了保靖、凤凰、古丈、桂东、花垣、江华、龙山、隆回、泸溪、汝城、邵阳、通道、新田、永顺共14个县市，处于湖南省贫困革命老区发展的中间水平，其在社会福利水平方面明显优于其他两类，但其在发展规模与实力等五方面都在中部平均水平以下；而第三类综合实力平均得分-0.9049，包括了城步苗族自治县，在发展规模与实力等五方面都显著劣于其他两类，且都在中部平均水平以下。

**表7-12　湖南省贫困地区经济社会发展综合实力聚类分析表**

| 类别 | 地区 | F1 | F2 | F3 | F4 | F5 | F |
|---|---|---|---|---|---|---|---|
| 第一类 | 安化、平江<br>新化、沅陵 | 1.1414 | 0.2565 | -0.6341 | -0.8181 | 0.7014 | 0.4213 |
| 第二类 | 保靖、凤凰<br>古丈、桂东<br>花垣、江华<br>龙山、隆回<br>泸溪、汝城<br>邵阳、通道<br>新田、永顺 | -0.3520 | -0.4268 | -0.6099 | -0.2071 | -0.1985 | -0.3782 |
| 第三类 | 城步 | -0.7944 | -1.1531 | -0.8993 | -1.2054 | -0.2071 | -0.9049 |

6. 江西省贫困地区经济社会发展综合实力的聚类分析

从表7-13中可以看出，第一类综合实力平均得分0.5293375，包括了赣县、横峰、吉安、井冈山、鄱阳、上饶、修水、于都共8个县市，这一类县市在发展规模与实力、发展质量与产业结构、城市化水平和GDP增长速度方面明显优于其他两类，但其社会福利水平方面明显劣于其他两类，且都在中部平均水平以下；第二类综合实力平均得分0.0135333，包括了广昌、会昌、莲花、宁都、遂川、万安、兴国、永新、余干共9个县市，处于江西省贫困革命老区发展的中间水平，其社会福利水平和GDP增长速度方面有优势；而第三类综合实力平均得分-0.40538，包括了安远、乐安、上犹、寻乌共4个县，在社会福利水平方面显著优于其他两类，但且其发展规模与实力、发展质量与产业结构、城市化水平和GDP增长速度方面都明显劣于其他两类，且四个方面都在中部平均水平以下。

表 7-13　江西省贫困地区经济社会发展综合实力聚类分析表

| 类别 | 地区 | F1 | F2 | F3 | F4 | F5 | F |
|---|---|---|---|---|---|---|---|
| 第一类 | 赣县、横峰<br>吉安、井冈山<br>鄱阳、上饶<br>修水、于都 | 0.4654 | 0.4339 | 1.4600 | -0.2648 | 0.7467 | 0.5293 |
| 第二类 | 广昌、会昌<br>莲花、宁都<br>遂川、万安<br>兴国、永新<br>余干 | -0.1483 | -0.2732 | 0.4412 | 0.5099 | 0.5226 | 0.0135 |
| 第三类 | 安远、乐安<br>上犹、寻乌 | -0.7803 | -0.5303 | -0.0039 | 0.7889 | -0.2720 | -0.4054 |

### 7.2.3　20 个竞争力评价代表县的确定

上面对中部 130 个贫困老区县综合实力进行了比较，对各贫困县作了中部和本省的排名，此基础上分省进行了归档聚类分析，至此，中部各贫困老区的综合实力情况已经比较清楚。20 个竞争力评价代表县就是在这个基础上来确定的。

首先，数量上，秉持服务地方的精神，江西省选取了相对较多的贫困老区县，共 6 个；毗邻江西的湖北和湖南两省各选区了 4 个贫困老区县；兼顾六省在安徽、河南和山西各选取了两个贫困老区县。

其次，原则上，具体县的选取坚持好、中、差三个等级各有兼顾，具体为山西省的壶关、左权两个县；安徽省的太湖、霍邱两个县；河南省的商城、固始两个县；湖北省的阳新、郧西、恩施市、建始共 4 个县（市）；湖南省的邵阳、城步、沅陵、凤凰共 4 个县；江西省的莲花、安远、于都、兴国、井冈山、乐安共 6 个县（市）。

最后，选取的 20 个贫困老区县（市）具有广泛的代表性。这 20 个贫困县（市）中有以第三产业为主导发展的县市，如井冈山市，有以资源产业为主导的县域经济，有颇具盛名的“固始模式”，有具有鲜明的民族特色的县市，如恩施市、城步县等，也有经济社会处于平稳发展中的县域，等等，具体的主导产业、规模企业和交通状况如表 7-14 所示。

表 7-14　中部 20 个贫困县（市）的主导产业、规模企业和交通状况

| 省域 | 贫困县（市） | 主导产业 | 2013 年规模以上工业企业个数 | 交通状况 |
|---|---|---|---|---|
| 山西 | 壶关 | 矿产资源开采与加工、旱地西红柿产业、太行山大峡谷旅游（品牌效果不强） | 16 | 中南铁路（在建） |
| | 左权 | 煤炭业、核桃产业、庄园经济 | 23 | 阳涉铁路、邢和铁路 |
| 安徽 | 太湖 | 畜牧业、茶叶、蚕桑、油茶产业 | 113 | 合九铁路 |
| | 霍邱 | 机械电子制造业、纺织服装、铁矿深加工、农副产品深加工、柳编工艺品加工、饮品酿造和船舶制造业 | 118 | 阜六铁路 |
| 河南 | 商城 | 稻米加工、油脂加工、特色农产品加工、机械制造、服装加工 | 87 | 宁西铁路 |
| | 固始 | 装备制造、食品加工、家居制造 | 95 | 宁西铁路 |
| 湖北 | 阳新 | 轻工纺织、机械制造、医药化工 | 107 | 武九铁路 |
| | 郧西 | 马头羊产业、核桃产业、黄姜、蔬菜、烟叶、林特等农业特色产业 | 36 | |
| | 恩施市 | 畜牧、茶叶、生态旅游、烟草、信息产业 | 72 | 宜万铁路、恩施许家坪机场 |
| | 建始 | 烟叶、魔芋、畜牧、林果、中药材、商品蔬菜六大主导产业 | 67 | 宜万铁路 |
| 湖南 | 邵阳 | 煤炭、石膏、服装、鞋业、大米、生猪、烤烟、油茶产业 | 70 | 怀邵衡铁路 |
| | 城步 | 奶牛发展、延季蔬菜、林产业 | 22 | |
| | 沅陵 | 水电、矿产、林农产品加工、茶叶、油茶、优质鱼养殖加工、旅游业 | 60 | |
| | 凤凰 | 旅游业、烟叶、畜牧业 | 17 | 焦柳铁路（货运） |

续表

| 省域 | 贫困县（市） | 主导产业 | 2013 年规模以上工业企业个数 | 交通状况 |
|---|---|---|---|---|
| 江西 | 莲花 | 特种材料、建材矿材、医药食品、机械电子、制衣制鞋、油菜、绿色水稻、红豆杉、果业、药材、油茶业 | 64 | 吉衡铁路 |
| | 安远 | 脐橙、烟叶、生猪、油茶等产业 | 27 | |
| | 于都 | 机械电子、矿产品精深加工、轻纺食品、半导体绿色照明、奶牛、脐橙 | 64 | 赣龙铁路 |
| | 兴国 | 氟化工、新型建材及矿产品深加工、机电制造、食品加工、油茶、苗木花卉、茶叶 | 60 | 京九铁路 |
| | 井冈山 | 旅游、陶瓷、高端电子信息、塑料光纤、旅游产品加工 | 26 | 京九铁路、吉衡铁路、井冈山机场 |
| | 乐安 | 轻纺鞋服、机械电子、生物医药、食品加工、平菇产业 | 25 | |

## 7.3　基于竞争力评价指标体系的 20 个代表县评价研究

### 7.3.1　样本选取与数据获取

上文分析的基础上，确定壶关、左权、太湖、霍邱、商城、固始、阳新、郧西、恩施市、建始、邵阳、城步、沅陵、凤凰、莲花、安远、于都、兴国、井冈山、乐安共 20 个县（市）为中部贫困地区经济社会发展竞争力动静态评价的对象。

本书的面板数据以 2011—2013 年的统计数据为依据，所需数据主要来源于以下数据源：（1）2010—2014 年的《中国县（市）社会经济统计年鉴》《中国区域经济统计年鉴》《江西统计年鉴》《湖北统计年鉴》《安徽统计年鉴》《山西统计年鉴》《湖南统计年鉴》和《山西统计年鉴》等；（2）各县 2011—2014 年政府工作报告和 2011—2013 年的经济社会发展统计公报；（3）六省统计局；（4）各相关的政府网站；（5）其他网络资源。具体原始数据见附录 6。

### 7.3.2 指标体系权重的确定

本书选择了2011—2013年的时间系列，是因为2011年我国按照新的贫困标准（2300元）来确定贫困人口，这是一个新的起点，而2014年的数据未完全公布，统计年鉴还没有出版，难以获取2014年的数据，所以最终选择了2011—2013年的数据做分析。另外，万元GDP能耗、人均受教育年限、科技市场成交量、每万人刑事案件数、财政扶贫资金人均占有量这几项指标由于有些县数据未公开或缺乏统计，难以完全获取样本县的这些数据，故三年的实证分析中暂没有纳入。2011年的贫困人口是依据新标准确定，公布的贫困人口数据为年底数据，所以2011年的贫困人口减少比例这一指标数据缺乏，2011年的实证分析中没有这一项指标，2011年的指标权重单独获取并进行综合评价。为了进一步消除特殊年份的影响，更加真实地反映地区发展竞争力的实际情况，中部贫困地区经济社会发展竞争力指标体系权重以2012年和2013年的指标权重平均数为基础计算。权重的计算依据第六章熵权确定步骤进行，主要依据公式（6.2）~公式（6.8）逐步计算，权重结果如表7-15所示。

**表7-15 中部贫困地区经济社会发展竞争力评价指标体系权重表**

| 一级指标 | 二级指标 | 三级指标 | 指标编码 | 权重 |
|---|---|---|---|---|
| 禀赋基础（0.3159） | 经济水平（0.1835） | 人均地区生产总值 | X1 | 0.0335 |
| | | 人均地方财政一般预算收入 | X2 | 0.0504 |
| | | 农村居民人均纯收入 | X3 | 0.0266 |
| | | 城镇居民人均可支配收入 | X4 | 0.0177 |
| | | 公路里程密度 | X5 | 0.0267 |
| | | 城镇化率 | X6 | 0.0287 |
| | 资源环境（0.0895） | 劳动力占总人口比重 | X7 | 0.0123 |
| | | 人均耕地面积 | X8 | 0.0220 |
| | | 森林覆盖率 | X9 | 0.0106 |
| | | 环保支出占GDP的比重 | X10 | 0.0447 |
| | 贫困程度（0.0430） | 贫困人口比例 | X11 | 0.0164 |
| | | 农民人均纯收入与中部地区平均水平的差距 | X12 | 0.0266 |

续表

| 一级指标 | 二级指标 | 三级指标 | 指标编码 | 权重 |
|---|---|---|---|---|
| 市场活力（0.3284） | 开放程度（0.1486） | 人均社会消费品零售总额 | X13 | 0.0345 |
| | | 实际利用外资 | X14 | 0.0598 |
| | | 移动电话普及率 | X15 | 0.0238 |
| | | 互联网普及率 | X16 | 0.0306 |
| | 竞争强度（0.0762） | GDP 增长速度 | X17 | 0.0119 |
| | | 地方财政一般预算增长速度 | X18 | 0.0209 |
| | | 规模以上工业增加值增长速度 | X19 | 0.0240 |
| | | 非农产业占 GDP 的比重 | X20 | 0.0195 |
| | 投入能力（0.1036） | 人均固定资产投资额 | X21 | 0.0287 |
| | | 人均年末储蓄存款余额 | X22 | 0.0283 |
| | | 人均金融机构贷款余额 | X23 | 0.0467 |
| 内生能力（0.1935） | 人力资本（0.0572） | 人口出生率 | X24 | 0.0116 |
| | | 义务教育巩固率 | X25 | 0.0085 |
| | | 每万人接受中等职业教育人数 | X26 | 0.0371 |
| | 科技创新（0.0809） | 研发经费占 GDP 比重 | X27 | 0.0381 |
| | | 每万人专利拥有量 | X28 | 0.0428 |
| | 减贫潜力（0.0555） | 贫困人口人均纯收入增长速度 | X29 | 0.0204 |
| | | 贫困人口减少速度 | X30 | 0.0351 |
| 制度保障（0.1625） | 公共服务（0.0497） | 教育文化卫生支出占 GDP 比重 | X31 | 0.0162 |
| | | 每万人拥有各种社会福利收养性单位床位数 | X32 | 0.0202 |
| | | 新农合参合率 | X33 | 0.0133 |
| | 社会稳定（0.0414） | 城镇失业率 | X34 | 0.0320 |
| | | 城乡收入比 | X35 | 0.0094 |
| | 制度扶贫（0.0714） | 整村推进覆盖率 | X36 | 0.0403 |
| | | 培训劳动力当年人数占劳务输出人数的比例 | X37 | 0.0312 |

从权重表 7-15 中可以得出各个具体指标的权重值以及各分层指标对地区发展竞争力的影响程度：

（1）比较要素禀赋、市场活力、内生能力和制度保障四项因素对地区发展竞争力的影响权重发现，市场活力对地区发展竞争力的影响程度较大，排在第一位，这说明市场活力在地区发展竞争力中占据着重要地位。接下来依次为要素禀赋、内生能力和制度保障对于地区发展竞争力也起着重要作用。

（2）与资源环境和贫困程度相比，经济水平对要素禀赋的影响更加明显，可见地区的经济水平对于地区发展竞争力起着重要作用；开放程度、投入能力和竞争强度对市场活力因素的影响程度依次降低，这说明开放程度是地区发展竞争力市场活力因素的最重要的构成方面；在内生能力的三项指标中，重要性从高至低依次是科技创新、人力资本、减贫潜力，这表明，对于一个地区的发展竞争力的内生能力而言，科技创新是最为重要的影响因素，人力资本和减贫潜力也在促进地区发展竞争力方面起着重要作用；在制度保障的三个因素中，制度扶贫的影响程度最大，这意味着在贫困地区发展竞争力的制度保障因素中制度扶贫更加重要，促进贫困地区发展竞争力需要制度的支撑。

（3）在具体指标方面，人均地方财政一般预算收入、人均地区生产总值、环保支出占 GDP 的比重、城镇化率、公路里程密度等基础指标对禀赋基础竞争力影响较大；实际利用外资、人均社会消费品零售总额、人均固定资产额、人均储蓄存款余额、人均金融机构贷款余额、规模以上工业增加值增长速度、互联网普及率等指标对市场活力竞争力具有较大的影响力；每万人接受中等职业教育人数、研发经费占 GDP 比重、每万人专利拥有量、贫困人口减少速度等指标对内生能力竞争力的影响相对较大；每万人拥有各种社会福利收养性单位床位数、城镇失业率、整村推进覆盖率、培训劳动力当年人数占劳务输出人数的比例等指标对制度保障竞争力的影响相对较大。

### 7.3.3 各构成要素的评价

#### 7.3.3.1 禀赋基础竞争力评价

对中部 20 个贫困地区禀赋基础竞争力进行 TOPSIS 评价，得到的评价结果如表 7-16 所示。

表 7-16　20 个中部贫困地区禀赋基础得分及排名表

| 地区 | 2011 | | 2012 | | 2013 | |
|---|---|---|---|---|---|---|
| | 得分 | 排序 | 得分 | 排序 | 得分 | 排序 |
| 壶关 | 0. 2916 | 12 | 0. 2834 | 12 | 0. 2753 | 13 |
| 左权 | 0. 6300 | 2 | 0. 5535 | 2 | 0. 6522 | 2 |
| 太湖 | 0. 2818 | 14 | 0. 2356 | 16 | 0. 2809 | 12 |
| 霍邱 | 0. 3416 | 8 | 0. 2846 | 11 | 0. 3175 | 10 |
| 商城 | 0. 3188 | 10 | 0. 3693 | 6 | 0. 3203 | 9 |
| 固始 | 0. 3244 | 9 | 0. 3205 | 9 | 0. 3409 | 7 |
| 阳新 | 0. 2900 | 13 | 0. 2420 | 15 | 0. 2337 | 14 |
| 郧西 | 0. 2223 | 15 | 0. 2052 | 18 | 0. 3761 | 4 |
| 恩施市 | 0. 3964 | 4 | 0. 3647 | 7 | 0. 3685 | 5 |
| 建始 | 0. 3588 | 6 | 0. 3492 | 8 | 0. 2831 | 11 |
| 邵阳 | 0. 1681 | 19 | 0. 2460 | 14 | 0. 2018 | 19 |
| 城步 | 0. 3554 | 7 | 0. 3144 | 10 | 0. 2065 | 17 |
| 沅陵 | 0. 3970 | 3 | 0. 3729 | 5 | 0. 3596 | 6 |
| 凤凰 | 0. 3103 | 11 | 0. 4099 | 3 | 0. 3267 | 8 |
| 莲花 | 0. 3800 | 5 | 0. 3826 | 4 | 0. 4854 | 3 |
| 安远 | 0. 1818 | 17 | 0. 2141 | 17 | 0. 2049 | 18 |
| 于都 | 0. 1482 | 20 | 0. 1866 | 20 | 0. 2131 | 16 |
| 兴国 | 0. 2016 | 16 | 0. 1876 | 19 | 0. 1702 | 20 |
| 井冈山 | 0. 7323 | 1 | 0. 8083 | 1 | 0. 7760 | 1 |
| 乐安 | 0. 1815 | 18 | 0. 2613 | 13 | 0. 2286 | 15 |

为了更直观地反映中部各贫困县在 2011 年到 2013 年禀赋基础竞争力得分变动情况，将 2011 年到 2013 年禀赋基础竞争力得分用折线图进行显示，如图 7-1 所示，可以看出各县 2011—2013 年禀赋基础竞争力状况波动不大，井冈山、左权、莲花禀赋基础竞争力相对较强，邵阳、安远、于都、兴国和乐安县禀赋基础竞争力较弱。大多数贫困地区禀赋基础竞争力普遍不高且相差不大。

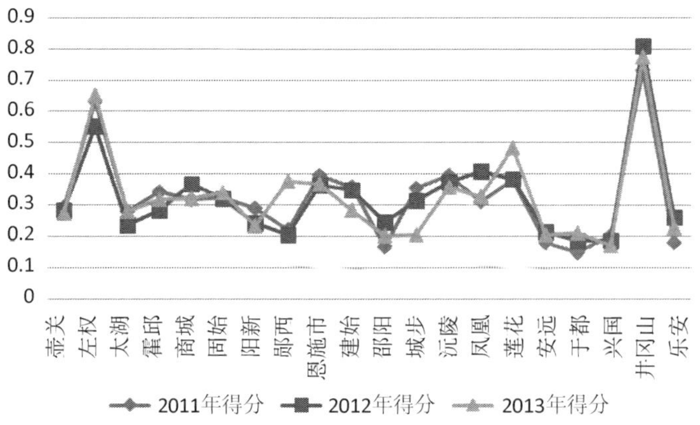

**图 7-1　中部 20 个贫困地区禀赋基础竞争力得分折线图**

### 7.3.3.2　市场活力竞争力评价

对中部 20 个贫困地区市场活力竞争力进行 TOPSIS 评价，得到的评价结果如表 7-17 所示。

**表 7-17　中部 20 个贫困地区市场活力竞争力得分及排名表**

| 地区 | 2011 | | 2012 | | 2013 | |
|---|---|---|---|---|---|---|
| | 得分 | 排序 | 得分 | 排序 | 得分 | 排序 |
| 壶关 | 0. 1332 | 14 | 0. 2256 | 9 | 0. 1793 | 13 |
| 左权 | 0. 5715 | 3 | 0. 6358 | 2 | 0. 5542 | 3 |
| 太湖 | 0. 2641 | 8 | 0. 1919 | 12 | 0. 2239 | 12 |
| 霍邱 | 0. 1943 | 11 | 0. 2179 | 11 | 0. 2748 | 7 |
| 商城 | 0. 1030 | 19 | 0. 2296 | 8 | 0. 1476 | 17 |
| 固始 | 0. 1393 | 13 | 0. 1214 | 16 | 0. 1602 | 16 |
| 阳新 | 0. 2770 | 6 | 0. 2670 | 7 | 0. 2571 | 9 |
| 郧西 | 0. 0811 | 20 | 0. 0536 | 20 | 0. 1182 | 18 |
| 恩施市 | 0. 5836 | 2 | 0. 6085 | 3 | 0. 6266 | 2 |
| 建始 | 0. 1126 | 18 | 0. 1028 | 17 | 0. 2416 | 10 |
| 邵阳 | 0. 1277 | 15 | 0. 0727 | 18 | 0. 0877 | 19 |
| 城步 | 0. 1152 | 17 | 0. 0664 | 19 | 0. 0743 | 20 |
| 沅陵 | 0. 2607 | 9 | 0. 1719 | 13 | 0. 2646 | 8 |

续表

| 地区 | 2011 | | 2012 | | 2013 | |
|---|---|---|---|---|---|---|
| | 得分 | 排序 | 得分 | 排序 | 得分 | 排序 |
| 凤凰 | 0. 2326 | 10 | 0. 2229 | 10 | 0. 2369 | 11 |
| 莲花 | 0. 2781 | 5 | 0. 3159 | 5 | 0. 4506 | 4 |
| 安远 | 0. 1800 | 12 | 0. 1352 | 14 | 0. 1667 | 14 |
| 于都 | 0. 2964 | 4 | 0. 3458 | 4 | 0. 4345 | 5 |
| 兴国 | 0. 2746 | 7 | 0. 2864 | 6 | 0. 3389 | 6 |
| 井冈山 | 0. 6160 | 1 | 0. 7058 | 1 | 0. 6298 | 1 |
| 乐安 | 0. 1228 | 16 | 0. 1243 | 15 | 0. 1652 | 15 |

为了更直观地反映中部各贫困县在 2011—2013 年市场活力竞争力得分变动情况，将 2011—2013 年市场活力竞争力得分用折线图进行显示，如图 7-2 所示，可以看出井冈山、恩施市、左权市场活力竞争力较强，郧西、城步、邵阳市场活力竞争力较弱，差距较为明显。另外各县在 2011—2013 年市场活力竞争力状况波动不大，大多数县在 2013 年的市场活力得分都出现了下降情况，只有霍邱、建始、莲花出现上升情况。

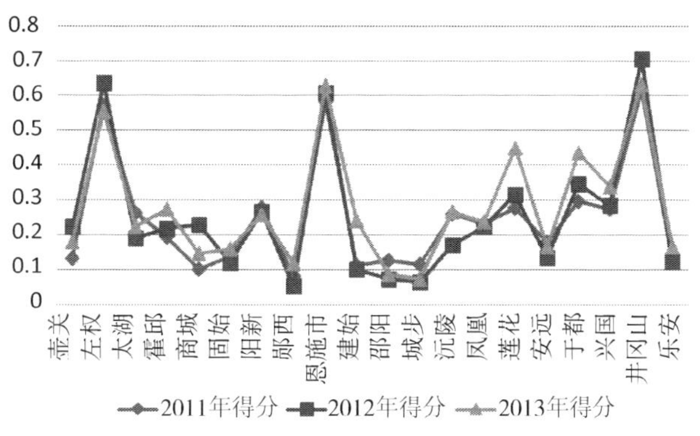


图 7-2 中部 20 个贫困地区市场活力竞争力得分折线图

#### 7.3.3.3 内生能力竞争力评价

对中部 20 个贫困地区内生能力竞争力进行 TOPSIS 评价，得到的评价结果如表 7-18 所示。

**表 7-18　中部 20 个贫困地区内生能力竞争力的得分及排名表**

| 地区 | 2011 | | 2012 | | 2013 | |
|---|---|---|---|---|---|---|
| | 得分 | 排序 | 得分 | 排序 | 得分 | 排序 |
| 壶关 | 0.3936 | 4 | 0.2562 | 6 | 0.3006 | 12 |
| 左权 | 0.7775 | 1 | 0.5099 | 3 | 0.5218 | 4 |
| 太湖 | 0.6983 | 2 | 0.6323 | 2 | 0.6882 | 1 |
| 霍邱 | 0.2381 | 7 | 0.2853 | 5 | 0.5496 | 2 |
| 商城 | 0.1911 | 11 | 0.2090 | 10 | 0.3072 | 10 |
| 固始 | 0.2020 | 9 | 0.1418 | 16 | 0.2123 | 13 |
| 阳新 | 0.0797 | 18 | 0.0769 | 20 | 0.0780 | 20 |
| 郧西 | 0.2635 | 6 | 0.2902 | 4 | 0.4040 | 6 |
| 恩施市 | 0.3215 | 5 | 0.1591 | 12 | 0.3823 | 7 |
| 建始 | 0.1654 | 14 | 0.1960 | 11 | 0.1062 | 18 |
| 邵阳 | 0.1451 | 16 | 0.2222 | 8 | 0.3473 | 8 |
| 城步 | 0.1765 | 13 | 0.1544 | 13 | 0.1163 | 17 |
| 沅陵 | 0.1891 | 12 | 0.1340 | 17 | 0.2038 | 15 |
| 凤凰 | 0.0760 | 19 | 0.1170 | 18 | 0.0994 | 19 |
| 莲花 | 0.2178 | 8 | 0.2513 | 7 | 0.4963 | 5 |
| 安远 | 0.1915 | 10 | 0.2211 | 9 | 0.3041 | 11 |
| 于都 | 0.1300 | 17 | 0.1533 | 14 | 0.2119 | 14 |
| 兴国 | 0.1646 | 15 | 0.1526 | 15 | 0.3089 | 9 |
| 井冈山 | 0.6870 | 3 | 0.7172 | 1 | 0.5373 | 3 |
| 乐安 | 0.0668 | 20 | 0.1117 | 19 | 0.1712 | 16 |

为了更直观地反映中部各县在 2011—2013 年内生能力竞争力得分变动情况，将 2011—2013 年内生能力竞争力得分用折线图进行显示，如图 7-3 所示，可以看出各县在 2011—2013 年内生能力竞争力状况波动较大，太湖、霍邱、井冈山内生能力竞争力较强，阳新、建始、凤凰、乐安等县内生能力竞争力较弱。大多数县在 2013 年的内生能力得分都出现了上升情况，只有壶关、城步出现下降情况。

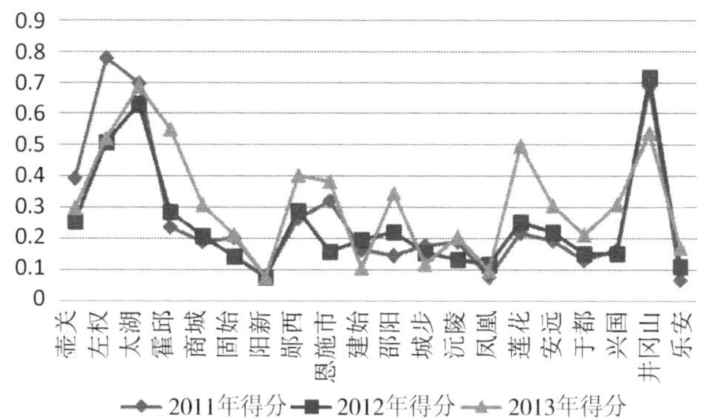


图 7-3　中部 20 个贫困地区内生能力竞争力得分折线图

#### 7.3.3.4　制度保障竞争力评价

对中部 20 个贫困地区制度保障竞争力进行 TOPSIS 评价，得到的评价结果如表 7-19 所示。

表 7-19　中部 20 个贫困地区制度保障得分及排名表

| 地区 | 2011 | | 2012 | | 2013 | |
|---|---|---|---|---|---|---|
| | 得分 | 排序 | 得分 | 排序 | 得分 | 排序 |
| 壶关 | 0.5011 | 9 | 0.3722 | 9 | 0.3189 | 9 |
| 左权 | 0.5373 | 7 | 0.3324 | 10 | 0.4218 | 8 |
| 太湖 | 0.5330 | 8 | 0.2444 | 14 | 0.2973 | 10 |
| 霍邱 | 0.2817 | 11 | 0.2625 | 13 | 0.2234 | 16 |
| 商城 | 0.1955 | 18 | 0.4250 | 8 | 0.2708 | 12 |
| 固始 | 0.2263 | 13 | 0.2692 | 11 | 0.2399 | 15 |
| 阳新 | 0.2273 | 12 | 0.1765 | 17 | 0.2476 | 14 |
| 郧西 | 0.2261 | 14 | 0.1799 | 16 | 0.1924 | 19 |
| 恩施市 | 0.2066 | 17 | 0.2129 | 15 | 0.1961 | 18 |
| 建始 | 0.2176 | 16 | 0.1261 | 20 | 0.1387 | 20 |
| 邵阳 | 0.1078 | 19 | 0.1738 | 18 | 0.2625 | 13 |
| 城步 | 0.3914 | 10 | 0.6308 | 7 | 0.6327 | 5 |
| 沅陵 | 0.0884 | 20 | 0.1491 | 19 | 0.2146 | 17 |
| 凤凰 | 0.2201 | 15 | 0.2676 | 12 | 0.2791 | 11 |

续表

| 地区 | 2011 | | 2012 | | 2013 | |
|---|---|---|---|---|---|---|
| | 得分 | 排序 | 得分 | 排序 | 得分 | 排序 |
| 莲花 | 0.7901 | 2 | 0.6951 | 4 | 0.6262 | 6 |
| 安远 | 0.8273 | 1 | 0.7735 | 3 | 0.7732 | 2 |
| 于都 | 0.6531 | 5 | 0.8047 | 2 | 0.7868 | 1 |
| 兴国 | 0.5701 | 6 | 0.6600 | 6 | 0.6797 | 4 |
| 井冈山 | 0.7080 | 3 | 0.6623 | 5 | 0.5230 | 7 |
| 乐安 | 0.6878 | 4 | 0.8898 | 1 | 0.7034 | 3 |

为了更直观地反映中部各县在2011—2013年制度保障竞争力得分变动情况，将2011—2013年制度保障竞争力得分用折线图进行显示，如图7-4所示，可以看出城步、太湖、左权以及江西省6个贫困县市的制度保障竞争力相对较强，主要得益于其在科教文化卫生等方面的投入以及扶贫制度保障方面的优势。各县在2011—2013年制度保障竞争力状况波动不大，但有较多县在2013年的制度保障得分都出现了下降情况。

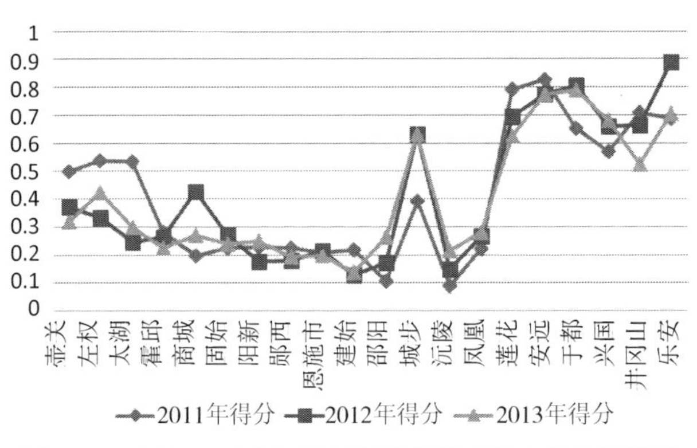


图7-4 中部20个贫困地区制度保障竞争力得分折线图

### 7.3.4 综合竞争力评价

汇总2011—2013年中部20个贫困地区经济社会发展竞争力总体得分和排名情况，从整体来看，2011—2013年井冈山地区发展竞争力高于其他19个县市，左权地区发展竞争力也稳定保持较高水平，郧西地区发展竞争力得到了大幅提升，于都、兴国地区发展竞争力都有明显的提升城步地区发展竞争力逐年降低。

从要素禀赋来看，郧西地区要素禀赋部分的排名有大幅的提高，兴国地区要素禀赋部分的排名三年来呈下降走势；从市场活力来看，霍邱地区市场活力部分的排名在 2013 年有显著的提高，其余县市则波动较小；从内生能力来看，霍邱地区内生能力部分的排名稳步提高，左权地区内生能力部分的排名则逐年下降；从制度保障来看，太湖、霍邱和郧西地区制度保障部分的排名下降显著，与之对应的凤凰、于都地区制度保障部分的排名都有着明显的提高。具体如表 7-20 所示。

表 7-20　中部 20 个贫困地区经济社会发展竞争力综合得分及排名表

| 地区 | 2011 | | 2012 | | 2013 | |
|---|---|---|---|---|---|---|
| | 得分 | 排序 | 得分 | 排序 | 得分 | 排序 |
| 壶关 | 0. 3819 | 7 | 0. 3825 | 9 | 0. 3685 | 14 |
| 左权 | 0. 5599 | 2 | 0. 5060 | 2 | 0. 5146 | 2 |
| 太湖 | 0. 4570 | 4 | 0. 4363 | 4 | 0. 4512 | 5 |
| 霍邱 | 0. 3906 | 6 | 0. 3977 | 7 | 0. 4329 | 6 |
| 商城 | 0. 3550 | 15 | 0. 4239 | 6 | 0. 3908 | 9 |
| 固始 | 0. 3724 | 9 | 0. 3736 | 11 | 0. 3846 | 11 |
| 阳新 | 0. 3670 | 11 | 0. 3451 | 16 | 0. 3482 | 18 |
| 郧西 | 0. 3161 | 19 | 0. 3095 | 20 | 0. 3795 | 12 |
| 恩施市 | 0. 4700 | 3 | 0. 4499 | 3 | 0. 4723 | 4 |
| 建始 | 0. 3401 | 17 | 0. 3393 | 18 | 0. 3480 | 19 |
| 邵阳 | 0. 2810 | 20 | 0. 3124 | 19 | 0. 3529 | 17 |
| 城步 | 0. 3642 | 13 | 0. 3583 | 15 | 0. 3299 | 20 |
| 沅陵 | 0. 3694 | 10 | 0. 3409 | 17 | 0. 3778 | 13 |
| 凤凰 | 0. 3538 | 16 | 0. 3817 | 10 | 0. 3670 | 15 |
| 莲花 | 0. 4288 | 5 | 0. 4316 | 5 | 0. 4841 | 3 |
| 安远 | 0. 3738 | 8 | 0. 3695 | 12 | 0. 3865 | 10 |
| 于都 | 0. 3653 | 12 | 0. 3932 | 8 | 0. 4216 | 7 |
| 兴国 | 0. 3601 | 14 | 0. 3665 | 13 | 0. 3951 | 8 |
| 井冈山 | 0. 5873 | 1 | 0. 6107 | 1 | 0. 5565 | 1 |
| 乐安 | 0. 3242 | 18 | 0. 3645 | 14 | 0. 3646 | 16 |

为了更直观地反映中部各县在2011—2013年综合得分变动情况，将2011—2013年综合得分用折线图进行显示，如图7-5所示。可以看出各县在2011—2013年综合能力状况波动不大，较为稳定。中部20个贫困地区综合竞争力普遍不高且相差不大。井冈山市和左权县名列前茅，建始、城步、乐安县排名较为靠后，这与我们实地调查的情况相符。井冈山主要是旅游经济且具有名牌效应，对整个地区和居民有带动和辐射作用，有机场坐落，火车直达，交通便利，为其整个经济的发展奠定基础。左权县以煤炭企业为主导，在国家对资源开发限制的条件下，政府积极谋划，从2009年开始实现了逆势增长。发展较弱的县都面临山区经济、产业薄弱、交通不便等共同的情况，需要在这些方面针对性地进行发展。

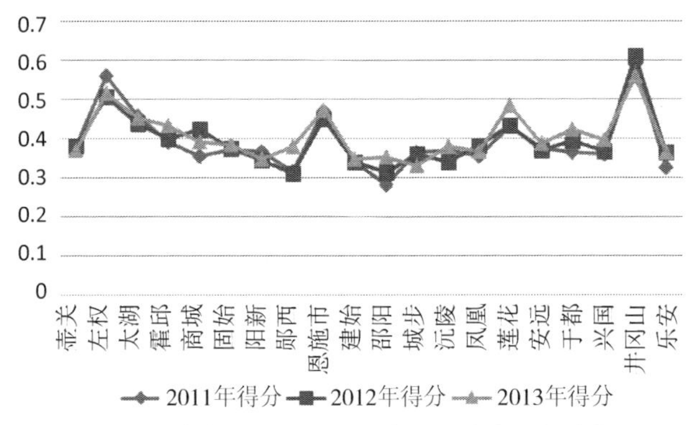


**图7-5　中部20个贫困地区经济社会发展竞争力综合得分折线图**

根据各贫困地区综合竞争力的得分，把20个贫困县的综合竞争力分为三个档次，具体为：

第一档次：综合竞争力得分大于0.5，属于综合竞争力较强的贫困县(市)。井冈山市和左权县2011—2013年的综合竞争力得分都在0.5分以上，位居前两位。井冈山市的禀赋基础和市场活力三年都排在第一名，表明其经济竞争力水平较高，内生能力三年都排在前三名，制度保障方面三年都在前7名，说明还有进步的空间。左权县禀赋基础三年得分都在第二名，从原始数据来看，主要得益于其较高的人均财政收入、城镇居民可支配收入、人均GDP，当然较高的环保支出也为其拉分不少。左权的市场活力和内生能力三年都在前4名，竞争力较强，制度保障方面三年分别排在第7、第10和第8名，表明还有改进的空间。

第二档次：综合竞争力得分在0.4~0.5，属于综合竞争力中等的贫困县(市)，恩施市、太湖、霍邱、商城、莲花和于都6县市属于这一类。进一步分析发现，恩施市在市场活力和禀赋基础方面具有优势，但在内生能力和制度保障方面，特别是制度保障方面落后较多，需要科教文卫医疗、社会福利和扶贫制度等方面改进。太湖县三年的内生能力得分都在前两名，主要因为其在每万人接受中等职业教育人数、科技创新、贫困人口减少速度方面有优势；但其在禀赋基础、市场活力和制度保障方面处于中等靠后水平，需要在这三方面加强努力。霍邱县与太湖县相似，内生能力方面发展较好，三年都在前7位；同样需要更加关注禀赋基础、市场活力和制度保障三方面的发展。商城县禀赋基础相对较好，排在前10位，与2011年相比，市场活力、内生能力和制度保障方面都有较大的进步，但仍需要加强这三方面的发展。莲花县三年的禀赋基础、市场活力、内生能力和制度保障方面得分排名较为稳定，都在8名以内，可以综合推进以提升竞争力。于都县2013年综合竞争力得分在0.4以上，比前两年有了显著的提升，其有优势的是市场活力和制度保障竞争力，但须加强禀赋基础和内生能力方面的建设。

第三档次：综合竞争力得分基本都在0.3~0.4之间，属于综合竞争力偏弱的贫困县，壶关、固始、阳新、郧西、建始、邵阳、城步、沅陵、凤凰、安远、兴国、乐安属于这一档次。壶关县2013年综合竞争力得分排序比2011年和2012年有明显降低，在禀赋基础、市场活力、内生能力和制度保障方面都处于中等水平，优势不明显。固始县禀赋基础相对较好，但禀赋基础、市场活力、内生能力和制度保障方面都处于中等偏后的水平，需要加强这三方面的发展提高综合竞争力。阳新县综合竞争力排名2013年比2011年有明显的下降，虽然市场活力方面有一定的优势，但内生能力排在最后，制度保障方面不具优势，影响了其综合竞争力排名。郧西县2013年综合竞争力排名有了明显的提升，主要得益于禀赋基础竞争力的大幅提升，内生能力有一定的优势，但市场活力和制度保障竞争力还有较大的提升空间。建始县综合竞争力排名都较为落后，市场活力竞争力有了较大的提升，且禀赋基础竞争力处于中等偏上地位，但在内生能力和制度保障方面的竞争力还需要加倍努力改进。邵阳县综合竞争力排名也都靠后，内生能力竞争力有一定的提升，但禀赋基础、市场活力、和制度保障三方面是其薄弱之处。城步县综合竞争力2013年有一定的下降，制度保障方面有一定的优势，但在禀赋基础、市场活力和内生能力方面都较为落后。沅陵县综合竞争力排名三年内有较大的波动，不稳定，禀赋基础有一定的优势，但在市场活力、内生能力和制度保障方面竞争力不强。凤凰县在禀赋基础和市场活力竞争力处于中等位置，但内生能力和制度保障竞争力较弱，需要加强自我发展能力的提升。安远县制度保障具有明显的优势，但在禀赋基础和市场活力方面较弱，可见还需加强经济建设。兴国县综合竞争力在2013年有了较大的提升，在市场活力和制度保障方面具有一定的优势，但禀赋基础和内生能力竞争力还亟待提升。乐安县综合竞争力三年都较为靠后，虽然在制度保障方面具有优势，但在禀赋基础、市场活力和内生能力方面竞争力偏弱，还需要加强经济建设，提高老百姓收入，注重内生能力的培育。

### 7.3.5 主要结论

结论 1：中部贫困地区经济社会发展竞争力相比于综合实力，在排名上有重大变化。如井冈山市和左权县综合实力在 20 个贫困县中处于中等位置，但综合竞争力却提升到了前两位，霍邱、固始、阳新的综合实力名列前茅，但综合竞争力却较为乏力。这与理论上综合实力与综合竞争力关系的论述相符合。进行中部贫困地区综合实力的评价，着重于现实状态，即中部贫困地区当前经济社会发展水平的高低，而竞争力不仅着眼于中部贫困地区发展现实，更强调其发展潜力及增长后劲。

结论 2：静态上，中部贫困地区经济社会发展综合竞争力相差不大且普遍不高。虽然在禀赋基础、市场活力、内生能力和制度保障某一构成要素竞争力上各贫困地区有一定的差距，但各贫困地区在四个构成要素上基本是参差不齐的情况，所以综合竞争力反而呈现均衡状态。

结论 3：动态上，中部贫困地区经济社会发展竞争力排名三年内整体变动不大，个别县有较大的调整。商城县和郧西县上升显著，商城县主要归因于市场活力和制度保障竞争大幅提升，郧西县主要得益于禀赋基础竞争力的大幅提升。壶关县下降明显，主要由于内生能力不足和禀赋基础的下降。

结论 4：总体上，中部贫困地区经济社会发展竞争力处于较低的阶段，与前文论述相应证。2011 年 20 个贫困地区综合竞争力平均得分为 0.390895，2012 年为 0.394655，2013 年为 0.40633，虽然三年的综合竞争力都在提高，但都处于 0.2~0.4 较低的阶段，当然在向一般阶段（0.4~0.6）靠近，这与本书第 5 章中部贫困地区经济社会发展竞争力的阶段定位相应证，处于竞争力的初级阶段。

结论 5：中部贫困地区经济社会发展竞争力由禀赋基础、市场活力、内生能力和制度保障四方面共同决定，不存在某一构成要素竞争力起到决定性作用。井冈山市竞争力最强，归因于其在禀赋基础、市场活力、内生能力和制度保障四方面都表现出色，乐安和城步县在制度保障方面较为有优势，但在禀赋基础、市场活力、内生能力都表现落后，结果综合竞争力也处于较弱状态。因此，要提升综合竞争力，必须要经济社会各方面全面发展。

结论 6：禀赋基础、市场活力、内生能力和制度保障四方面对中部贫困地区综合竞争力的影响有大小之分，具体为：市场活力>禀赋基础>内生能力>制度保障。市场活力中开放程度影响最大，禀赋基础上经济水平影响最大，内生能力中科技创新影响最大，制度保障中在制度扶贫影响最大。可见，中部贫困地区要提高综合竞争力，扩大对外开放、增强经济实力，加强科技创新发展，切实履行国家扶贫制度解决贫困问题，是其关键点。

结论 7：中部贫困地区共同的优势指标是劳动力占总人口的比重、森林覆盖率、义务教育巩固率、新农合参合率等，如何利用、延续、以及给予相应的政策支持，是能维持综合竞争力的重要因素。

结论 8：中部贫困地区共同的劣势指标是人均地方一般预算财政收入、人均 GDP、城镇化率、环保支出占 GDP 比重、贫困人口比例、实际利用外资、人均固定资产投资额、人均金融机构贷款余额、每万人接受职业教育的人数、贫困人口人均纯收入增长速度等指标，这些都是提升综合竞争力要关注的重点。

## 7.4　本章小结

本章主要是采用了两层评价法对中部贫困地区经济社会发展竞争力进行系统评价研究，首先对 130 个中部贫困老区的综合实力进行了比较评价，并进行了分省聚类。其次，在上述分析的基础上，分别从综合实力的好、中、差三个等级共选择了 20 个贫困县（市）进行经济社会发展综合竞争力的评价，以 2011—2013 年的面板数据为基础，对 20 个中部贫困地区经济社会发展竞争力进行了动静态的比较评价和分析。最后，进行综合评价，并将 20 个县进行分类比较分析，并形成相关结论。

# 第 8 章　提升中部贫困地区经济社会发展竞争力的对策研究

前章中部贫困地区经济社会发展竞争力评价的实证分析，虽然只选取 20 个贫困地区作为评价的对象，但这些贫困地区具有广泛的代表性，因此评价的主要结论对于所有的中部贫困地区提升综合竞争力具有重要的启示作用。本章基于评价结果、贫困地区发展环境、条件及国内外经验借鉴等研究，从管理学和法学二元视角提出提升中部贫困地区经济社会发展竞争力的对策。

## 8.1　提升中部贫困地区经济社会发展竞争力的管理对策

实证分析可以发现，整体综合竞争力分别排名第一和第二的井冈山市和左权县在禀赋基础竞争力方面连续三年都分别排在第一和第二名。关键得益于其经济水平得分较高。结合发展的实际可以发现，井冈山和左权都有自己的特色产业，而且是跟自身的禀赋基础相适应的，井冈山的利用自身的红色资源以及环境资源（其中森林覆盖率达近 79%）发展旅游业，左权依据自身的自然资源的优势进行资源开发。这些地区要实现进一步的发展，首先需要保护好现有的特色产业，并且在此基础上做品牌、保证质量，形成产业集群。整体综合竞争力排名靠后的城步和乐安等县，其禀赋基础竞争力得分都较低，比如乐安县是山多林富的地区，但未形成以此为基础的特色产业集群。城步作为全国 5 个苗族自治县之一，和其他民族地区一样有着非常丰富的民族民俗文化资源，但民俗文化产业并没有成为其支柱产业，更没有形成像井冈山那样形成名牌，限制了经济水平的提高。因此，综合竞争力弱的地区都应该积极学习其他地区的经验，在特色产业上注重挖掘和培育，进一步增强自身的经济实力。

资源丰富是中部贫困地区的共同优势，但由于国家发展中特殊的功能定位，这些资源的维护反而增加了财政的负担，使本来就资金缺乏的贫困地区难有大发展提升，因此，更需要国家政策的支持。

市场活力竞争力中各贫困地区差距较为明显的是开放程度和投入能力两

方面，如井冈山开放程度最高得分为 0.68，而最低得分的邵阳仅为 0.007，壶关县也只有 0.03；左权投入能力最高得分 0.99，而最低得分的霍邱得分仅为 0.01，固始也只有 0.02，这使得在经济水平得分较好的霍邱和固始县在综合竞争力上得分不高。

仔细分析发现，井冈山开放程度高主要表现为人均社会消费品零售总额、移动电话普及率和互联网普及率高，邵阳开放程度较低主要体现为移动电话普及率和互联网普及率低，壶关县开放程度低主要因为其实际利用外资额特别低。对外开放一直是我国的重大举措，贫困地区发展也不能脱离这个社会大背景，对外开放能起到吸收外资、引进技术、发展生产、推进经济体制改革的重大作用。在全球信息化时代，对外开放需要信息基础建行的保障。

左权投入能力竞争力强主要在于固定资产投资额得分最高，相反，霍邱和固始在此得分较低，固定资产投资作为拉动经济增长的“三驾马车”之一，对于贫困地区的发展来说非常重要。对处于发展竞争力处于初级阶段的贫困地区来说，基础设施建设方面的投资更为重要，能为经济社会发展奠定基础。

内生能力得分前列的地区为太湖、井冈山，太湖主要因为其在每万人接受中等职业教育人数、科技创新、贫困人口减少速度方面有优势，这些优势带动了其综合竞争力的排序，排在第 4 位；井冈山则主要因为其减贫潜力的优势，但其在人力资本和科技创新方面却较为落后，这也使得井冈山虽然综合竞争力排在第一位，但与其他贫困地区相差却不大。其他贫困地区在人力资本、科技创新和减贫潜力上差别不大，且差距呈逐年缩小姿势。可见，对于内生能力竞争力而言，人力资本、科技创新和减贫潜力都有相当般程度上的影响，三方面都应当受到重视。

制度保障是对中部贫困地区公共服务、社会稳定和扶贫制度实施的综合考察，评价结果可以看出城步、太湖、左权以及江西省 6 个贫困县市特别是乐安和安远县的制度保障竞争力相对较强，主要得益于其在科教文化卫生等公共服务方面的投入以及扶贫制度保障方面的优势。中部贫困地区综合竞争力都较弱，虽然有为人民服务的决心，但“巧妇难为无米之炊”，在经济实力不强的情况下也难以持续，实证分析显示有较多县在 2013 年的制度保障得分都出现了下降情况，这就是例证。制度保障主要通过法律来予以实现，后文中详述。

综合实证分析的评价结果，结合实地调研情况，提出提升中部贫困地区经济社会发展竞争力的以下管理对策。

### 8.1.1　明确政府责任，强化统筹职能

波特的“钻石模型”认为，政府的公共物品供给和产业政策的合理制定

对产业竞争力的提升有重要作用。世界经济论坛也将政府的作用作为评价一个国家或地区竞争力的维度。政府的作用一方面体现为营造良好的经济环境（交通通信等基础条件）、政治环境、社会环境、市场环境等；另一方面制定合理的产业政策，产业政策包括产业结构政策、产业组织政策、产业布局政策和产业技术政策。产业政策制定的好并得到贯彻，可以加快经济发展，提高经济效益，但制定的不当也会带来损失和破坏。

因此，为了提升本区域经济社会发展竞争力，这就要求本地区的地方政府应该根据中央相关政策，妥善协商，广泛吸纳民智，商讨制定《县域中长远发展规划》。这一规划应涵盖本地区未来发展的基本方面，包括基础设施、教育卫生社保、城市化、产业发展、人口与资源环境等，其中基础设施建设规划是重点，产业结构和产业布局是关键。规划的制定应充分考虑到本地区居民的民意诉求，综合各方面的要素与条件，应包含具体开发阶段的设计，分期建设，不能一蹴而就。

### 8.1.2 扶持符合地区禀赋的特色产业，增强经济实力

特色产业是一个区域在长期的发展过程中所积淀、成型的一种或几种特有的资源、文化、技术、管理、环境、人才等方面的优势，从而形成的具有国际、国内或地区特色的具有核心市场竞争力的产业或产业集群。实践证明，凡是选好并培育出独具优势的特色产业的地区，就会形成特有的竞争优势、经济优势。如云南的烟草业，义乌的小商品产业等。反之，凡是未能培育出特色产业的地区，只是跟着别人转，一直处于被动局面，则因缺乏核心竞争力经济发展平平，市场竞争能力低。

特色产业是具有比较优势的产业，是有市场竞争力的产业。利用比较优势，发展特色产业已逐渐成了人们的共识，但发展什么样的特色产业呢？这就涉及特色产业的选择问题。特色产业的选择因资源禀赋、时空条件等不同而不同，现有的经济理论都倾向于比较优势的选择。中部贫困地区的比较优势主要在于自然资源禀赋和数量较大的劳动力资源，当然还有红色文化资源，其优势产业就应该资源密集度和劳动力密集度相对较高的产业，加上红色文化产业。当然，在具体选择上可以多样化，多思路着手，拓展空间，放眼世界。具有参考意义的模式有：

其一，利用本地资源，遴选特色。首先要看到现已成型的产业。对已成型的特色，要根据市场的需求使之扩规模、上水平，做大做强，形成产业集群。有的产业，许多地方皆有，特色并不明显，但由于做大、做强了，便会以特有的优势形成竞争力。如河南栾川县，着力打造钼、钨、铅、锌、金资源的深加

工和综合利用，形成了钼、钨矿产开采—选矿—产品精深加工（钼化工、钼钨制品）—回收产业化为主的完整产业链，培养了一批龙头企业，提升了产品竞争力，增强了县域经济发展的能力。栾川县还利用境内的自然景观和人文景观资源，大力发展旅游产业，形成了“政府主导、部门联动、市场化运作、产业化发展”的“栾川模式”，被国家旅游局定义为贫困山区发展旅游业的成功范例。其次是选择目前尚为弱小，但市场前景好的特色产业。有的特色产品，由于时空差异、消费水平等的限制，在发展的初期难于上规模，但随着各方面条件的成熟，会逐步展现出它的前景。如生态产品，其发展前景可以期待。

其二，利用人文资源，创造特色。人文资源一般都具有地方特色。依托本地的人文资源，尝试创造新的产品并外销。这些产品科技含量不高，但却凝集了传统的经验、制作工艺，它以成本低，市场大特点弘扬传统特色产业。对于中部革命老区而言，主要是对传统文化、传统特色的弘扬，较多的中部革命老区（贫困县）是少数民族聚居的地方，民族特色明显，加上红色文化的映衬，利用现代科技手段，形成品牌，可以引导市场的消费。如井冈山依靠红色文化发展旅游业，2012年三产比为9.6：37.3：53.1，品牌效应促进经济发展；湖南隆回县有“现代民间绘画之乡”美称，具有地方特色的纸文化，滩头年画、香粉纸、色纸被誉为“隆回三绝”，地方特色促经济发展。

其三，利用区位、机遇构建特色。在特色产业的选择中，不仅要看到有形的物质资源，也要看到无形的机遇，看到区位优势隐藏的潜在价值。只要利用好这些资源，甚至可以化劣势为优势，创造出特色产品，如湖南吉首市利用区位、生态景观资源、苗族文化风情优势，发展物流服务和旅游业，效果显著。机遇是一个时间范畴的概念，由多种因素促成，每个区域都应该善于把握，形成新的产业、新的经济增长点。

此外，中部贫困地区发展特色产业的同时，需要注重建立产业集群，不仅有专业的产品而且形成规模化的产业形势，实现品种特色化、基地规模化、生产标准化、经营产业化、投入科学化的发展态势。发展特色产业的同时不断开发新的品种和适应市场的新产品，增加科技含量，实现研发—种植—加工—销售一条龙，形成产业链。此间应重视中介流通组织作用，为农户提供生产、加工储藏、运输、销售、信息沟通等服务。

### 8.1.3　扩大对外开放，积极融入特色经济圈

宏观层面看，全国区域协调发展格局的逐步形成、全国总体上城乡规划统筹政策措施的实施，以及国家扶贫开发力度的增强，都为中部贫困地区的发展提供了难得的机遇（见表8-1）。

**表 8-1　中部贫困地区的发展机遇**

| 片区 | 样本省 | 发展条件 |
|---|---|---|
| 罗霄山区 | 江西<br>湖南 | 位于长江经济带<br>罗霄山片区集中连片扶贫开发攻坚战主战场<br>区域连接鄱阳湖生态经济区、环长株潭城市群和海峡西岸经济区，邻近珠江三角洲及长江三角洲地区，是内地连接粤港澳与厦漳泉地区的重要通道，直接面向广东、福建等东南沿海地区消费市场，有较多的合作机会，具有承接产业转移的明显区位优势 |
| 大别山区 | 安徽<br>河南<br>湖北 | 安徽、湖北位于长江经济带<br>大别山片区集中连片扶贫开发攻坚战主战场<br>地处中原经济区、皖江城市带和武汉城市圈交汇带，是承东启西、贯通南北的战略要地，近邻长三角，与珠三角和环渤海地区联系紧密，处于承接沿海地区产业转移的前沿。加强道路交通建设，有条件进一步融入国内、国际市场 |
| 武陵山区 | 湖北<br>湖南 | 位于长江经济带<br>武陵山片区集中连片扶贫开发攻坚战主战场<br>加强道路建设，能加强与长三角地区、成渝经济区、长株潭城市群、武汉城市圈等周边重要城市及重点经济区的经济联系 |
| 秦巴山区 | 河南<br>湖北 | 湖北位于长江经济带<br>秦巴山区集中连片扶贫开发攻坚战主战场<br>成渝经济区、武汉城市圈、中原经济区的快速发展为片区提供了良好的周边环境 |
| 太行——吕梁山区 | 山西 | 燕山——太行山片区、吕梁山片区集中连片扶贫开发攻坚战主战场<br>处于战略性的“中介区位”，具有位居中部、通南达北、联东接西的有利条件；具有运距优势、邻近优势、成本优势、产业基础优势等 |

2014 年 9 月 25 日，国务院发布《国务院关于依托黄金水道推动长江经济带发展的指导意见》（国发〔2014〕39 号），指出要依托黄金水道推动长江经济带发展，长江经济带覆盖上海、江苏、浙江、安徽、江西、湖北、湖南、重庆、四川、云南、贵州 11 省市，这为安徽、江西、湖北、湖南四省的发展带来了新的机遇。同时根据《中国农村扶贫开发纲要（2011—2020 年）》精神，按照“集中连片、突出重点、全国统筹、区划完整”的原则，以 2007—2009 年 3 年的人均县域国内生产总值、人均县域财政一般预算收入、县域农

民人均纯收入等与贫困程度高度相关的指标为基本依据，考虑对革命老区、民族地区、边疆地区加大扶持力度的要求，国家在全国共划分了11个集中连片特殊困难地区，其中罗霄山区、大别山区、武陵山区、秦巴山区、太行——吕梁山区就涵盖了中部贫困地区大部分的县市，他们都是国家扶贫攻坚的主战场。中部贫困地区应该抓住这些机遇，精准定位，加强对外交流，促进区域合作，积极融入特色经济圈，为提升自身竞争力创造条件。

### 8.1.4　确保基础先行，强化支持能力

中部贫困地区当前最突出的问题之一就是基础设施方面的巨大缺口，道路交通、水利设施、电力通信等方面都亟待完善。所以，要提升自身的竞争力必须着重强调基础先行战略，加大投入，要将基础设施和基础事业的发展放在第一位，优先安排资源、优先进行规划、优先予以建设。只有大力发展了基础设施和基础事业，贫困地区的发展才能找到一个有效的支持点。

在公路建设方面除了完善和保护好既有的高速公路以及国道之外，可以规划投入建设若干条中部贫困地区县市之间的重要公路，如江西、湖北、河南、安徽、湖南、山西省内多个革命老区县市东西纵向的高速公路、以及跨省集中连片革命老区之间的高速公路。通过这些高速公路可以加大贫困革命老区县市之间的联系，促进革命老区县共同快速发展。

本县市乡镇和村级公路建设方面，结合“村村通”工程，实现行政村外接公路改造和硬化，全面改造提升贫困地区的公路等级和通达程度。抓好组与组之间路网建设，修通进自然村的机耕道。考虑到本地区属于山区的特殊情况，与其他地方乡村道路修建预算相比应该酌情提高比重，给予更大的支持，避免由于投入不足而导致不能落实，或者半拉子工程的问题。

水利设施网络建设方面，针对贫困地区水利设施网络严重老化和破损以及不足的问题，应该加大投入，建设更加先进和科学的水利设施网络。此外，还应该进一步加大在电力信讯方面的投入和建设。要进行农网改造，建设稳定可靠的电力保障体系，尤其是一些偏僻的乡村，人口分散、地形复杂，所以必须有针对性地、脚踏实地地改进电力设备、补足通信网络缺口。

### 8.1.5　针对性培育人力资源，提高“造血功能”

第一，培育人力资源，提高劳动者素质。基础教育方面，应该加大投入，力争在一定时期内达到国家规定的标准。投入一定的资金改善幼儿教育，争取每个乡镇都有一所公立的达标幼儿园；改善小学教育条件，本着就近入学和节约资源的双原则，保证每个孩子都能够安全、便利的上学；针对个别偏

远山村的孩子入学难的问题，应该建立教师扶助激励机制，鼓励大学生轮流帮扶和支教，或者建立专项基金，支持其转入中心学校就读，并妥善解决其生活问题；投入一定资金改善初中教育条件，尽快促成其达标；争取逐步实行高中阶段义务教育，普及高中教育，惠及更多的老区人民。职业教育应该有合理的布局，根据其人口规模，规划恰当的职业学校，让孩子们能够优惠地、便利地进入职业学校学习，培养有用的谋生技能。

第二，推进医疗卫生体系标准建设，保障人民身体健康。因病返贫是贫困的重要原因之一，这也是贫困的共性。人是地区发展的根本，没有健康的群众，便没有可持久的发展。然而，贫困地区医疗卫生条件都较为落后，针对农村医疗卫生条件落后、设备不足、人才缺乏等突出问题，应严格遵循国家制定的相关标准，大力实行标准化建设，让每个医院、卫生院和卫生所都能够健全和标准化。整合国家卫生事业专项财政转移支付资金，并按照标准予以提高投入比例，标准化、一对一的投入、建设和验收。力争贫困地区村村有合格的卫生所（室），主要传染病和地方病得到有效控制。尽最大努力保障人民身体健康。

第三，大力孵化地方性人才，适应地区发展。针对本地区人才缺乏的问题，除了建立激励措施，大力吸纳外来人才以外，还应该健全人才的内部生长机制。也就是说，必须在本地区建立能够培养适应本地区发展的适应性人才的机构，保证教育、医疗和技术等方面的地方性人才源源不断的供给。针对贫困地区基础教育人才缺乏现象，可以以本地师范学院为基础，联络外围高校，建立区域性教育人才培养网络；针对严重缺乏医疗卫生人才的现象，尤其是在乡镇卫生院和村卫生所，以本地区医学院为基础，建立区域性医疗卫生人才培养网络；针对本地区管理人才和技术人才缺乏的问题，应该建立区域性管理人才和技术人才培养中心，与知名高校和专业性管理人才与技术人才培养机构合作，大力培养更多的优秀的管理人才和专业技术人才；针对待遇低、环境不好，留不住人才的现象，需要建立相应的人才组织与管理机构，制定专门的制度，成立专项人才基金，为各级人才的工作和生活提供适当的和需要的服务。

### 8.1.6 落实生态补偿扶贫，协调区域发展

长期以来，贫困地区在国家发展中实际承担了“生态保障”“资源储备”和“风景建设”的角色，是“贫困的生态系统服务提供者”。相当一部分贫困地区的农民实际上成了生态民，生态农民的主要任务不是发展农业经济，而是保护和恢复生态环境（见表8-2）。

表8-2　中部贫困地区主体功能区规划下的功能定位与发展方向

| | | |
|---|---|---|
| 重点开发区 | 县（市） | 赣县、上饶、吉安、恩施市、兰考、固始 |
| | 功能定位 | 全省经济的重要增长极，对外开放的重要门户，承接产业转移的重点区域，先进制造业和现代服务业基地 |
| | 发展方向 | 大力发展新兴产业，运用高新技术改造传统产业，加快发展服务业，促进产业集群发展 |
| 限制开发区域（农产品主产区） | 县（市） | 宁都、于都，兴国、会昌、乐安、余干、阳新、蕲春、汝阳、宜阳、洛宁、鲁山、封丘、范县、台前、南召、民权、宁陵、睢县、淮阳、确山、上蔡、滑县、隆回、邵阳、平江、砀山、萧县、灵璧、泗县、霍邱、舒城、寿县、宿松、阳高、天镇、广灵、浑源、武乡、代县 |
| | 功能定位 | 保障粮食等农产品供给安全的重要区域，以提供农产品为主，重要的商品粮生产基地、绿色食品生产基地、畜牧业生产基地和农产品深加工区。农民安居乐业的美好家园，社会主义新农村建设的示范区 |
| | 发展方向 | 在资源环境允许范围内，因地制宜发展现代农业、生态农业、循环农业，支持发展农产品深加工和第三产业 |
| 限制开发区域（重点生态功能区） | 县（市） | 上犹、安远、寻乌、井冈山、莲花、修水、横峰，遂川、万安、永新、广昌、大悟、孝昌、红安、麻城、罗田、英山、竹溪、竹山、房县、丹江口、神农架林区、郧西、郧县、利川、咸丰、来凤、宣恩、鹤峰、建始、秭归、巴东、长阳、商城、新县、卢氏、栾川、桐柏、嵩县、光山、桑植、泸溪、凤凰、花垣、龙山、永顺、古丈、保靖、新田、桂东、汝城、沅陵、江华、新华、安化、通道、城步、金寨、岳西、太湖、潜山、石台、河曲、保德、偏关、五寨、岢岚、神池、兴县、临县、中阳、石楼、大宁、吉县、永和、隰县、汾西、娄烦、灵丘、宁武、静乐、繁峙、五台、方山、岚县、左权、平顺、壶关、右玉、平陆、和顺 |
| | 功能定位 | 全省乃至全国的生态安全屏障，重要的水源涵养区、生物多样性维护区和生态旅游示范区，人与自然和谐相处的示范区 |
| | 发展方向 | 秉持保护优先、适度开发原则，在不损害生态环境和严格控制开发强度前提下，因地制宜发展资源开采、旅游、农林副产品生产加工等产业，建设生态旅游基地、特色农林产品生产基地 |

为此，基于公平和谐发展的精神，本书提出了生态补偿式扶贫这一概念，生态补偿式扶贫应该是我国扶贫模式的新兴的、重要的组成部分。其具体内涵是指，对贫困的生态系统服务提供者，运用生态补偿机制帮助其发展生产，改变穷困面貌，在促进人与自然和谐的同时实现贫困地区的可持续发展。生态补偿对于扶贫解困是行之有效的新手段、新途径。

对于贫困地区的生态补偿，综合来看，其内容构成主要包括以下五方面：

第一，贫困地区发展机会的补偿。贫困地区为了地区以外（甚至全国）或河流中下游的生态环境安全，在主体功能区规划中，大部分贫困地区都被定为限制开发区或禁止开发区。发展方向为秉持保护优先、适度开发原则，在不损害生态环境和严格控制开发强度前提下，因地制宜发展资源开采、旅游、农林副产品生产加工等产业。虽然绿色和特色农业、生态旅游能带来一定的经济利益。但是产业的发展告诉我们，“无工不富”是一个普遍规律。农业，包括高新技术武装下的现代农业，毕竟是一个低收入的产业，靠农业为主致富、变强，成为经济发达的县在这里几乎没有，凡是第一产业占GDP30%~40%及以上的山区县，几乎都是穷县。因此，对于这些牺牲了发展权而换取其他地区乃至全国生态安全的贫困地区，由受益者来给以补偿是应该的。

第二，自然保护区等禁止开发区域的补偿。较多贫困地区都含有多个自然保护区、文化自然遗产、风景名胜区、森林公园、地质公园、水产种质资源保护区、重要湿地（湿地公园）等，属于禁止开发区域。虽然在主体功能区规划中被确定为禁止开发区域，但如自然保护区中依然有不少居民，他们的生产、生活、生存受到了极大限制；同时这些自然保护区的维护、管理需要大量的资金投入。当前普遍存在的问题是管理、维护资金严重不足，居民贫困。如对我国85个自然保护区的调查（1999年）发现，其中46个国家级自然保护区平均得到的经费是113.1美元/平方公里[1]，相当于国际平均投入水平的12.7%，发达国家平均投入水平的5.5%，可见，我国投入水平远远落后。因此，为了缓解居民贫困和自然保护区管理经费紧张的局面，应该给予适当的生态补偿，确保自然保护区等功能的发挥。

第三，贫困地区资源价值的补偿。长期以来，贫困地区为全国提供了大量的稀缺资源，包括矿产、木材、水资源、山特农产品、林产品等山区资源，大都以无价或低价贡献给了全国，而贫困地区自己却承担了生态损失、环境破坏和生产成本等，因此在经济发展落后同时，又蒙受了资源损失和生态环

[1] 蒋姮．自然保护地参与式生态补偿机制研究［M］．北京：法律出版社，2012：3.

境的代价。因此，对于贫困地区所提供的各种资源，尤其是稀缺资源，应以资源税的形式反馈给贫困地区，以弥补其资源价值的损失。用于对贫困地区资源环境的修复、整治和重建。

第四，生态移民的补偿。我国贫困地区，特别是山区中不少居民居住在生态环境脆弱区、敏感区或自然灾害频发的区域，为了生当地区民大多进行资源的粗放型开发，如刀耕火种、陡坡垦殖、以柴为薪等，导致环境退化、水土流失、生物多样性丧失等，而带来环境破坏的同时当地居民的生活条件依然没有得到改善，许多人仍处于贫困地带。因此，需要将这些地区的人口，搬离原来的居住地，在另外的地方定居并重建家园。一是可以减轻人类对原本脆弱的生态环境的继续破坏，使生态系统得以恢复和重建；二是可以通过异地开发，逐步改善贫困人口的生存状态；三是减小自然保护区的人口压力，使自然景观、自然生态和生物多样性得到有效保护。生态移民不仅仅是当地人的事情，是关系全体国民的大事，应将其列入生态补偿的范畴加以实施。

要落实生态补偿式扶贫，需要国家主要应加强顶层设计、制度安排。尽快出台《生态补偿条例》，并注重对贫困地区的生态补偿。《生态补偿条例》草案框架稿第四条规定了生态补偿的原则，其中有一条就是“确定补偿地区原则，即与主体功能区区划、区域协调发展相结合”，有学者指出这里主要强调了“东部对西部地区的补偿”❶，本书认为学理解释应该更宽泛，不仅要强调东部对的补偿，更应强调发达地区对贫困地区的补偿。因为贫困地区在空间布局上有着显著的空间重叠特性，往往与生态脆弱地区、与主体功能区格局下的限制和禁止开发区域、与资源富集地区高度重叠。贫困地区健康稳定发展对实现区域协调发展具有重要的意义。

## 8.2　提升中部贫困地区经济社会发展竞争力的法律对策

提升区域竞争力本是管理学的范畴，但正如《公共行政学：管理、政治和法律的途径》❷ 这一公共行政管理领域的经典著作中指出，“法律将继续为公共行政之核心议题”“大多数行政实践和行政行为必须依据宪法的权利与主张，并对此负责。公共行政更加关注正当法律程序和平等保护”。法律途径的

❶ 王尔德．《生态补偿条例》草案成型，湿地、生态功能区初入补偿［N］．低碳周刊，2010-11-2.

❷ ［美］戴维·H. 罗森布鲁姆，罗伯特·S. 克拉夫丘克．公共行政学：管理、政治和法律的途径［M］．五版．张成福，等，译．北京：中国人民大学出版社，2002：593-594.

公共行政强调法治，关注的焦点在于个体权利的本质，较少关注保护这些权利的社会成本。提升中部贫困地区经济社会发展竞争力的法律对策就是要用法治的思维来缓解贫困，做到依法治贫，法治扶贫。

### 8.2.1 法治化对促进中部贫困地区经济社会发展的重要性

上文论述中，可见中部贫困地区经济社会发展的制度保障竞争力是其非常重要的一方面，包括了公共服务、社会稳定和制度扶贫三方面，这些都需要法律长期稳定的保障。

反贫困斗争的长期性需要有关法律的稳定性保障。中国政府一直致力于解决贫困问题，采取了一系列的政策，但在长期的反贫困斗争实践中，缺乏法律制度支撑的弊端逐渐显露，最突出的问题是扶贫资金的缺乏。尽管先前长期的扶贫政策支持下，中部贫困地区特殊困难群体已经逐年减少，农村社会保障制度也在逐步完善，但是，由于地理、人文、环境等原因，贫困老区还是有一部分人没有转变其困难状况，仍然处于特别困难的生活状态下。针对这些群体，同时包括原来享受特困补贴的人口，应该发放更加宽松的普惠式的财政救助资金。这些群体因为家庭变故、疾病、伤残、遗传等原因，属于比较难转变其经济状况的群体，所以必须给予其长期的社会保障资金，让其家庭能够享受到最起码的生活待遇。此外，在主体功能区规划下，主要处于限制开发区域的中部贫困地区，仍然属于以农业为主的产业经济模式，在市场经济快速发展过程中，农业处于不利地位，其劣势非常明显。因此，为了保证这一地区的农业能够进一步取得发展，向产业化、现代化发展，增加农民的收入，必须针对这一地区的主要的农业予以专项财政支持。在对中部贫困地区基层干部的调研中，有70%的人认为资金援助的扶贫效果是最好的。需要建立一种新的财政支持政策，补足补齐过去落下的欠账，让贫困地区得到真正切实有效、稳定可靠的财政输血，帮助老区取得实质性的发展，并将相关政策通过立法的形式使其制度化、法律化。

国家政策旗帜鲜明指出扶贫法制化。《中国农村扶贫开发纲要（2011—2020年）》强调加快扶贫立法，使扶贫工作尽快走上法制化轨道。党的十八届四中全会通过的《中共中央关于全面推进依法治国若干重大问题的决定》指出："法律是治国之重器，良法是善治之前提。"依法加强和规范公共服务，完善教育、就业、收入分配、社会保障、医疗卫生、食品安全、扶贫、慈善、社会救助和妇女儿童、老年人、残疾人合法权益保护等方面的法律法规。有法可依是实现依法治贫、法治扶贫的前提条件。

国外扶贫开发立法先行作用显著。前文所述，美国政府为扶贫开发制定了一系列的法律，如颁布了《繁荣地区再开发法案》《阿巴拉契亚区域开发法》《公共工程与经济开发法》等区域开发相关法律，颁布了《土地法》《宅地法》等有关土地开发的法律和《太平洋铁路法案》《联邦公路资助法》等基础设施开发相关法律，这些法律法规的制定为经济开发行为的合法性和可操作性提供了保障。日本为了发展贫困地区，相继颁布了《北海道开发法》《欠发达地区工业开发促进法》《新产业城市建设促进法》《山村振兴法》《过疏地域振兴特别措施法》《农业改良促进法》《农业机械化促进法》《低开发地域工业开发促进法》《自然环境保全法》等法律法规，为其贫困地区综合开发、农业开放、工业发展和环境保护等提供了明确的法律依据。

当然中部贫困地区经济社会发展法治化不仅包括制定相关法律，确定相关的法律制度，它还是一个相互配合全面治理的系统工程，包括立法、执法、守法、法律实施和法律监督全过程，除了制定法律，还需要对法律制度的运用和实施，做到有法可依、有法必依、执法必严、违法必究。

### 8.2.2　推进扶贫立法，增强贫困地区自我发展能力

扶贫开发法制化就是要把法律机制引入反贫困工作之中，把在中国实行多年的扶贫开发举措进一步制度化、规范化，逐步纳入法治轨道。我国长期的反贫困斗争中，国家层面的反贫困专门立法一直是个空白。现在反贫困工作法制化的第一道工序就是进行反贫困立法，因为有法可依是实现依法治贫、法治扶贫的前提和基础。

中国扶贫开发立法已经提上了议事日程。从 2009 年开始国务院扶贫办启动了《中国农村扶贫开发法》的前期工作，制定了立法方案、开展了前期调研、完成了相关报告，2012 年成立了由全国人大农委、国家发改委、财政部、国务院扶贫办等单位组成的扶贫立法工作领导小组，起草了农村扶贫开发法草案征求意见稿，其主要内容是：总则、扶贫开发对象、扶贫开发规划、扶贫投入、扶贫开发项目管理、专项扶贫、行业扶贫、社会扶贫、执法监督、法律责任等。

在国家加快扶贫开发立法的同时，地方立法已先行，广西、黑龙江、湖北、湖南、重庆、广东、陕西、甘肃、内蒙古、贵州、云南、四川、吉林、江苏等 10 余个省（区、市）已颁布施行扶贫开发条例。中部地区其余江西、河南、安徽和山西四省需要加快制定扶贫开发条例，将本省较为成熟的扶贫开发做法和经验，通过立法形式加以巩固，依靠法规规范来调节扶贫开发工作，实现依法治贫。

地方制定扶贫开发条例时，应把影响贫困地区经济社会发展竞争力的关

键要素，如县域发展规划、产业发展、交通农林水利等基础设施、基础和职业教育、医疗卫生、扶贫资金使用管理等做具体的规定，增强其自我发展能力。而且还要考虑到对中部贫困地区综合竞争力的影响有大小之分，依次为市场活力、禀赋基础、内生能力、制度保障。市场活力中开放程度影响最大，禀赋基础中经济水平影响最大，内生能力中科技创新影响最大，制度保障中在制度扶贫影响最大。通过立法对贫困地区经济社会发展进行引导，使其认识到自身的优劣势，实现“量体裁衣”式发展。

在一些省的扶贫开发立法中，缺乏对生态补偿扶贫的规定，这与贫困地区资源禀赋这一现实条件不符，不利于其经济社会发展，中部省份进行扶贫开发立法中，应明确生态补偿制度，对于生态补偿资金向贫困地区倾斜做出立法规定，力图实现习近平总书记提出的“生态补偿脱贫一批”。

### 8.2.3　实现“县域法治”，提升综合竞争力

总体上，中部贫困地区具有资源禀赋好、综合竞争力低的共性，在竞相发展的形式下，地区经济社会发展竞争已经演变为发展环境的竞争，在依法治国的大背景下，中部贫困地区要提升竞争力，除了有上述相关法律制度支持外，还需要加强县域法治建设，提供良好的法治环境，营造创业创新环境、激发市场活力，实现“县域自治”。首先，需要深入持久地开展法制宣传教育工作，提高领导干部和群众的法律意识，中部贫困地区领导干部特别是扶贫工作者要自觉学法尊法、懂法用法，依法决策，建立扶贫重大政策、重大项目、重大工程、扶贫对象的合法性审查机制。切实维护困难群众合法权益，充分调动他们在推进扶贫开发工作中的积极性、主动性，促进缩小地区发展差距、实现全体人民共享改革发展成果。

其次，推进政务公开。《中共中央关于全面推进依法治国若干重大问题的决定》指出：“坚持以公开为常态、不公开为例外原则，推进决策公开、执行公开、管理公开、服务公开、结果公开。”中部贫困地区各政府部门包括各乡镇政府要做到政府信息公开，扶贫部门特别要自觉做到扶贫资金项目、扶贫对象、脱贫农户等的公示、公告和公开，建立公正透明的行政管理体制，保障公民、法人和其他组织的知情权，并应适时扩大和提高政务公开的范围和质量。

最后，加强执法队伍建设，严格司法。强化贫困地区社会治安防控体系建设和基层执法队伍建设。健全贫困地区公共法律服务制度，切实保障贫困人口合法权益。要充分运用刑事审判权打击各类犯罪行为，减少刑事案件发案率。特别是要依法严惩贪污、挪用扶贫资金犯罪行为，保障扶贫资金的阳

光化管理和公正合理使用。针对贫困地区危害严重的传销犯罪、涉众型经济诈骗犯罪、赌博犯罪和毒品犯罪要严厉打击，确保贫困地区群众正确致富。要充分运用民商事审判权维护群众合法权益、保护贫困地区正常市场经济秩序，吸引外资投入，增强综合竞争力。

## 8.3　本章小结

本章在前文实证分析的基础上，借鉴国内外贫困地区发展的经验，从管理学和法学二元视角提出了提升中部贫困地区经济社会发展竞争力的对策建议：明确政府责任，强化统筹职能；扶持符合地区禀赋的特色产业，打造优势集群，增强经济实力；抓住机遇，扩大对外开放，积极融入特色经济圈；确保基础先行，强化支持能力；针对性培育人力资源，提高地区“造血功能”；落实生态补偿扶贫，协调区域发展；推进扶贫立法，增强贫困地区自我发展能力；强化法治环境，提升综合竞争力。

# 第 9 章　研究结论与展望

## 9.1　主要研究结论

本书主要结论如下。

1. 中部贫困地区指依据《中国农村扶贫开发纲要（2011—2020 年）》确定的中部六省（包括江西、湖南、湖北、安徽、河南和山西六省）国家扶贫开发工作重点县，共计 151 个县市，基本上纳入国家 11 片集中连片特殊困难地区。且中部贫困地区与中部革命老区存在高度的重合，90% 以上的贫困地区都是革命老区。由于种种原因，这些地区的经济社会至今发展不快，贫困问题依然突出这种状况与坚持科学发展观和构建社会主义和谐社会的要求，与全面建设小康社会的目标任务，都形成了强烈的反差与不协调。

2. 运用了 SWOT 方法分析发现中部贫困地区经济社会发展在地缘性、劳动力、自然资源和革命作风方面具有明显优势，且面临着区域协调发展战略实施、中部崛起，及产业梯度转移加速等的良好机遇，但同时并存着资金积累不足、基础设施落后、劳动力水平低及收入外部性依赖强的劣势，以及经济和社会发展相互挤压、难以持续的低成本优势等的挑战，自身条件和外部环境共同作用下的发展需要新的思路与突破。运用反馈基模分析方法，可以发现中部贫困地区经济社会发展问题是一个庞大复杂的动态性系统，由经济、社会、科技、教育、文化、环境等诸多子系统构成，且各子系统之间相互联系、彼此影响。要促进中部贫困地区全面发展，不仅要对症下药，更需要统筹谋划；不仅要借助外力，还要促进内生；不仅要规划未来，还要吸取教训；不仅要关注当下，还要考虑长远。

3. 通过比较分析，本书考察国内外贫困地区发展的经验，国外选取了美国、日本和巴西三国促进贫困地区发展的典型案例，国内选取了广东增城、山东临沂和福建晋江三个革命老区成功发展的实例，进而抽象总结出国内外贫困地区发展的启示：第一，法制建设是贫困地区开发的指引和保障。第二，贫困地区开发应有合理规划，明确各开发阶段的具体目标。第三，合理规划产业结构、积极营造产业环境，提升贫困地区自我发展能力。第四，贫困地区的开发离不开科技的进步。第五，注重“增长极”的培育，以此带动周边地区的发展。第六，以人为本，以民生促发展。第七，政府财政向贫困地区倾斜，利用财政手段和政府投资促进贫困地区的建设。第八，忽视对环境的保护将面临惨痛的教训。

4. 中部贫困地区其经济社会发展经历了艰难起步兼救济式扶贫、初步发展兼开发式扶贫、快速成长兼产业扶贫，及可持续发展兼参与式扶贫四个阶段。现阶段主要特征表现为：经济发展方面，存在经济发展水平逐步提高，农民收入持续增长、经济增长与产业结构关系密切、经济发展水平参差不齐，存在一些发展水平高的贫困老区县、经济结构不合理，产业化程度低等特征；社会发展方面，贫困人口减少，但扶贫攻坚任务依然艰巨、教育信息资源相对缺乏，教育和信息贫困较为普遍、基础设施落后，保障体系不健全、扶贫开发的资金投入效果不理想等特征明显；资源环境方面，自然资源开发加速，综合管理水平亟待提高、生存环境恶劣，自然灾害频发、可持续发展模式显现，机制有待形成等特征明显。

5. 党的十八大报告指出，到 2020 年实现全面建成小康社会宏伟目标。中部贫困地区要实现摆脱贫困全民奔小康的宏伟目标，关键是要提升经济社会发展竞争力，将自身置于全国、甚至全世界竞争洪流之中，看清优势与劣势，针对性进行改进增强自我发展能力。基于对竞争力内涵的理解，结合贫困地区的特点，本书将中部贫困地区经济社会发展竞争力界定为：以脱贫奔小康为目标的中部贫困地区，在经济社会发展方面所具有的禀赋基础、市场活力、内生能力和制度保障力的统一体，这些能力综合反映在中部贫困地区经济、环境、科教、医疗卫生、社会保障、政府作用等方面。

6. 综合竞争优势阶段划分理论和工业化阶段理论，本研究认为，中部贫困地区经济社会发展竞争力处于要素推动的初级阶段，产业竞争优势表现为自然资源的充分利用及开采利用效率，要素禀赋的竞争是其竞争的主要形式。中部贫困地区经济社会发展竞争力价值取向应包括以人为本、公平与效率统一、自生能力培育、以及环境友好四个方面，分别是其基础价值取向、根本价值取向、核心价值取向和目标价值取向。

7. 通过大量的文献检索和理论分析，本书认为中部贫困地区经济社会发展竞争力受禀赋基础、市场活力、内生能力和制度保障四个方面的影响，并据此构建了中部贫困地区经济社会发展竞争力的评价体系。通过比较分析相关的评价方法，本位认为熵权 TOPSIS 法是适合中部贫困地区经济社会发展竞争力评价的方法。

8. 对 130 个中部贫困老区的综合实力进行了比较评价，并进行了分省聚类的基础上，分别从综合实力的好、中、差三个等级共选择了 20 个贫困县（市）进行经济社会发展综合竞争力的评价，以 2011—2013 年的面板数据为基础，对 20 个中部贫困地区经济社会发展竞争力进行了动静态的比较评价和分析。最后，结合上述实证分析，总结出 8 条中部贫困地区经济社会发展竞争力评价的结论。即：（1）中部贫困地区经济社会发展竞争力相比于综合实力，在排名上有重大变化，这与理论上综合实力与综合竞争力关系的论述相符合。进行中部贫困地区综合实力的评价，着重于现实状态，即中部贫困地区当前经济社会发展水平的高低，而竞争力不仅着眼于中部贫困地区发展现实，更强调其发展潜力及增长后劲。（2）静态上，中部贫困地区经济社会发展综合竞争力相差不大且普遍不高。虽然在禀赋基础、市场活力、内生能力和制度保障某一构成要素竞争力上各贫困地区有一定的差距，但各贫困地区在四个构成要素上基本是参差不齐的情况，所以综合竞争力反而呈现均衡状态。（3）动态上，中部贫困地区经济社会发展竞争力排名三年内整体变动不大，个别县有较大的调整。（4）总体上，中部贫困地区经济社会发展竞争力处于较低的阶段，这与本书第 5 章中部贫困地区经济社会发展竞争力的阶段定位相应证，处于竞争力的初级阶段。（5）中部贫困地区经济社会发展竞争力由禀赋基础、市场活力、内生能力和制度保障四方面共同决定，不存在某一构成要素竞争力起到决定性作用。（6）禀赋基础、市场活力、内生能力和制度保障四方面对中部贫困地区综合竞争力的影响有大小之分，具体为：市场活力>禀赋基础>内生能力>制度保障。市场活力中开放程度影响最大，禀赋基础上经济水平影响最大，内生能力中科技创新影响最大，制度保障中在制度扶贫影响最大。可见，中部贫困地区要提高综合竞争力，扩大对外开放、增强经济实力，加强科技创新发展，切实履行国家扶贫制度解决贫困问题，是其关键点。（7）中部贫困地区共同的优势指标是劳动力占总人口的比重、森林覆盖率、义务教育巩固率、新农合参合率等，如何利用、延续、以及给予相应的政策支持，是能维持综合竞争力的重要因素。（8）中部贫困地区共同的劣势指标是人均地方一般预算财政收入、人均 GDP、城镇化率、环保支出占 GDP 比重、贫困人口比例、实际利用外资、人均固定资产投资额、人均金融机构贷款余额、每万人接受职业教育的人数、贫困人口人均纯收入增长速度等指标，这些都是提升综合竞争力要关注的重点。

9. 根据实证分析的结论，借鉴国内外贫困地区发展的经验，从管理学和法学二元视角提出了提升中部贫困地区经济社会发展竞争力的对策建议：明确政府责任，强化统筹职能；扶持符合地区禀赋的特色产业，打造优势集群，增强经济实力；抓住机遇，扩大对外开放，积极融入特色经济圈；确保基础先行，强化支持能力；针对性培育人力资源，提高地区“造血功能”；落实生态补偿扶贫，协调区域发展；推进扶贫立法，增强贫困地区自我发展能力；强化法治环境，提升综合竞争力。

## 9.2 展　　望

总结全文，以下三方面值得进一步拓展研究：

1. 研究对象具体化的思考。本书的研究对象为中部贫困地区，涉及 151 个县市，研究样本较多，所以本书的研究中更多的是综合的论述与比较。如果能对这 151 个贫困老区县市的发展现状、发展模式、发展路径等作细致研究，并进行竞争力一一比较，甚至可以将竞争力比较对象扩展为中部贫困地区与中部非贫困地区间的比较、中部六省贫困地区与其他省份贫困地区间的比较等，提出更详细的对策，这对中部贫困地区提升自身经济社会发展竞争力将带来重要的参考价值。

2. 时间上，进一步跟踪研究的思考。竞争力的形成、发展应该是一个长期的过程，中部贫困地区经济社会发展竞争力比较值得进一步跟踪研究，考察其演变的时间段、主要的影响因素、及对未来发展的评价预测等，这将有利于中部贫困地区提升竞争力、改变现在贫困状况，甚至对我们国家贫困地区促进经济社会发展都将有重要意义。

3. 对策上，管理学和法学思维进一步融合。国家扶贫开发立法已经提上了议事日程，扶贫开发立法对于提升贫困地区经济社会发展竞争力的意义、内容和过程值得深入研究。

# 后　　记

本书的原稿——我的博士论文是四年博士学习生涯的研究成果。2011 年 9 月我成为南昌大学管理科学与工程专业的一名博士研究生，历经近四年的岁月，有过欣喜、迷茫、艰辛，也有成长与收获。值此书稿接近尾声之际，心中只剩无尽感恩：

由衷感谢我的导师郑克强研究员。我的博士论文来源于郑老师的教育部人文社会科学重点研究基地重大项目——“中部贫困地区经济社会发展比较研究”，在我的论文写作过程中，从论文的选题、研究方案确定、数据查找和调研，一直到论文的撰写、修改、定稿，每一个阶段郑老师都给予了悉心的指导和付出了他辛勤的汗水。特别是书中评价体系的确定，郑老师多次帮我组织专家进行论证，集思广益，最终形成了书稿中较完善的评价体系。郑老师严谨、勤勉的学术作风，实事求是、一丝不苟的工作态度和为人师表、谦虚谨慎的品格使我终生受益，值得我永远学习！

特别感谢管理科学与工程博士点的贾仁安教授、涂国平教授、周绍森教授、邓群钊教授、何宜庆教授、刘耀彬教授，南昌大学刘圣中教授、谢海东副教授，江西财经大学邹秀清教授对论文写作给予的耐心指导与建议。

感谢管理科学与工程博士点其他老师们，向胡振鹏教授、陈东有教授、甘筱青教授、黄新建教授、朱传喜教授、尹继东教授、刘卫东教授、马卫教授、傅春教授、彭迪云教授、廖晓明教授等老师们表示深深的感谢，是各位老师把我领进了管理科学研究的殿堂。

感谢江西省统计局彭道宾副局长及单位同仁、江西省政府发展研究中心王志国副主任、湖北省政府发展研究中心黎继处长、安徽省政府发展研究中心凌宏彬处长及单位同仁、湖南省人民政府经济研究信息中心曾万涛博士、山西省政府发展研究中心陈国伟处长，江西省社会科学院《江西社会科学》高平主编，安徽大学沈昕教授在课题调查问卷以及课题数据查找方面给予的最大支持与帮助。

感谢我的师兄罗序斌、师姐张蓉、王志平、师弟金恩焘，他们在我论文的写作过程中提供了很多指点和启迪。感谢南昌大学中部中心王圣云博士对论文写作的指导与帮助。感谢理学院蒋满英老师、季春涛老师在平时学习中的关心和帮助。感谢我们 2011 级管理科学与工程专业的同学们，谢谢他们对我生活、学习给予的关心与帮助，在我们共同的求学历程中，让我体会到真挚而可贵的同窗之谊。

感谢我的父母和我的丈夫王胜伟等各位亲人，正是他们的默默支持、帮助和鼓励，才使我能够全身心地投入学习和研究工作。也感谢我的女儿王婉清，在我紧张的论文写作过程中，带给了我诸多欢乐，给予我努力的动力。

我一直以来从事的是法学主要是环境法的教学研究工作，博士阶段选择了管理科学与工程专业，跨专业学习倍感辛苦，思维方式、研究内容、研究方法与工具等都有较大的差异，管理科学与工程专业研究讲究“顶天立地”，既要有理论研究又要有实证分析，博士论文写作过程中最大的难点在于数据的收集，涉及 130 个贫困县，每个县几十项指标数据，一一对应录入检验，非常耗时耗力，事后想起都佩服当时的勇气。所幸所有的辛苦并没有白费，数据收集和理论研究使我对贫困地区经济社会发展情况有深入了解，结合环境法和博士论文，成功立项了 2016 年国家社科基金项目“脱贫攻坚背景下贫困地区生态综合补偿转移支付法制研究”（项目编号：16BFX150）。对于我来说，本书仅是一个开端，未来结合管理学和法学的研究之路还很长。

本书获江西财经大学资助，特此感谢！

徐丽媛

2016 年 6 月 20 日

# 参考文献


[1] 马克思，恩格斯．马克思恩格斯全集［M］. 第一卷. 北京：人民出版社，1956：612.

[2] Barclays. Competing with the World：World best Practice in Regional Economic Development［M］. London：Barclays Bank PLC，2002.

[3] 张培刚．发展经济学教程［M］. 北京：经济科学出版社，2007：48-49.

[4] 杨敬年．西方发展经济学概论［M］. 天津：天津人民出版社，1988：60.

[5] Myrdal G. Economic Theory and Underdeveloped Region［M］. London：Duckworth. 1957.

[6]［英］阿瑟·刘易斯．经济增长理论［M］. 周师铭，沈丙杰，沈伯根，译．北京：商务印书馆出版，2005：244-245.

[7] 西蒙·库兹涅茨．现代经济增长［M］. 北京：北京经济学院出版社，1989.

[8] 科斯，等．制度、契约与组织［M］. 北京：经济科学出版社，2003.

[9] North D. Economic Performance Through Time［J］. American Economic Review，1994（5）：359-368.

[10] 高志刚．区域经济发展理论的演变及研究前沿［J］. 新疆教育学院学报，2002（3）：9-11.

[11] Nelson R R. The Sources of Economic Growth［M］. Harvard University Press 1996：87.

[12] 阎文学，母青松．贫困地区的含义和分类［J］. 农业经济问题，1986（8）：22-23.

[13] 费孝通．关于贫困地区的概念、原因及开发途径［J］. 农业现代化研究，1986（6）：1-4.

[14] 张俊飚．中西部贫困地区可持续发展问题研究［D］. 武汉：华中农业大学，2002（5）：6-9.

[15] 严江．四川贫困地区可持续发展研究［D］. 成都：四川大学，2005

(10)：1-3.

［16］侯景新．落后地区开发通论［M］．北京：中国轻工业出版社，1999：9-11.

［17］郭来喜，姜德华．中国贫困地区环境类型研究［J］．地理研究，1995（6）：1-7.

［18］贾若祥，侯晓丽．我国主要贫困地区分布新格局及扶贫开发新思路［J］．中国发展观察，2011（7）：27-30.

［19］陈栋生．关于贫困地区经济发展的几个问题［J］．江西社会科学，1988（5）：14-18.

［20］冯宗宪，张红十．中国贫困地区交通落后的实质及其成因分析［J］．人文地理，1992（9）：34-39.

［21］洪英芳．论贫困地区劳动力资源开发及对策［J］．人口研究，1993（1）：30-34.

［22］佟玉权，龙花楼．脆弱生态环境耦合下的贫困地区可持续发展研究［J］．中国人口·资源与环境，2003（2）：47-51.

［23］王科．中国贫困地区自我发展能力解构与培育——基于主体功能区的新视角［J］．甘肃社会科学，2008（3）：100-103.

［24］骆伦良，等．金融支持连片特殊贫困地区经济发展研究［J］．区域金融研究，2013（3）：23-29.

［25］厉以宁．贫困经济发展的五个问题［J］．特区经济，1997（4）：9-11.

［26］肖慈方．中外欠发达地区经济开发的比较研究［D］．成都：四川大学，2004.

［27］高新才，王科．主体功能区视野的贫困地区发展能力培育［J］．改革，2008（5）：144-149.

［28］陈怀远．加快欠发达地区经济社会发展的路径选择［J］．经济研究导刊，2011（27）137-138.

［29］陈兵，李文博．第四届中国贫困地区可持续发展战略论坛提出　贫困地区可持续发展要激发内生动力［N］．农民日报，2013-11-13，第002版.

［30］熊理然，成卓．中国贫困地区的功能定位与反贫困战略调整研究［J］．农业经济问题，2008（2）：76-80.

［31］时岩．中西部欠发达区域特色资源产业化模式研究——基于产业生态学视角［D］．南昌：江西财经大学，2009.

［32］王思铁，倪国良．开创生态文明与扶贫开发新局面实现“美丽中国”［EB/OL］．http://blog.sina.com.cn/s/blog_ 599a3d490101db8r.html，2013-4-16.

[33] 王思铁. 连片特困地区的概念及其特征 [EB/OL]. http://blog.sina.com.cn/s/blog_ 599a3d490100xx3d.html, 2011-9-28.

[34] 李乐为, 岑乾明. 连片贫困地区公共产品区域协同供给研究——基于湘鄂龙山、来凤“双城一体”反贫困的新思路 [J]. 广西民族大学学报(哲学社会科学版), 2011 (3): 153-158.

[35] 黄征学, 胡勇, 贾若祥. 集中连片贫困地区扶贫开发的成功之路——临沂沂蒙山区脱贫致富的经验与启示 [J]. 中国经贸导刊, 2011 (2): 34-36.

[36] 苏明. 加大财政支持力度, 大力推进集中连片贫困地区减贫与发展 [J]. 经济研究参考, 2013 (48): 12-13.

[37] 胡勇. 集中连片贫困地区农村产业发展转型升级探究——以武陵山区为分析重点 [J]. 北方经济, 2013 (14): 34-35.

[38] 王高建. 陕南贫困区县域经济竞争力分析与对策 [J]. 安徽农业科学, 2008 (6): 2580-2581

[39] 田惠敏. 贫困地区竞争力培育与融资 [EB/OL]. http://qcyn.sina.com.cn/news/ynyw/2010/1219/19434619203.html, 2010-12-19.

[40] 刘娟. 贫困县产业发展与可持续竞争力提升研究 [M]. 北京: 人民出版社, 2011.

[41] 夏智伦, 李自如. 区域竞争力的内涵、本质和核心 [J]. 求索, 2005 (9): 44-47.

[42] 国家统计局《2004 中国百强县(市)发展年鉴》.

[43] 山东省人民政府办公厅关于印发山东省县域经济社会发展年度综合评价及考核办法的通知, 山东省政府网 http://www.shandong.gov.cn/art/2008/3/20/art_ 3883_ 1750.html.

[44] 刘福刚. 县域统筹与统筹县域——中国县域经济十年发展报告 [M]. 北京: 中共中央党校出版社, 2012: 64-66.

[45] 王秉安, 等. 县域经济竞争力 [M]. 北京: 社会科学文献出版社, 2008: 24-26.

[46] 严于龙. 我国地区经济竞争力比较研究 [J]. 中国软科学, 1998 (4): 109-128.

[47] 丁华军. 关于县域经济竞争力的综合评价研究——以安徽省为例 [J]. 经济研究参考, 2007 (23): 28-31.

[48] 刘海云, 李英. 河南省县域经济科学发展能力综合评价与分析 [J]. 中国科技论坛, 2009 (9): 134-138.

[49] 陈兆荣，谭艳华．安徽省县域经济竞争力评价指标体系研究——基于科学发展观 [J]．铜陵学院学报，2010（6）：13-14.

[50] 施建生．经济学家李嘉图 [M]．长春：吉林出版集团有限责任公司，2012：75-77.

[51] 高洪深．区域经济学 [M]．北京：中国人民大学出版社，2010：22-23.

[52] 刘辉群．竞争力理论的古典经济学渊源——从比较优势到竞争优势 [J]．北京工商大学学报，2003（3）12-13.

[53] 佩鲁．增长极概念 [J]．经济学论丛，1955（9）.

[54] 汉斯·迈克尔·特劳特温．累积进程与极化发展：缪尔达尔的贡献 [J]．经济思想史评论，2010（5）：111-130.

[55] 新华社．中国特色社会主义理论体系的最新成果 [OB/EL]．新华网，http：//news. xinhuanet. com/theory/2008-10/08/content_ 10165173. htm，2008-10-08.

[56] Rowntree，Benjamin Seebohm. Poverty：A Study of Town life [M]. London：Macmillan，1901.

[57] George B. Richardson. The organization of Industry [J]. Economic Journal，1972（82）：883-896.

[58] Friedmann J R. Regional development policy：a case study of Venezuel [M]. Cambridge：MITPress. 1966.

[59] 冯邦彦，李胜会．结构主义区域经济发展理论研究综述 [J]．经济经纬，2006（5）：54-56.

[60] 贾宝军，叶孟理，裴成荣．中心——边缘模型（CPM）研究述评 [J]．陕西理工学院学报，2006（2）：4-11.

[61] Abramovitz，M. Thinking about Growth [M]. Cambridge UniversityPress，1989.

[62] 德内拉·梅多斯，等．增长的极限 [M]．北京：商务印书馆，1984.

[63] 刘正恒．转变经济增长方式创新经济发展模式 [J]．辽宁经济，2006（9）：17.

[64] Borland J.，Yang X. Specialization and a New Approach to Economic organization and Growth [J]. American Review，1992，82（2）：386.

[65] 迪帕·纳拉扬，等．呼唤变革 [M]．北京：中国人民大学出版社，2003：41-48.

[66] 方清云. 贫困文化理论对文化扶贫的启示及对策建议 [J]. 广西民族研究，2012 (4)：159.

[67] 严江. 四川贫困地区可持续发展研究 [D]. 成都：四川大学，2005：22.

[68] Rowntree，Benjamin Seebohm. Poverty：A Study of Town life [M]. London：Macmillan，1901.

[69] 谭诗斌. 现代贫困学导论 [M]. 武汉：湖北人民出版社，2012：53-54.

[70] 王小林. 贫困测量：理论与方法 [M]. 北京：社会科学文献出版社，2012：32-34.

[71] 丁开杰. 西方社会排斥理论：四个基本问题 [J]. 国外理论动态，2009 (10)：36-41.

[72] 阿马蒂亚·森. 以自由看待发展 [M]. 任赜，于真，译. 北京：中国人民大学出版社，2002：85.

[73] 联合国. 2010 年人类发展报告 [EB/OL]. http：//www. un. org/zh/development/hdr/2010/.

[74] 迪帕·钠拉扬，等. 谁倾听我们的声音 [M]. 北京：中国人民大学出版社，2001：4-5.

[75] 麻朝晖. 贫困地区经济与生态环境协调发展研究 [M]. 浙江：浙江大学出版社，2008：6-12.

[76] 马姝瑞. 安徽霍邱科学谋划"打工经济"培育"新型农民"求发展 [EB/OL]. 新华网，http: //news. xinhuanet. com/politics/2010-03/03/content_13090549.htm.

[77] 郭丽. 后发优势理论演进及其启示 [J]. 当代经济研究，2009 (4)：57-60.

[78] 安徽省统计局，国家统计局安徽调查总队. 2013 年安徽省统计年鉴 [G]. 北京：中国统计出版社，2013.

[79] 王斌辉. 交通先行是民族贫困地区实现后发赶超的必然要求 [EB/OL]. 湘西自治州交通运输局网，http：//xx. hnjt. gov. cn/static/zyjh/zyjh_297. html.

[80] 赵治华，刘亚铮. 关于产业梯度转移对中部崛起战略的若干影响再分析 [J]. 当代经济，2009 (12)：81-83.

[81] 顾莉. 论经济发展和社会发展"交融互生"的价值联动——以江苏省沿海地区为例 [J]. 经济论坛，2011 (10)：44-46.

［82］厉以宁．加快改革会产生新的人口红利资源红利和改革红利［EB/OL］．财经网，http：//t. caijing. com. cn/cjapi/rreply？ cjcmsid = 112291371，2012-11-18.

［83］余小红．关于加强贫困落后地区人才工作的思考［J］．科技创新与运用，2013（21）：275.

［84］［美］彼得·圣吉．第五项修炼——学习型组织的艺术与实务［M］．上海：上海三联书店，2001：123-140.

［85］姜拾荣，陈岩鹏．赣州稀土开采致环境污染，治理费用高达 380 亿元［EB/OL］．新浪财经网，http：//finance. sina. com. cn/roll/20120505/085911993667. shtml,2012-5-5.

［86］庆沅，彭尧．效率优先 兼顾公平，美国区域经济政策研究［J］．开放导报，1997（12）：15-20.

［87］纪万师．从阿巴拉契亚山地区看美国贫困地区的开发思路［J］．中国经济周刊，2000（50）：30-31.

［88］黄贤全，彭前胜．美国政府对阿巴拉契亚地区的两次开发［J］．西南师范大学学报（人文社会科学版），2006（9）：146-150.

［89］Baxter，Marianne and Jemann，Urban，J. Household Production and the Excess Sensitivity of Consumption to Current Income［J］. American Economic Review，1999，89（4）：902-920.

［90］梁德阔．国外开发欠发达地区的经验教训对我国西部城镇化的启示［J］．开发研究，2003（3）：42-50.

［91］Pearce，Davis W. The MIT Dictionary of Modern Economics［M］. fourth edition The MIT Press，1997.

［92］Buiter，Willem. Excessive Deficits：Sense and Nonsense in the Treaty of Maastricht［J］. Cepr Discussion Papers，1992，8（16）：57-100.

［93］张季风．日本国土综合开发论［M］．北京：世界知识出版社，2004：337-338.

［94］吕银春．巴西对落后地区经济的开发［J］．拉丁美洲研究，2000（5）：16-24.

［95］David Paula. Clio and the Economics of QW ERTY［J］. American Economic Review，1985，75（2）.

［96］刘宏奇．走出亚马逊：马瑙斯的“增长极效应”［N］．新华报业网，http：//news. xhby. net/system/2012/06/03/013472054. shtml.

［97］董妍．巴西林业发展与反贫困［J］．林业经济，2006（3）：69-73.

[98] 刘福刚．县域统筹与统筹县域——中国县域经济十年发展报告［M］．北京：中共中央党校出版社，2012：166-177.

[99] 李锦．“四大发展模式”看临沂［EB/OL］．http://blog.sina.com.cn/s/blog_ 5de454350100jm11.html, 2010-6-12.

[100] 王勇，刘传玉，许汝贞．专业市场驱动的区域增长路径与机制：临沂模式研究［J］．东岳论丛，2013（5）：167-171.

[101] 袁堂娟．喜迎十八大：“十年巨变看临沂”之商城篇［EB/OL］．http：//news.163.com/12/1031/15/8F5FETE700014JB6.html，2012-12-31.

[102] 衡水市委大讨论活动办公室学习考察组．巨变背后话巨变——山东省临沂市解放思想活动考察纪行［EB/OL］．衡水政府网，http://www.hengshui.gov.cn/HSXW/JRHS/2009/09/10/content_ 12147.shtml, 2009-9-10.

[103] 王洪涛．临沂改善民生纪实：幸福写在老区人民脸上［EB/OL］．中共山东省委机关报网站，http://dzrb.dzwww.com/dbys/201202/t20120214_6905626.htm, 2012-2-14.

[104] 闫 坤．“革命老区”率先发展的范例——山东临沂发展模式调研［J］．新远见，2011（2）：46-50.

[105] 封丘县档案局．封丘县革命老区历史与现状［EB/OL］．河南档案信息网，http：//www.hada.gov.cn/w_ NewsShow.asp？ID=0：12312，2012-9-10.

[106] 郇建立．扶贫：一个沉重的话题［EB/OL］．http://www.lunwentianxia.com/product.free.2242106.1/, 2007-11-21.

[107] 王培安，等．来自革命老区的报告—新县荒山绿化巡礼［J］．河南林业，1991（8）：15-17.

[108] 横峰县老建办．坚持扶贫不动摇［J］．老区建设，1993（7）：27.

[109] 张俊飚．中西部贫困地区可持续发展问题研究［D］．武汉：华中农业大学，2002（5）：28.

[110] 邢燕芬．产业扶贫和劳务扶贫——市场经济下我省扶贫工作的现实选择［J］．前进，1994（12）：32-33.

[111] 宋上年，等．再造一个山上赣南——江西赣州市产业扶贫纪实［J］．中国老区建设，2001（3）：34-35.

[112] 内蒙古革命老区发展中心．赴江西革命老区考察报告—— 江西省革命老区扶贫的主要模式与启示［J］．老区建设，2009（23）：22-26.

[113] 章康华．关于我省扶贫开发工作情况的报告［EB/OL］．江西人大新闻网，http：//jxrd.jxnews.com.cn/system/2013/09/30/012689056.shtml.

［114］国家统计局住户调查办公室．2011 中国农村贫困监测报告［M］．北京：中国统计出版社，2011：118.

［115］陈国阶，方一平，高延军．中国山区发展报告——中国山区发展新动向与新探索［M］．北京：商务印书馆，2010：13.

［116］杨烨梁．官方称稀土开采严重破坏环境，赣州花 380 亿治理［EB/OL］．http：//news. qq. com/a/20120409/000030. htm.

［117］迈克尔·波特．国家竞争优势［M］．李明轩，邱如美，译．北京：华夏出版社，2002：66-122.

［118］李宝新．地区竞争力评价指标体系设计研究［J］．山西财经大学学报，2001（10）：99-101.

［119］倪鹏飞．决定区域竞争力的 9 大因素［J］．港口经济，2009（6）：48.

［120］周绍森，王圣云．中国中部经济社会发展竞争力研究［J］．南昌大学中国中部经济社会发展研究中心编，中国中部经济社会发展竞争力报告（2011），北京：社会科学文献出版社，2012：2-19.

［121］李文星．新公共管理与中国欠发达县域竞争力的提升［J］．西南民族学院学报·哲学社会科版，2002（5）：183-185.

［122］王秉安，洪文生．县域经济竞争力比较研究——以福建为例［J］．福建行政学院福建经济管理干部学院学报，2003（3）：9-13.

［123］邹家明，刘彦．关于县域经济核心竞争力的研究［J］．商业研究，2005（17）：58-61.

［124］刘丽萍．县域经济核心竞争力评估体系探析［J］．经济研究导刊，2009（28），15-17.

［125］周泽炯，吴滨兰．县域经济竞争力：特色经济及其相互作用的理论研究［J］．菏泽学院学报，2012（12）：55-58.

［126］周群艳．区域竞争力的形成机理与测评研究［D］．上海：上海交通大学，2006：30-44.

［127］姜玲，荣秋艳．中国县域经济的研究评述［J］．经济问题探索，2012（5）：79-84.

［128］中国社会科学院语言研究所词典编辑室．现代汉语词典［M］．北京：商务印书馆，1996：671.

［129］Ravallion M.，Chen Shaohua. China's（uneven）progress against poverty［J］. Journal of Development Economics. 2007（82）：1-42.

［130］李文．农村道路对减缓贫困的影响分析——重庆贫困地区扶贫项

目实证研究［D］. 北京：中国农业科学院，2006：87-88.

［131］文雁兵．制度性贫困催生的包容性增长：找寻一种减贫新思路［J］. 改革，2014（9）：52-60.

［132］岳希明，罗楚亮．农村劳动力外出打工与缓解贫困［J］. 世界经济，2010（11）：84.

［133］刘娟．贫困县产业发展与可持续竞争力提升研究［M］. 北京：人民出版社，2011：6.

［134］徐荣安．提高我国贫困地区市场竞争力与发展力之对策［J］. 华夏星火，1998（11）：52-53.

［135］［英］爱德华·泰勒．原始文化［M］. 连树声，译．上海：上海文艺出版社，1992：1.

［136］李德建．多维视域中的文化力研究［G］//龙耀宏．民族文化与文化软发展实力. 北京：民族出版社，2011：1-9.

［137］魏斌．古代长江中游社会研究［M］. 上海：上海古籍出版社，2013：366-367.

［138］伍强力．西部贫困地区民族文化与经济互动发展论析［G］//罗康隆主编，人类学高级论坛：人类学与当代生活. 哈尔滨：黑龙江人民出版社，2007：311-338.

［139］［美］迈克尔·波特．国家竞争优势［M］. 李明轩，邱如美，译．北京：华夏出版社，2002：534.

［140］金碚，等．竞争力经济学［M］. 广东：广东经济出版社，2003：39.

［141］张金昌．国际竞争力评价的理论和方法研究［D］. 北京：中国社会科学院，2001：64.

［142］［美］迈克尔·波特．国家竞争优势［M］. 李明轩，邱如美，译．北京：华夏出版社，2002：551-552.

［143］DFID. Sustainable Livelihoods Guidance Sheets［M］. London：Department for International Development，2000：68-125.

［144］苏芳，徐中民，尚海洋．可持续生计分析研究综述［J］. 地球科学进展，2009（1）：61-68.

［145］V Brown. The Effects of Poverty Environments on Elders' Subjective Well-being：A Conceptual Model［J］. The Gerontologist，1995，35（4）：541-548.

［146］Dunn，Alexandra Dapolito . Siting Green Infrastructure：Legal and

Policy Solutions to Alleviate Urban Poverty and Promote Healthy Communities [J]. Boston College Environmental Affairs Law Review . 2010, Vol. 37 Issue 1.

[147] Glenn Hyman, Carlos Larrea, Andrew Farrow. Methods, results and policy implications of poverty and food security mapping assessments [J]. Food Policy, Volume 30, Issues 5-6, October-December 2005.

[148] 乔纳森·吉尔曼．让生计可持续 [J]. 国际社会科学杂志，2000，17 (4)：77-86.

[149] 林毅夫，等．以共享式增长促进社会和谐 [M]. 北京：中国计划出版社，2008：33-35.

[150] 张红宇．公平与效率视阈下我国政府经济行为研究 [M]. 沈阳：东北大学出版社，2013：26-27.

[151] 林毅夫．自生能力、经济发展与转型：理论与实证 [M]. 北京：北京大学出版社，2004：7.

[152] H. Glennerster, R. Lupton, P. Noden, A. Power. Poverty, social exclusion and neighbourhood: studying the area bases of social exclusion [M]. London School of Economics and Political Science, London, 1999.

[153] Alice Fothergill, Lori A. Peek. Poverty and Disasters in the United States: A Review of Recent Sociological Findings [J]. Natural Hazards, 2004, 32 (1): 89-110.

[154] 金碚，等．竞争力经济学 [M]. 广东：广东经济出版社，2003：354-361.

[155] 迈克尔·波特．竞争论 [M]. 高登第，李明轩，译．北京：中信出版社，2012：295.

[156] 倪鹏飞．中国城市竞争力理论研究与实证分析 [M]. 北京：中国经济出版社，2001：66-68.

[157] 倪鹏飞，李超．中国城市可持续竞争力评价 [J]. 中国经济报告，2013 (7)：97-101.

[158] 颜玖．文献检索法在社会科学研究中的应用 [J]. 北京市总工会职工大学学报，2001 (6)：44-50.

[159] 田军，张朋柱，王刊良，汪应洛．基于德尔菲法的专家意见集成模型研究 [J]. 系统工程理论与实践，2004 (1)：57-69.

[160] 范元平．努力扩大对外开放 增强贫困地区发展活力 [J]. 乌蒙论坛，2009 (1)：40-42.

[161] 林文，邓明．贸易开放度是否影响了我国农村贫困脆弱性——基

于 CHNS 微观数据的经验分析［J］. 国际贸易问题，2014（1）：23-32.

［162］王秉安，等．区域竞争力研究——理论探讨［J］. 福建行政学院福建经济管理干部学院学报，1999（1）：2-5.

［163］周绍森，胡德龙．现代经济发展内生动力论［M］. 北京：经济科学出版社，2010：104-105.

［164］刘霞，王生林．甘肃省典型贫困县农业科技贡献率的测算与分析［J］. 云南农业大学学报，2013（7）：32-36.

［165］罗楚亮．经济增长、收入差距与农村贫困［J］. 经济研究，2012（2）：15-26.

［166］毛伟，李超，居占杰．经济增长、收入不平等和政府干预减贫的空间效应与门槛特征［J］. 农业技术经济，2013（10）：16-27.

［167］张伟宾，汪三贵．扶贫政策、收入分配与中国农村减贫［J］. 农业经济问题，2013（2）：66-74.

［168］刘纯阳．人力资本对典型贫困地区农民收入的影响——对湖南西部的实证分析［J］. 经济问题，2005（6）.

［169］程名望，Jin Yanhong，盖庆恩，史清华．农村减贫：应该更关注教育还是健康——基于收入增长和差距缩小双重视角的实证［J］. 经济研究，2014（11）：130-142.

［170］Jyotsna J.，Ravallion M.. Are there dynamic gains form a poor-area development program［J］. Journal of Public Economics，1998（67）：338-357.

［171］魏勇，杨甲文．重庆市农村扶贫开发资金利用效率实证研究［J］. 西南农业大学学报（社会科学版），2011（11）：44-47.

［172］叶初升，张凤华．政府减贫行为的动态效应——中国农村减贫问题的 SVAR 模型实证分析（1990—2008）［J］. 中国人口·资源与环境，2011，21（9）：123-131.

［173］马庆国．管理统计——数据获取、统计原理、SPSS 工具与应用研究［M］. 北京：科学出版社，2005（9）：320.

［174］蒋姮．自然保护地参与式生态补偿机制研究［M］. 北京：法律出版社，2012：3.

［175］王尔德．《生态补偿条例》草案成型，湿地、生态功能区初入补偿［N］. 低碳周刊，2010-11-2.

［176］［美］戴维·H. 罗森布鲁姆，罗伯特·S. 克拉夫丘克．公共行政学：管理、政治和法律的途径［M］. 五版．张成福，等，译．北京：中国人民大学出版社，2002：593-594.

# 附　　录

## 附录1　中部贫困地区经济社会发展竞争力评价指标体系调查问卷

### 第一稿

中部贫困地区是中部土地革命战争时期和抗日战争时期的革命老区与国定扶贫重点县的交叉区域，共计138个县，这些贫困地区的经济社会发展深受国人关注，也是教育部课题《中部革命老区（贫困地区）经济社会发展比较研究》研究的对象，为了了解其经济社会发展状况、判断其经济社会发展的关键影响因素，并识别其发展潜力，我们设计了此问卷。本调查采用实名方式，通过德尔菲法确定指标，结果只为研究所用。

感谢各位的参与和支持！

南昌大学中国中部经济发展研究中心

《中部革命老区（贫困地区）经济社会发展比较研究》课题组

2014年1月2日

专家个人简历，请填写下面信息，谢谢。

姓名：　　　　　　　　　　　　　　学历：

职称或职务：　　　　　　　　　　　工作单位：

研究方向：

请对以下“中部革命老区（贫困地区）经济社会发展竞争力评价”指标，按照您认为的重要性在相应分值空格内打“√”：（1=非常不重要，2=不重要，3=无所谓，4=重要，5=非常重要）

<table>
<tr><th></th><th>一级指标</th><th>二级指标</th><th>三级指标</th><th>1</th><th>2</th><th>3</th><th>4</th><th>5</th></tr>
<tr><td rowspan="27">中部革命老区贫困地区经济社会发展竞争力</td><td rowspan="11">经济发展</td><td rowspan="5">规模维度</td><td>地区生产总值</td><td></td><td></td><td></td><td></td><td></td></tr>
<tr><td>人均地区生产总值</td><td></td><td></td><td></td><td></td><td></td></tr>
<tr><td>地方财政一般预算收入</td><td></td><td></td><td></td><td></td><td></td></tr>
<tr><td>年固定资产投资额</td><td></td><td></td><td></td><td></td><td></td></tr>
<tr><td>外商直接投资总额</td><td></td><td></td><td></td><td></td><td></td></tr>
<tr><td rowspan="4">结构维度</td><td>非农产业占 GDP 比重</td><td></td><td></td><td></td><td></td><td></td></tr>
<tr><td>红色文化产业占 GDP 比重</td><td></td><td></td><td></td><td></td><td></td></tr>
<tr><td>主导产业与自然资源协调程度（定性）</td><td></td><td></td><td></td><td></td><td></td></tr>
<tr><td>城镇化率</td><td></td><td></td><td></td><td></td><td></td></tr>
<tr><td rowspan="2">速度维度</td><td>GDP 增长速度</td><td></td><td></td><td></td><td></td><td></td></tr>
<tr><td>地方财政收入增长速度</td><td></td><td></td><td></td><td></td><td></td></tr>
<tr><td rowspan="14">资源环境</td><td rowspan="7">资源维度</td><td>人口总量</td><td></td><td></td><td></td><td></td><td></td></tr>
<tr><td>劳动力数量占总人口比重</td><td></td><td></td><td></td><td></td><td></td></tr>
<tr><td>贫困人口比例</td><td></td><td></td><td></td><td></td><td></td></tr>
<tr><td>人均耕地面积</td><td></td><td></td><td></td><td></td><td></td></tr>
<tr><td>独特的旅游景观个数</td><td></td><td></td><td></td><td></td><td></td></tr>
<tr><td>独特的矿产资源储备量</td><td></td><td></td><td></td><td></td><td></td></tr>
<tr><td>万人高速公路占有量</td><td></td><td></td><td></td><td></td><td></td></tr>
<tr><td rowspan="7">生态环境维度</td><td>森林覆盖率</td><td></td><td></td><td></td><td></td><td></td></tr>
<tr><td>自然保护区面积占国土面积的比例</td><td></td><td></td><td></td><td></td><td></td></tr>
<tr><td>水土流失面积占国土面积的比例</td><td></td><td></td><td></td><td></td><td></td></tr>
<tr><td>受灾率</td><td></td><td></td><td></td><td></td><td></td></tr>
<tr><td>万元产值能耗</td><td></td><td></td><td></td><td></td><td></td></tr>
<tr><td>污水处理厂个数</td><td></td><td></td><td></td><td></td><td></td></tr>
<tr><td>垃圾处理厂个数</td><td></td><td></td><td></td><td></td><td></td></tr>
</table>

续表

| | 一级指标 | 二级指标 | 三级指标 | 1 | 2 | 3 | 4 | 5 |
|---|---|---|---|---|---|---|---|---|
| 中部革命老区贫困地区经济社会发展竞争力 | 科教文化 | 科技维度 | 每万人专利申请数 | | | | | |
| | | 教育维度 | 普通中学在校学生数 | | | | | |
| | | | 高中教育普及率 | | | | | |
| | | | 大专及以上文化程度人口占总人口比重 | | | | | |
| | | 文化维度 | 广播电视覆盖率 | | | | | |
| | | | 电话普及率 | | | | | |
| | | | 互联网普及率 | | | | | |
| | 民生保障 | 民生维度 | 城乡居民人均年末储蓄存款余额 | | | | | |
| | | | 农村居民人均纯收入 | | | | | |
| | | | 城镇居民人均可支配收入 | | | | | |
| | | | 人均社会消费品零售额 | | | | | |
| | | 社保维度 | 每万人拥有医院、卫生院床位数 | | | | | |
| | | | 新型农村合作医疗参合率 | | | | | |
| | | | 养老保险覆盖率 | | | | | |
| | | 安全维度 | 每万人刑事案件数 | | | | | |
| | 政府的保障与支持能力 | 科技与经济 | 研发经费占 GDP 比重 | | | | | |
| | | 教育与经济 | 财政性教育支出占 GDP 比重 | | | | | |
| | | 环保与经济 | 环保投入占 GDP 比重 | | | | | |
| | | 扶贫与经济 | 中央专项扶贫资金 | | | | | |
| | | | 省级财政安排的扶贫资金 | | | | | |
| | | 政府工作效率评价 | 政府工作绩效（定性） | | | | | |

如果您认为有其他重要指标，请补充在下面，谢谢。

# 中部贫困地区经济社会发展
# 竞争力评价指标体系调查问卷

## （第二稿）

各位专家，你们好：

调查问卷第一稿中有多位专家从专业的角度提出了新的指标和其他宝贵意见，结合第一稿问卷我们通过利用 SPSS 软件处理情况，特制作了调查问卷第二稿，还需麻烦您填写一下，感谢您的参与和支持。

专家意见：

1.“文化维度”是否应考虑物质文化遗产和非物质文化遗产数量；具有浓郁地方文化特色的产品或产业。

2.“政府工作效率评价”是否考虑到当地发展战略决策的合理性与规划执行的连续性问题。

3. 污水处理厂个数（建议改为城镇污水集中处理率）。

4. 建议在文化维度中增加“人均阅读书数量、居民自组织能力”两项指标。

5. 建议在民生维度中增加“基尼系数、城乡居民收入比和恩格尔系数”三项指标。

6. 定性指标虽然重要，但缺乏操作性。

《中部革命老区（贫困地区）经济社会发展比较研究》课题组

2014 年 2 月 28 日

请对以下“中部革命老区（贫困地区）经济社会发展竞争力评价”指标，按照您认为的重要性在相应分值空格内打“√”：（1=非常不重要，2=不重要，3=无所谓，4=重要，5=非常重要）

| | 一级指标 | 二级指标 | 三级指标 | 1 | 2 | 3 | 4 | 5 |
|---|---|---|---|---|---|---|---|---|
| 中部革命老区贫困地区经济社会发展竞争力 | 经济发展 | 规模维度 | 地区生产总值 | | | | | |
| | | | 地方财政一般预算收入 | | | | | |
| | | 结构维度 | 非农产业占 GDP 比重 | | | | | |
| | | | 红色文化产业占 GDP 比重 | | | | | |
| | | 速度维度 | GDP 增长速度 | | | | | |
| | 资源环境 | 资源维度 | 人口总量 | | | | | |
| | | | 劳动力数量占总人口比重 | | | | | |
| | | | 贫困人口比例 | | | | | |
| | | | 独特的旅游景观个数 | | | | | |
| | | | 独特的矿产资源储备量 | | | | | |
| | | | 万人高速公路占有量 | | | | | |
| | | 生态环境维度 | 森林覆盖率 | | | | | |
| | | | 自然保护区面积占国土面积的比例 | | | | | |
| | | | 水土流失面积占国土面积的比例 | | | | | |
| | | | 万元产值能耗 | | | | | |
| | | | 城镇污水集中处理率 | | | | | |
| | | | 垃圾处理厂个数 | | | | | |
| | 科教文化 | 科技维度 | 每万人专利申请数 | | | | | |
| | | 教育维度 | 普通中学在校学生数 | | | | | |
| | | | 大专及以上文化程度人口占总人口比重 | | | | | |
| | | 文化维度 | 广播电视覆盖率 | | | | | |
| | | | 电话普及率 | | | | | |
| | | | 互联网普及率 | | | | | |
| | | | 人均阅读书数量 | | | | | |
| | | | 居民自组织能力 | | | | | |

续表

| | 一级指标 | 二级指标 | 三级指标 | 1 | 2 | 3 | 4 | 5 |
|---|---|---|---|---|---|---|---|---|
| 中部革命老区贫困地区经济社会发展竞争力 | 科教文化 | 文化维度 | 物质文化遗产数量 | | | | | |
| | | | 非物质文化遗产数量 | | | | | |
| | 民生保障 | 民生维度 | 城乡居民人均年末储蓄存款余额 | | | | | |
| | | | 农村居民人均纯收入 | | | | | |
| | | | 城镇居民人均可支配收入 | | | | | |
| | | | 基尼系数 | | | | | |
| | | | 城乡居民收入比 | | | | | |
| | | | 恩格尔系数 | | | | | |
| | | 社保维度 | 每万人拥有医院、卫生院床位数 | | | | | |
| | | | 新型农村合作医疗参合率 | | | | | |
| | | | 养老保险覆盖率 | | | | | |
| | | 安全维度 | 每万人刑事案件数 | | | | | |
| | 政府的保障与支持能力 | 科技与经济 | 研发经费占 GDP 比重 | | | | | |
| | | 教育与经济 | 财政性教育支出占 GDP 比重 | | | | | |
| | | 扶贫与经济 | 中央专项扶贫资金 | | | | | |
| | | | 省级财政安排的扶贫资金 | | | | | |
| | | 政府工作效率评价 | 政府工作绩效（定性） | | | | | |
| | | | 政府规划执行的连续性 | | | | | |

如果您认为有其他重要指标，请补充在下面，谢谢。

# 附录2　中部贫困地区经济社会发展竞争力评价指标体系德尔菲法评价专家简介

（按姓氏笔画）

| 姓名 | 学位或学历 | 职称或职务 | 工作单位 | 研究方向 |
|---|---|---|---|---|
| 陈国伟 | 本科 | 研究员、处长 | 山西省政府发展研究中心 | 宏观经济、产业经济 |
| 邓群钊 | 博士 | 教授 | 南昌大学 | 管理科学与工程 |
| 高平 | 本科 | 研究员 | 江西省社会科学院 | 农村社会学 |
| 何宜庆 | 博士 | 教授 | 南昌大学经济与管理学院 | 金融管理 |
| 刘圣中 | 博士 | 教授 | 南昌大学 | 行政管理 |
| 黎继 | 博士 | 处长 | 湖北省政府研究室（研究中心） | 当代中国政府与政治 |
| 罗序斌 | 博士 | 讲师 | 江西师范大学财政金融学 | 区域经济 |
| 凌宏彬 | 博士 | 社会研究处处长 | 安徽省政府发展研究中心 | 社会发展、文化建设 |
| 刘耀彬 | 博士 | 教授 | 南昌大学经济与管理学院 | 区域经济学 |
| 彭道宾 | 研究生 | 高级统计师 | 江西省统计局 | 统计、经济 |
| 沈昕 | 博士 | 教授 | 安徽大学 | 应用社会学 |
| 王志国 | 研究生 | 研究员 | 江西省政府发展研究中心 | 区域经济、政府经济政策 |
| 谢海东 | 博士 | 副教授 | 南昌大学经管学院 | 经济理论与政策 |
| 曾万涛 | 博士 | 研究员 | 湖南省人民政府经济研究信息中心 | 城市与区域经济 |
| 邹秀清 | 博士 | 教授 | 江西财经大学 | 土地经济 |
| 周绍森 | 博士 | 教授 | 中国中部经济发展研究中心 | 区域经济、人力资源与科技管理 |

# 附录3　中部130个贫困老区县综合实力评价原始指标数据

表1　指标X1~X8

| 省份 | 地区 | X1 地区生产总值（万元） | X2 地方财政一般预算收入（万元） | X3 固定资产投资额（万元） | X4 农林牧渔业总产值（万元） | X5 贫困人口（万人） | X6 人均地区生产总值（元） | X7 GDP 增长速度（%） | X8 非农产业占 GDP 比重（%） |
|---|---|---|---|---|---|---|---|---|---|
| 山西省 | 娄烦 | 171332 | 60492 | 136310 | 35985 | 4.80 | 15981 | 59.09 | 89.38 |
| | 阳高 | 256522 | 18397 | 576567 | 208858 | 6.21 | 9581 | 64.28 | 60.42 |
| | 天镇 | 188914 | 7048 | 487387 | 105297 | 7.38 | 9031 | 59.7 | 70.04 |
| | 广灵 | 193689 | 8742 | 488148 | 105256 | 1.88 | 10413 | 62.92 | 73.63 |
| | 灵丘 | 312203 | 22563 | 697709 | 69962 | 5.64 | 13118 | 20.20 | 89.65 |
| | 浑源 | 386927 | 37240 | 803720 | 164313 | 5.60 | 11087 | 48.81 | 74.27 |
| | 平顺 | 217623 | 7459 | 269514 | 46155 | 6.27 | 14489 | 47.05 | 88.74 |
| | 壶关 | 409622 | 21598 | 382000 | 77644 | 8.57 | 13924 | 51.74 | 89.16 |
| | 武乡 | 688201 | 55945 | 200258 | 52628 | 7.43 | 37799 | 72.23 | 95.63 |
| | 左权 | 351124 | 44186 | 769838 | 49817 | 5.40 | 21509 | 40.05 | 91.72 |
| | 和顺 | 429732 | 62964 | 511343 | 49870 | 5.04 | 29434 | 71.88 | 93.06 |

续表

| 省份 | 地区 | X1 地区生产总值（万元） | X2 地方财政一般预算收入（万元） | X3 固定资产投资额（万元） | X4 农林牧渔业总产值（万元） | X5 贫困人口（万人） | X6 人均地区生产总值（元） | X7 GDP 增长速度（%） | X8 非农产业占 GDP 比重（%） |
|---|---|---|---|---|---|---|---|---|---|
| 山西省 | 平陆 | 322345 | 11407 | 411975 | 162686 | 4. 60 | 12306 | 59. 31 | 71. 98 |
| | 五台 | 376003 | 29086 | 349317 | 93512 | 4. 79 | 12467 | 52. 8 | 86. 31 |
| | 代县 | 585927 | 56011 | 335944 | 56314 | 4. 83 | 26914 | 62. 08 | 94. 43 |
| | 繁峙 | 601203 | 36163 | 588927 | 72612 | 7. 51 | 22193 | 79. 46 | 93. 4 |
| | 宁武 | 415409 | 57201 | 553757 | 31271 | 5. 50 | 25532 | 83. 81 | 95. 94 |
| | 静乐 | 214536 | 23407 | 528176 | 46854 | 5. 20 | 13518 | 52. 77 | 87. 76 |
| | 神池 | 162745 | 19790 | 272422 | 101625 | 3. 20 | 15125 | 58. 88 | 63. 38 |
| | 五寨 | 206223 | 18712 | 233201 | 76707 | 4. 58 | 18939 | 47. 08 | 78. 66 |
| | 岢岚 | 171447 | 13606 | 332497 | 58646 | 5. 40 | 19936 | 70. 69 | 80. 25 |
| | 河曲 | 659029 | 58339 | 813395 | 58375 | 4. 68 | 44801 | 48. 14 | 95. 09 |
| | 偏关 | 257231 | 20007 | 193459 | 81029 | 4. 80 | 22564 | 56. 33 | 82. 12 |
| | 吉县 | 177445 | 24606 | 224898 | 85135 | 4. 20 | 16414 | 44. 16 | 71. 95 |
| | 大宁 | 43914 | 5390 | 80593 | 26823 | 3. 59 | 6704 | −12. 55 | 65. 63 |
| | 隰县 | 111752 | 12371 | 169200 | 54428 | 4. 02 | 10622 | 48. 05 | 75. 39 |
| | 汾西 | 183585 | 16530 | 209366 | 48484 | 4. 20 | 12499 | 35. 74 | 86. 24 |

续表

| 省份 | 地区 | X1 地区生产总值（万元） | X2 地方财政一般预算收入（万元） | X3 固定资产投资额（万元） | X4 农林牧渔业总产值（万元） | X5 贫困人口（万人） | X6 人均地区生产总值（元） | X7 GDP增长速度（%） | X8 非农产业占GDP比重（%） |
|---|---|---|---|---|---|---|---|---|---|
| 山西省 | 临县 | 402882 | 62416 | 407407 | 161902 | 23. 24 | 6851 | 36. 04 | 75. 97 |
| | 石楼 | 79312 | 6914 | 72671 | 45014 | 6. 70 | 6984 | 48. 39 | 66. 56 |
| | 岚县 | 208239 | 61909 | 530122 | 49554 | 1. 40 | 11782 | 98. 96 | 86. 01 |
| | 方山 | 271514 | 36163 | 142164 | 27988 | 5. 89 | 18584 | 33. 22 | 94. 46 |
| | 中阳 | 669710 | 71867 | 375864 | 23304 | 3. 69 | 46711 | 43. 83 | 98. 12 |
| 安徽省 | 潜山 | 1152151 | 56568 | 794855 | 333594 | 10. 72 | 23043 | 48 | 80. 87 |
| | 太湖 | 847828 | 34325 | 740546 | 382715 | 14. 09 | 16463 | 50. 75 | 75. 06 |
| | 宿松 | 1327852 | 55298 | 1005264 | 703910 | 14. 01 | 23255 | 46. 24 | 69. 86 |
| | 岳西 | 671963 | 31978 | 640611 | 247600 | 12. 54 | 20868 | 47. 59 | 78. 62 |
| | 砀山 | 1298811 | 54624 | 905683 | 671473 | 11. 62 | 16235 | 64. 68 | 69. 52 |
| | 萧县 | 1813671 | 83481 | 1470366 | 947733 | 24. 17 | 16040 | 55. 72 | 71. 9 |
| | 灵璧 | 1424417 | 51689 | 724695 | 907644 | 12. 33 | 14609 | 55. 3 | 64. 86 |
| | 泗县 | 1327811 | 57026 | 751439 | 836598 | 9. 97 | 16618 | 51. 18 | 65. 08 |
| | 寿县 | 1151003 | 76505 | 1037154 | 766721 | 15. 13 | 11067 | 7. 64 | 64. 79 |
| | 霍邱 | 2147482 | 221346 | 1199366 | 855604 | 21. 19 | 17235 | 50. 26 | 78. 98 |

续表

| 省份 | 地区 | X1 地区生产总值（万元） | X2 地方财政一般预算收入（万元） | X3 固定资产投资额（万元） | X4 农林牧渔业总产值（万元） | X5 贫困人口（万人） | X6 人均地区生产总值（元） | X7 GDP 增长速度（%） | X8 非农产业占 GDP 比重（%） |
|---|---|---|---|---|---|---|---|---|---|
| 安徽省 | 舒城 | 1405353 | 75442 | 877854 | 506741 | 13.15 | 18763 | 47.98 | 79.19 |
| | 金寨 | 801575 | 43207 | 875001 | 305919 | 14.77 | 13337 | 33.06 | 78.61 |
| | 石台 | 189034 | 14177 | 108171 | 57154 | 2.88 | 20547 | 50.62 | 80.44 |
| 河南省 | 兰考 | 1928483 | 91869 | 1033409 | 350238 | 13.04 | 28974 | 54.47 | 81.84 |
| | 栾川 | 1440442 | 150979 | 1598753 | 150920 | 5.50 | 41831 | 1.2 | 89.52 |
| | 嵩县 | 1467493 | 62689 | 1558854 | 310418 | 6.99 | 28777 | 35.27 | 78.85 |
| | 汝阳 | 1155195 | 56717 | 1134366 | 156486 | 6.02 | 28001 | 63.91 | 86.45 |
| | 宜阳 | 1946139 | 72399 | 2031589 | 328515 | 7.51 | 32162 | 52.14 | 83.12 |
| | 洛宁 | 1387703 | 65762 | 1534813 | 303017 | 5.86 | 32791 | 49.02 | 78.16 |
| | 鲁山 | 1174530 | 63396 | 1168753 | 238522 | 14.00 | 14936 | 55.1 | 79.69 |
| | 滑县 | 1830323 | 63440 | 1133208 | 647154 | 15.80 | 16233 | 33.88 | 64.64 |
| | 封丘 | 1016592 | 31037 | 1034149 | 356485 | 14.60 | 13931 | 45.08 | 64.93 |
| | 范县 | 1303241 | 38698 | 1166983 | 158923 | 4.54 | 27559 | 60.94 | 87.81 |
| | 台前 | 724352 | 23760 | 535466 | 90177 | 8.48 | 22371 | 35.25 | 87.55 |
| | 卢氏 | 685294 | 50398 | 795688 | 167764 | 7.20 | 19357 | 56.54 | 75.52 |

续表

| 省份 | 地区 | X1 地区生产总值（万元） | X2 地方财政一般预算收入（万元） | X3 固定资产投资额（万元） | X4 农林牧渔业总产值（万元） | X5 贫困人口（万人） | X6 人均地区生产总值（元） | X7 GDP 增长速度（%） | X8 非农产业占 GDP 比重（%） |
|---|---|---|---|---|---|---|---|---|---|
| 河南省 | 南召 | 1052411 | 40212 | 983326 | 159085 | 7. 26 | 19130 | 12. 32 | 84. 88 |
| | 桐柏 | 1344482 | 54325 | 1223611 | 183725 | 7. 84 | 34577 | 34. 28 | 86. 33 |
| | 民权 | 1498910 | 50005 | 1292811 | 392169 | 11. 20 | 20678 | 39. 53 | 73. 84 |
| | 光山 | 1379734 | 39626 | 1459202 | 422763 | 9. 36 | 22785 | 45. 77 | 69. 36 |
| | 新县 | 898238 | 22823 | 990970 | 230935 | 4. 30 | 30884 | 50. 63 | 74. 29 |
| | 商城 | 1313983 | 33800 | 1152926 | 379893 | 10. 28 | 25138 | 54. 93 | 71. 09 |
| | 固始 | 2362245 | 77460 | 1854338 | 765276 | 18. 00 | 22231 | 34. 36 | 67. 6 |
| | 上蔡 | 1676475 | 41439 | 824000 | 388682 | 25. 04 | 16552 | 42. 54 | 76. 82 |
| | 确山 | 1170558 | 45500 | 836665 | 307489 | 2. 93 | 29431 | 45. 52 | 73. 73 |
| 湖北省 | 阳新 | 1690231 | 84500 | 1920900 | 670700 | 13. 55 | 20842 | 52. 67 | 71. 41 |
| | 郧县 | 736206 | 85542 | 1093896 | 397200 | 18. 88 | 13115 | 67. 59 | 66. 97 |
| | 郧西 | 531900 | 25048 | 506118 | 381100 | 19. 25 | 13127 | 59. 83 | 62. 06 |
| | 竹山 | 681272 | 52849 | 953204 | 377800 | 14. 91 | 16286 | 89. 24 | 65. 27 |
| | 竹溪 | 561760 | 42600 | 525684 | 395300 | 13. 20 | 18133 | 60. 73 | 62. 89 |
| | 房县 | 606848 | 39900 | 1071215 | 426600 | 12. 38 | 16033 | 69. 89 | 59. 89 |

续表

| 省份 | 地区 | X1 地区生产总值（万元） | X2 地方财政一般预算收入（万元） | X3 固定资产投资额（万元） | X4 农林牧渔业总产值（万元） | X5 贫困人口（万人） | X6 人均地区生产总值（元） | X7 GDP 增长速度（%） | X8 非农产业占 GDP 比重（%） |
|---|---|---|---|---|---|---|---|---|---|
| 湖北省 | 丹江口 | 1507151 | 221465 | 1284838 | 455200 | 12.99 | 38011 | 63.57 | 83.58 |
| | 秭归 | 912355 | 62000 | 770264 | 328800 | 10.54 | 25289 | 72.47 | 78.33 |
| | 长阳 | 1005094 | 57693 | 598549 | 534900 | 9.38 | 26087 | 78.91 | 68.21 |
| | 孝昌 | 926509 | 70784 | 889627 | 522000 | 16.57 | 15777 | 51.79 | 69.84 |
| | 大悟 | 1049850 | 68156 | 1390944 | 522400 | 13.52 | 17015 | 53.53 | 71.7 |
| | 红安 | 1054972 | 78800 | 1240900 | 343400 | 14.90 | 17835 | 61.51 | 78.54 |
| | 罗田 | 953290 | 44778 | 977474 | 368000 | 14.34 | 17838 | 51 | 75.71 |
| | 英山 | 709839 | 28288 | 619800 | 440700 | 11.94 | 19847 | 49.09 | 57.2 |
| | 蕲春 | 1621404 | 83052 | 1850228 | 643600 | 16.10 | 21215 | 60.68 | 74.68 |
| | 麻城 | 2018507 | 111700 | 2182800 | 821300 | 20.90 | 24577 | 68.84 | 76.66 |
| | 恩施市 | 1414951 | 155430 | 1120272 | 408000 | 20.88 | 18524 | 62.75 | 82.82 |
| | 利川 | 820094 | 77160 | 678290 | 488800 | 25.77 | 12467 | 50.53 | 65.33 |
| | 建始 | 639037 | 77694 | 527773 | 291400 | 16.73 | 15473 | 62.11 | 73.95 |
| | 巴东 | 740000 | 52066 | 645793 | 273400 | 21.21 | 17483 | 49.98 | 78.58 |
| | 宣恩 | 452753 | 21880 | 275200 | 236900 | 10.99 | 15038 | 55.37 | 70.51 |

续表

| 省份 | 地区 | X1 地区生产总值（万元） | X2 地方财政一般预算收入（万元） | X3 固定资产投资额（万元） | X4 农林牧渔业总产值（万元） | X5 贫困人口（万人） | X6 人均地区生产总值（元） | X7 GDP 增长速度（%） | X8 非农产业占 GDP 比重（%） |
|---|---|---|---|---|---|---|---|---|---|
| 湖北省 | 咸丰 | 544879 | 30101 | 431341 | 224800 | 16. 45 | 17961 | 56. 48 | 74. 79 |
| | 来凤 | 467380 | 25088 | 403341 | 184000 | 9. 33 | 19279 | 54. 86 | 76. 92 |
| | 鹤峰 | 395069 | 20222 | 291528 | 165000 | 8. 50 | 19656 | 50. 45 | 77. 03 |
| | 神农架林区 | 185745 | 29960 | 255550 | 35551 | 0. 95 | 24123 | 51. 01 | 90. 56 |
| 湖南省 | 邵阳 | 994487 | 50068 | 991361 | 408535 | 18. 60 | 10509 | 52. 39 | 72. 55 |
| | 隆回 | 1121700 | 52905 | 1185000 | 451047 | 22. 10 | 10170 | 48. 50 | 75. 20 |
| | 城步 | 272609 | 19905 | 262375 | 142660 | 6. 40 | 10574 | 45. 82 | 69. 90 |
| | 平江 | 1834183 | 52127 | 1368400 | 535724 | 19. 00 | 18997 | 56. 81 | 80. 93 |
| | 安化 | 1465000 | 53671 | 929000 | 548565 | 15. 85 | 16062 | 65. 53 | 77. 41 |
| | 汝城 | 419286 | 39629 | 514478 | 214319 | 5. 51 | 12557 | 59. 54 | 77. 81 |
| | 桂东 | 218764 | 13560 | 334210 | 67572 | 3. 82 | 9434 | 59. 65 | 82. 24 |
| | 新田 | 529462 | 29273 | 448723 | 273106 | 8. 59 | 15819 | 55. 66 | 72. 61 |
| | 江华 | 736431 | 42900 | 632600 | 353462 | 10. 19 | 17488 | 56. 59 | 73. 96 |
| | 沅陵 | 1557832 | 82400 | 740888 | 271867 | 13. 81 | 26489 | 63. 36 | 89. 36 |

续表

| 省份 | 地区 | X1 地区生产总值（万元） | X2 地方财政一般预算收入（万元） | X3 固定资产投资额（万元） | X4 农林牧渔业总产值（万元） | X5 贫困人口（万人） | X6 人均地区生产总值（元） | X7 GDP 增长速度（%） | X8 非农产业占 GDP 比重（%） |
|---|---|---|---|---|---|---|---|---|---|
| 湖南省 | 通道 | 294977 | 18708 | 216964 | 106611 | 5.58 | 14100 | 61.97 | 78.87 |
| | 新化 | 1687072 | 68595 | 927800 | 746589 | 21.80 | 15019 | 71.25 | 72.37 |
| | 泸溪 | 474720 | 22681 | 152400 | 111320 | 8.98 | 16822 | 27.84 | 86.35 |
| | 凤凰 | 541401 | 51192 | 356437 | 125450 | 9.83 | 15324 | 57.56 | 86.39 |
| | 花垣 | 582814 | 38481 | 149417 | 96609 | 7.47 | 19939 | 20.68 | 90.92 |
| | 保靖 | 359408 | 17885 | 192300 | 117987 | 8.53 | 12620 | 8.55 | 80.52 |
| | 古丈 | 172286 | 23001 | 189000 | 62335 | 4.31 | 13345 | 61.01 | 79.94 |
| | 永顺 | 466405 | 24330 | 513600 | 217259 | 15.98 | 10658 | 51.06 | 72.17 |
| | 龙山 | 551216 | 25174 | 493060 | 244024 | 15.15 | 10739 | 46.06 | 73.82 |
| 江西省 | 莲花 | 483876 | 65586 | 440002 | 75688 | 3.56 | 20273 | 72.14 | 84.45 |
| | 修水 | 1104175 | 184819 | 1083390 | 161460 | 12.59 | 14772 | 80.17 | 85.68 |
| | 赣县 | 1158838 | 99300 | 988141 | 190462 | 10.48 | 20992 | 54.64 | 83.78 |
| | 上犹 | 430999 | 41065 | 324247 | 94295 | 5.57 | 16558 | 55.99 | 78.43 |
| | 安远 | 444726 | 37564 | 119211 | 139113 | 6.04 | 12928 | 48.5 | 69.07 |
| | 宁都 | 1117922 | 59729 | 473429 | 264561 | 14.40 | 13945 | 40.08 | 76.99 |

续表

| 省份 | 地区 | X1 地区生产总值（万元） | X2 地方财政一般预算收入（万元） | X3 固定资产投资额（万元） | X4 农林牧渔业总产值（万元） | X5 贫困人口（万人） | X6 人均地区生产总值（元） | X7 GDP 增长速度（%） | X8 非农产业占 GDP 比重（%） |
|---|---|---|---|---|---|---|---|---|---|
| 江西省 | 于都 | 1400128 | 87024 | 1014422 | 219870 | 16. 22 | 16247 | 55. 23 | 84. 56 |
| | 兴国 | 1108360 | 63133 | 685044 | 263897 | 12. 91 | 15240 | 43. 55 | 76. 35 |
| | 会昌 | 675811 | 63090 | 315607 | 147861 | 8. 87 | 15031 | 59. 17 | 78. 47 |
| | 寻乌 | 446783 | 36956 | 250786 | 117807 | 5. 73 | 15359 | 30. 93 | 73. 78 |
| | 吉安 | 1205603 | 151578 | 1592339 | 232738 | 5. 65 | 25694 | 65. 1 | 80. 85 |
| | 遂川 | 861672 | 76147 | 860212 | 147064 | 9. 29 | 15907 | 57. 04 | 83. 89 |
| | 万安 | 518628 | 58848 | 466223 | 114257 | 5. 44 | 17016 | 57. 73 | 78. 28 |
| | 永新 | 710046 | 55489 | 707459 | 151726 | 8. 00 | 14777 | 53. 75 | 78. 8 |
| | 井冈山 | 492838 | 52521 | 463863 | 47243 | 2. 42 | 32023 | 56. 03 | 91. 08 |
| | 乐安 | 441624 | 42241 | 292762 | 83783 | 6. 74 | 12628 | 52. 8 | 81. 37 |
| | 广昌 | 416272 | 49985 | 352440 | 79561 | 4. 77 | 17518 | 105. 83 | 81. 56 |
| | 上饶 | 1471552 | 110551 | 1561123 | 149180 | 11. 00 | 20784 | 68. 78 | 89. 98 |
| | 横峰 | 688136 | 94279 | 541445 | 62818 | 2. 68 | 35816 | 53. 33 | 91. 14 |
| | 余干 | 1018499 | 83789 | 870067 | 350391 | 11. 14 | 11356 | 55. 03 | 67. 49 |
| | 鄱阳 | 1531219 | 95923 | 1286737 | 519283 | 15. 32 | 11674 | 90. 75 | 66. 45 |

表 2　指标 X9～X16

| 省份 | 地区 | X9 城镇化率（%） | X10 农村居民人均纯收入（元） | X11 城乡收入比（%） | X12 居民储蓄存款余额（万元） | X13 财政性教育支出占 GDP 比重（%） | X14 卫生支出占 GDP 的比重（%） | X15 每万人拥有各种社会福利收养性单位床位数（张/万人） | X16 基尼系数 |
|---|---|---|---|---|---|---|---|---|---|
| 山西省 | 娄烦 | 38.12 | 4602 | 3.42 | 245000 | 7.7 | 4.77 | 86.54 | 0.20 |
| | 阳高 | 36.07 | 5186 | 3.04 | 432712 | 12.54 | 3.95 | 17.24 | 0.25 |
| | 天镇 | 35.62 | 4735 | 3.45 | 384562 | 13.84 | 6.29 | 8.59 | 0.25 |
| | 广灵 | 24.16 | 4982 | 3.27 | 338663 | 14.35 | 6.27 | 9.56 | 0.24 |
| | 灵丘 | 26.21 | 5195 | 3.82 | 558503 | 9.14 | 4.33 | 43.00 | 0.22 |
| | 浑源 | 35.75 | 5143 | 3.23 | 510735 | 8.85 | 5.74 | 15.56 | 0.24 |
| | 平顺 | 26.06 | 4155 | 4.08 | 210665 | 8.64 | 3.40 | 39.38 | 0.21 |
| | 壶关 | 26.38 | 4005 | 4.17 | 456859 | 7.24 | 3.31 | 39.13 | 0.22 |
| | 武乡 | 30.11 | 4476 | 3.86 | 406851 | 3.51 | 1.51 | 37.86 | 0.13 |
| | 左权 | 40.69 | 3699 | 5.29 | 524699 | 5.96 | 2.53 | 52.56 | 0.18 |
| | 和顺 | 43.21 | 4347 | 4.09 | 472724 | 5.19 | 2.11 | 21.79 | 0.15 |
| | 平陆 | 28.20 | 4745 | 3.54 | 447380 | 9.37 | 3.39 | 10.56 | 0.23 |
| | 五台 | 31.98 | 4555 | 4.15 | 875400 | 10.18 | 3.82 | 6.88 | 0.23 |

续表

| 省份 | 地区 | X9 城镇化率（%） | X10 农村居民人均纯收入（元） | X11 城乡收入比（%） | X12 居民储蓄存款余额（万元） | X13 财政性教育支出占 GDP 比重（%） | X14 卫生支出占 GDP 的比重（%） | X15 每万人拥有各种社会福利收养性单位床位数（张/万人） | X16 基尼系数 |
|---|---|---|---|---|---|---|---|---|---|
| 山西省 | 代县 | 40. 11 | 4098 | 4. 7 | 929940 | 5. 07 | 1. 61 | 10. 57 | 0. 16 |
| | 繁峙 | 40. 58 | 5381 | 3. 9 | 678117 | 6. 64 | 2. 39 | 7. 36 | 0. 18 |
| | 宁武 | 45. 67 | 3777 | 4. 61 | 609312 | 7. 06 | 2. 99 | 18. 05 | 0. 16 |
| | 静乐 | 34. 27 | 4566 | 3. 6 | 218837 | 9. 66 | 4. 14 | 1. 88 | 0. 22 |
| | 神池 | 34. 23 | 5353 | 3. 13 | 246000 | 11. 53 | 2. 99 | 28. 33 | 0. 21 |
| | 五寨 | 42. 08 | 5121 | 3. 41 | 360123 | 8. 28 | 2. 99 | 15. 00 | 0. 19 |
| | 岢岚 | 44. 48 | 4541 | 4. 21 | 210315 | 16. 01 | 1. 26 | 28. 75 | 0. 18 |
| | 河曲 | 45. 85 | 4535 | 4. 3 | 666203 | 3. 9 | 2. 99 | 2. 67 | 0. 11 |
| | 偏关 | 43. 80 | 4753 | 3. 4 | 298701 | 6. 72 | 2. 16 | 10. 00 | 0. 17 |
| | 吉县 | 31. 35 | 3562 | 4. 11 | 151689 | 9. 76 | 4. 47 | 12. 91 | 0. 20 |
| | 大宁 | 40. 72 | 2249 | 6. 37 | 75247 | 26. 17 | 8. 98 | 7. 29 | 0. 28 |
| | 隰县 | 40. 49 | 3937 | 4. 33 | 168936 | 16. 83 | 7. 00 | 5. 36 | 0. 24 |
| | 汾西 | 40. 41 | 2670 | 6. 98 | 154589 | 10. 18 | 4. 35 | 7. 33 | 0. 23 |
| | 临县 | 26. 56 | 3488 | 3. 76 | 457370 | 15. 44 | 2. 99 | 1. 38 | 0. 28 |

续表

| 省份 | 地区 | X9 城镇化率（%） | X10 农村居民人均纯收入（元） | X11 城乡收入比（%） | X12 居民储蓄存款余额（万元） | X13 财政性教育支出占 GDP 比重（%） | X14 卫生支出占 GDP 的比重（%） | X15 每万人拥有各种社会福利收养性单位床位数（张/万人） | X16 基尼系数 |
|---|---|---|---|---|---|---|---|---|---|
| 山西省 | 石楼 | 39.45 | 2363 | 4.65 | 140336 | 21.9 | 3.53 | 1.54 | 0.28 |
| | 岚县 | 30.22 | 3721 | 4.01 | 305738 | 15.6 | 2.99 | 4.74 | 0.23 |
| | 方山 | 30.35 | 3340 | 4.76 | 190641 | 7.09 | 2.99 | 14.76 | 0.19 |
| | 中阳 | 59.77 | 4870 | 3.38 | 538003 | 4.08 | 1.29 | 11.13 | 0.11 |
| 安徽省 | 潜山 | 41.50 | 6193 | 3.25 | 951506 | 4.21 | 2.81 | 51.69 | 0.17 |
| | 太湖 | 39.80 | 5974 | 3.37 | 652924 | 5.76 | 3.24 | 59.39 | 0.20 |
| | 宿松 | 39.70 | 6995 | 2.88 | 1031221 | 6.19 | 2.96 | 30.80 | 0.17 |
| | 岳西 | 40.00 | 5611 | 4.04 | 486570 | 6.48 | 3.50 | 38.80 | 0.20 |
| | 砀山 | 42.00 | 7193 | 3.02 | 1134378 | 4.98 | 3.19 | 28.97 | 0.20 |
| | 萧县 | 39.70 | 7980 | 2.52 | 1433970 | 5.18 | 3.03 | 25.55 | 0.20 |
| | 灵璧 | 32.00 | 7242 | 2.78 | 1118804 | 5.13 | 3.68 | 25.24 | 0.21 |
| | 泗县 | 30.00 | 7451 | 2.7 | 760622 | 4.14 | 3.15 | 14.36 | 0.20 |
| | 寿县 | 41.00 | 7148 | 2.82 | 1175535 | 7.73 | 4.75 | 45.71 | 0.24 |
| | 霍邱 | 43.00 | 7526 | 2.24 | 1387686 | 4.98 | 2.94 | 41.67 | 0.20 |

续表

| 省份 | 地区 | X9 城镇化率（%） | X10 农村居民人均纯收入（元） | X11 城乡收入比（%） | X12 居民储蓄存款余额（万元） | X13 财政性教育支出占 GDP 比重（%） | X14 卫生支出占 GDP 的比重（%） | X15 每万人拥有各种社会福利收养性单位床位数（张/万人） | X16 基尼系数 |
|---|---|---|---|---|---|---|---|---|---|
| 安徽省 | 舒城 | 39.50 | 7685 | 2.4 | 1427665 | 4.91 | 3.06 | 39.14 | 0.19 |
| | 金寨 | 39.70 | 7146 | 2.98 | 765452 | 9.37 | 4.08 | 48.21 | 0.22 |
| | 石台 | 48.00 | 5053 | 3.98 | 231093 | 6.27 | 4.29 | 93.73 | 0.18 |
| 河南省 | 兰考 | 31.48 | 6756 | 2.45 | 888835 | 3.37 | 1.34 | 17.29 | 0.15 |
| | 栾川 | 41.41 | 7317 | 2.88 | 713653 | 3.53 | 0.78 | 54.79 | 0.12 |
| | 嵩县 | 27.95 | 7323 | 2.71 | 611922 | 3.53 | 1.74 | 22.12 | 0.15 |
| | 汝阳 | 28.37 | 6653 | 2.77 | 506565 | 2.77 | 1.47 | 29.48 | 0.15 |
| | 宜阳 | 29.14 | 6869 | 2.85 | 625151 | 3.23 | 1.34 | 21.91 | 0.14 |
| | 洛宁 | 26.63 | 6644 | 2.86 | 466869 | 3.49 | 1.49 | 23.84 | 0.14 |
| | 鲁山 | 30.62 | 5714 | 2.71 | 1100797 | 5.3 | 2.99 | 20.91 | 0.21 |
| | 滑县 | 23.40 | 6839 | 2.57 | 1352403 | 4.1 | 2.71 | 15.04 | 0.20 |
| | 封丘 | 29.27 | 6601 | 2.4 | 759091 | 4.94 | 2.90 | 32.63 | 0.22 |
| | 范县 | 26.61 | 6081 | 2.45 | 625872 | 3.33 | 1.47 | 21.40 | 0.16 |
| | 台前 | 26.08 | 5722 | 2.53 | 459260 | 5.58 | 2.68 | 22.08 | 0.17 |

续表

| 省份 | 地区 | X9 城镇化率（%） | X10 农村居民人均纯收入（元） | X11 城乡收入比（%） | X12 居民储蓄存款余额（万元） | X13 财政性教育支出占 GDP 比重（%） | X14 卫生支出占 GDP 的比重（%） | X15 每万人拥有各种社会福利收养性单位床位数（张/万人） | X16 基尼系数 |
|---|---|---|---|---|---|---|---|---|---|
| 河南省 | 卢氏 | 31.00 | 5866 | 3.19 | 565567 | 4.85 | 0.56 | 33.72 | 0.19 |
| | 南召 | 33.11 | 6701 | 2.82 | 613984 | 5.12 | 1.47 | 61.89 | 0.19 |
| | 桐柏 | 38.55 | 6420 | 2.97 | 615302 | 3.02 | 1.32 | 36.72 | 0.14 |
| | 民权 | 29.42 | 6689 | 2.65 | 859554 | 4.64 | 1.99 | 26.60 | 0.18 |
| | 光山 | 33.13 | 7940 | 2.33 | 1212579 | 5.8 | 2.32 | 50.85 | 0.17 |
| | 新县 | 41.44 | 7946 | 2.33 | 605336 | 4.46 | 1.47 | 37.63 | 0.15 |
| | 商城 | 32.99 | 7704 | 2.4 | 1035338 | 5.81 | 1.47 | 35.52 | 0.16 |
| | 固始 | 33.90 | 8121 | 2.27 | 2051619 | 5.03 | 2.19 | 30.63 | 0.18 |
| | 上蔡 | 31.04 | 7125 | 2.5 | 1592540 | 5.46 | 2.75 | 34.19 | 0.20 |
| | 确山 | 35.14 | 7310 | 2.45 | 838312 | 3.65 | 1.87 | 42.15 | 0.15 |
| 湖北省 | 阳新 | 33.63 | 6362 | 2.33 | 1095975 | 4.36 | 2.82 | 20.12 | 0.18 |
| | 郧县 | 34.95 | 5165 | 2.5 | 703852 | 5.49 | 2.80 | 49.60 | 0.22 |
| | 郧西 | 35.85 | 4931 | 2.8 | 680867 | 4.82 | 3.47 | 41.83 | 0.22 |
| | 竹山 | 34.03 | 5099 | 2.86 | 505560 | 4.25 | 2.67 | 86.65 | 0.20 |

续表

| 省份 | 地区 | X9 城镇化率（%） | X10 农村居民人均纯收入（元） | X11 城乡收入比（%） | X12 居民储蓄存款余额（万元） | X13 财政性教育支出占 GDP 比重（%） | X14 卫生支出占 GDP 的比重（%） | X15 每万人拥有各种社会福利收养性单位床位数（张/万人） | X16 基尼系数 |
|---|---|---|---|---|---|---|---|---|---|
| 湖北省 | 竹溪 | 32.62 | 5105 | 2.57 | 477000 | 3.87 | 3.13 | 102.41 | 0.19 |
| | 房县 | 34.41 | 5149 | 3.01 | 635198 | 6.71 | 2.42 | 62.75 | 0.20 |
| | 丹江口 | 46.33 | 6015 | 2.86 | 1157496 | 2.38 | 1.45 | 72.39 | 0.13 |
| | 秭归 | 34.03 | 5331 | 3.06 | 568999 | 3.8 | 2.02 | 59.47 | 0.16 |
| | 长阳 | 27.53 | 5466 | 3.15 | 653694 | 3.31 | 1.67 | 37.60 | 0.16 |
| | 孝昌 | 34.83 | 6221 | 2.9 | 804296 | 6.43 | 2.63 | 44.16 | 0.21 |
| | 大悟 | 39.30 | 6467 | 2.77 | 880625 | 5.25 | 0.57 | 34.06 | 0.20 |
| | 红安 | 35.86 | 5641 | 3.19 | 834300 | 5.87 | 0.38 | 15.55 | 0.19 |
| | 罗田 | 35.88 | 5998 | 3.01 | 940535 | 4.13 | 2.23 | 13.29 | 0.19 |
| | 英山 | 34.89 | 5913 | 2.98 | 737354 | 4.93 | 1.59 | 79.45 | 0.19 |
| | 蕲春 | 35.58 | 6247 | 2.83 | 1685697 | 2.8 | 0.76 | 37.71 | 0.18 |
| | 麻城 | 39.22 | 6001 | 3.06 | 1563236 | 4.69 | 0.48 | 27.12 | 0.17 |
| | 恩施市 | 46.41 | 5329 | 3.5 | 1193284 | 4.38 | 2.36 | 44.57 | 0.19 |
| | 利川 | 33.85 | 5195 | 3.09 | 948782 | 7.93 | 4.63 | 8.70 | 0.23 |

续表

| 省份 | 地区 | X9 城镇化率（%） | X10 农村居民人均纯收入（元） | X11 城乡收入比（%） | X12 居民储蓄存款余额（万元） | X13 财政性教育支出占 GDP 比重（%） | X14 卫生支出占 GDP 的比重（%） | X15 每万人拥有各种社会福利收养性单位床位数（张/万人） | X16 基尼系数 |
|---|---|---|---|---|---|---|---|---|---|
| 湖北省 | 建始 | 29.80 | 5193 | 3.07 | 375412 | 5.71 | 4.05 | 29.16 | 0.21 |
| | 巴东 | 30.09 | 5216 | 3.06 | 499294 | 4.4 | 3.41 | 23.42 | 0.20 |
| | 宣恩 | 27.50 | 5173 | 3.09 | 328681 | 6.18 | 3.94 | 38.75 | 0.21 |
| | 咸丰 | 33.49 | 5152 | 3.08 | 328259 | 4.99 | 1.85 | 34.62 | 0.19 |
| | 来凤 | 31.00 | 5153 | 3.15 | 266598 | 5.21 | 4.14 | 32.33 | 0.19 |
| | 鹤峰 | 32.65 | 5521 | 2.97 | 295466 | 6.17 | 2.47 | 44.68 | 0.19 |
| | 神农架林区 | 46.21 | 5677 | 2.63 | 158993 | 4.56 | 4.87 | 33.75 | 0.17 |
| 湖南省 | 邵阳 | 32.49 | 6316 | 2.76 | 995613 | 7.55 | 4.12 | 9.63 | 0.24 |
| | 隆回 | 26.56 | 5637 | 2.97 | 1362000 | 3.99 | 4.09 | 2.41 | 0.24 |
| | 城步 | 27.93 | 4140 | 3.75 | 305546 | 10.93 | 4.43 | 0.00 | 0.24 |
| | 平江 | 37.30 | 6744 | 2.34 | 993099 | 3.79 | 2.42 | 18.49 | 0.19 |
| | 安化 | 27.46 | 5722 | 2.09 | 1273851 | 4.45 | 2.17 | 22.91 | 0.20 |
| | 汝城 | 31.20 | 6163 | 2.34 | 558823 | 12.53 | 3.90 | 19.80 | 0.23 |

续表

| 省份 | 地区 | X9 城镇化率（%） | X10 农村居民人均纯收入（元） | X11 城乡收入比（%） | X12 居民储蓄存款余额（万元） | X13 财政性教育支出占 GDP 比重（%） | X14 卫生支出占 GDP 的比重（%） | X15 每万人拥有各种社会福利收养性单位床位数（张/万人） | X16 基尼系数 |
|---|---|---|---|---|---|---|---|---|---|
| 湖南省 | 桂东 | 37.31 | 5773 | 2.33 | 322701 | 11.82 | 3.86 | 54.19 | 0.25 |
| | 新田 | 33.64 | 5693 | 2.8 | 450593 | 6.95 | 3.47 | 13.26 | 0.20 |
| | 江华 | 33.55 | 6234 | 2.53 | 532632 | 5.62 | 1.93 | 12.84 | 0.20 |
| | 沅陵 | 33.51 | 5681 | 2.65 | 779158 | 3.34 | 1.56 | 10.91 | 0.16 |
| | 通道 | 28.01 | 4274 | 3.21 | 301940 | 9.14 | 2.78 | 13.17 | 0.22 |
| | 新化 | 28.73 | 5197 | 2.68 | 1396254 | 5.51 | 2.78 | 15.31 | 0.21 |
| | 泸溪 | 38.94 | 4707 | 3.28 | 362877 | 6.89 | 3.17 | 23.16 | 0.20 |
| | 凤凰 | 29.21 | 5733 | 2.82 | 461655 | 6.99 | 3.61 | 16.19 | 0.21 |
| | 花垣 | 36.40 | 4903 | 3.29 | 439841 | 6.27 | 2.45 | 27.81 | 0.18 |
| | 保靖 | 35.81 | 5482 | 2.64 | 225640 | 7.67 | 1.98 | 20.65 | 0.22 |
| | 古丈 | 34.93 | 4127 | 3.43 | 179700 | 12.12 | 2.76 | 40.79 | 0.22 |
| | 永顺 | 33.64 | 4361 | 3.31 | 533207 | 2.03 | 5.01 | 23.33 | 0.24 |
| | 龙山 | 33.41 | 5466 | 2.62 | 667480 | 8.90 | 4.48 | 30.90 | 0.24 |
| 江西省 | 莲花 | 41.61 | 5595 | 2.98 | 422986 | 5.37 | 2.71 | 48.58 | 0.18 |

续表

| 省份 | 地区 | X9 城镇化率（%） | X10 农村居民人均纯收入（元） | X11 城乡收入比（%） | X12 居民储蓄存款余额（万元） | X13 财政性教育支出占 GDP 比重（%） | X14 卫生支出占 GDP 的比重（%） | X15 每万人拥有各种社会福利收养性单位床位数（张/万人） | X16 基尼系数 |
|---|---|---|---|---|---|---|---|---|---|
| 江西省 | 修水 | 36.01 | 4996 | 3.6 | 812489 | 7.03 | 3.49 | 51.19 | 0.21 |
| | 赣县 | 44.29 | 5308 | 3.46 | 910311 | 6.18 | 2.19 | 43.55 | 0.18 |
| | 上犹 | 35.42 | 5229 | 3.28 | 428987 | 7.44 | 3.60 | 45.02 | 0.20 |
| | 安远 | 36.58 | 5234 | 3.1 | 381084 | 10.22 | 4.02 | 57.89 | 0.22 |
| | 宁都 | 39.45 | 5026 | 3.61 | 1086365 | 6.35 | 2.88 | 37.50 | 0.22 |
| | 于都 | 44.31 | 5243 | 3.46 | 1268078 | 7.52 | 2.82 | 25.71 | 0.20 |
| | 兴国 | 35.43 | 5296 | 3.05 | 859435 | 7.19 | 2.83 | 33.33 | 0.21 |
| | 会昌 | 38.60 | 5096 | 3.52 | 549414 | 8.38 | 3.18 | 48.08 | 0.21 |
| | 寻乌 | 36.31 | 5109 | 3.22 | 347699 | 8.58 | 3.04 | 47.02 | 0.21 |
| | 吉安 | 41.09 | 5867 | 3.56 | 913804 | 4.36 | 2.31 | 25.43 | 0.16 |
| | 遂川 | 35.49 | 5125 | 3.48 | 644910 | 7.33 | 2.84 | 43.67 | 0.20 |
| | 万安 | 36.37 | 5005 | 3.46 | 516477 | 8.03 | 2.86 | 64.86 | 0.20 |
| | 永新 | 42.38 | 4952 | 3.26 | 803822 | 7.46 | 3.04 | 46.74 | 0.21 |
| | 井冈山 | 59.64 | 4999 | 4.48 | 384001 | 6.43 | 2.13 | 33.54 | 0.14 |

续表

| 省份 | 地区 | X9 城镇化率（%） | X10 农村居民人均纯收入（元） | X11 城乡收入比（%） | X12 居民储蓄存款余额（万元） | X13 财政性教育支出占 GDP 比重（%） | X14 卫生支出占 GDP 的比重（%） | X15 每万人拥有各种社会福利收养性单位床位数（张/万人） | X16 基尼系数 |
|---|---|---|---|---|---|---|---|---|---|
| 江西省 | 乐安 | 35.18 | 4739 | 3.38 | 606639 | 9.51 | 4.23 | 27.01 | 0.22 |
| | 广昌 | 39.32 | 4876 | 3.58 | 375870 | 6.66 | 3.30 | 25.24 | 0.20 |
| | 上饶 | 42.17 | 5157 | 3.53 | 921253 | 3.05 | 0.59 | 12.45 | 0.18 |
| | 横峰 | 44.99 | 5539 | 2.82 | 349678 | 3.78 | 1.90 | 30.89 | 0.13 |
| | 余干 | 39.01 | 5161 | 1.14 | 1146285 | 9.12 | 4.16 | 25.68 | 0.23 |
| | 鄱阳 | 36.71 | 5429 | 2.88 | 1404030 | 8.98 | 3.74 | 20.83 | 0.23 |

# 附录 4　中部 20 个贫困地区经济社会发展竞争力评价原始指标数据

2011 年数据　　表 1　指标 X1 ~ X10

| 三级指标 | 人均地区生产总值（元） | 人均地方财政一般预算收入（元） | 农民人均纯收入（元） | 城镇居民人均可支配收入（元） | 公路里程密度（km/万人） | 城镇化率（%） | 劳动力占总人口比重（%） | 人均耕地面积（亩） | 森林覆盖率（%） | 环保支出占 GDP 的比重（%） |
|---|---|---|---|---|---|---|---|---|---|---|
| 壶关 | 10866 | 433 | 3016 | 13347 | 38.74 | 43.0 | 54.94 | 1.42 | 50.60 | 0.41 |
| 左权 | 17712 | 2471 | 2771 | 15231 | 83.73 | 37.9 | 48.61 | 1.62 | 37.00 | 1.15 |
| 太湖 | 12320 | 419 | 4553 | 13218 | 19.74 | 36.5 | 54.11 | 1.20 | 52.00 | 0.50 |
| 霍邱 | 10676 | 624 | 5725 | 16000 | 17.99 | 39.2 | 53.06 | 1.09 | 9.81 | 0.08 |
| 商城 | 12916 | 291 | 5922 | 14815 | 25.67 | 31.8 | 50.25 | 1.00 | 56.00 | 0.04 |
| 固始 | 11529 | 288 | 6304 | 14762 | 16.67 | 30.5 | 53.20 | 0.98 | 28.60 | 0.22 |
| 阳新 | 15700 | 695 | 4910 | 12098 | 39.68 | 22.9 | 47.96 | 0.76 | 36.00 | 0.35 |
| 郧西 | 7967 | 331 | 3820 | 11201 | 75.00 | 27.3 | 50.98 | 1.10 | 46.30 | 0.25 |
| 恩施市 | 13839 | 1034 | 3946 | 15033 | 62.42 | 44.7 | 47.44 | 0.91 | 67.00 | 0.11 |
| 建始 | 11633 | 710 | 3898 | 12522 | 44.33 | 27.9 | 53.25 | 1.09 | 69.20 | 1.47 |

续表

| 三级指标 | 人均地区生产总值（元） | 人均地方财政一般预算收入（元） | 农民人均纯收入（元） | 城镇居民人均可支配收入（元） | 公路里程密度（km/万人） | 城镇化率（%） | 劳动力占总人口比重（%） | 人均耕地面积（亩） | 森林覆盖率（%） | 环保支出占 GDP 的比重（%） |
|---|---|---|---|---|---|---|---|---|---|---|
| 邵阳 | 8792 | 319 | 3055 | 12562 | 33.08 | 27.5 | 56.96 | 0.55 | 44.66 | 0.28 |
| 城步 | 9260 | 485 | 2877 | 10868 | 55.18 | 26.1 | 48.03 | 0.68 | 73.30 | 2.16 |
| 沅陵 | 20453 | 807 | 3630 | 13338 | 50.92 | 31.2 | 55.19 | 1.02 | 71.71 | 0.42 |
| 凤凰 | 11974 | 749 | 4012 | 12722 | 41.00 | 26.0 | 52.01 | 1.29 | 54.56 | 0.97 |
| 莲花 | 12961 | 1121 | 3685 | 13146 | 51.85 | 40.7 | 33.13 | 0.86 | 68.00 | 0.82 |
| 安远 | 9374 | 540 | 3746 | 8796 | 36.00 | 36.2 | 32.40 | 0.44 | 84.30 | 0.41 |
| 于都 | 12544 | 660 | 3931 | 13481 | 24.30 | 27.0 | 23.77 | 0.42 | 71.60 | 0.23 |
| 兴国 | 12418 | 579 | 3961 | 10900 | 29.00 | 41.2 | 26.61 | 0.54 | 73.00 | 0.10 |
| 井冈山 | 23367 | 2322 | 5400 | 17110 | 59.97 | 45.0 | 32.90 | 0.76 | 86.00 | 0.47 |
| 乐安 | 9324 | 973 | 3123 | 6000 | 46.00 | 32.4 | 25.14 | 1.02 | 67.12 | 0.01 |

2011 年数据续　　表 2　指标 X11～X20

| 三级指标 | 贫困人口比例（%） | 农村居民人均纯收入相当于中部地区平均水平的比例（%） | 人均社会消费品零售总额（元） | 实际利用外资（万美元） | 移动电话普及率（户/百人） | 互联网普及率（%） | GDP 增长速度（%） | 地方财政一般预算增长速度（%） | 规模以上工业总产值增长速度（%） | 非农产业占 GDP 的比重（%） |
|---|---|---|---|---|---|---|---|---|---|---|
| 壶关 | 40.00 | 47.88 | 3580 | 0 | 30.42 | 5.26 | 17.66 | 11.68 | 10.52 | 89.68 |
| 左权 | 41.25 | 43.99 | 5084 | 0 | 69.31 | 9.94 | 14.33 | 23.83 | 5.36 | 91.12 |
| 太湖 | 32.46 | 72.28 | 3913 | 942 | 41.90 | 4.69 | 24.59 | 37.55 | 65.12 | 75.01 |
| 霍邱 | 16.75 | 90.89 | 3695 | 4231 | 39.15 | 2.12 | 22.50 | 35.79 | 19.66 | 76.65 |
| 商城 | 16.24 | 94.01 | 4530 | 2600 | 27.50 | 1.00 | 17.26 | 24.60 | 27.02 | 71.74 |
| 固始 | 13.22 | 100.08 | 5109 | 3000 | 34.02 | 2.53 | 14.09 | 14.70 | 16.11 | 85.99 |
| 阳新 | 15.69 | 77.95 | 7880 | 3770 | 26.32 | 4.21 | 16.25 | 40.64 | 10.27 | 74.25 |
| 郧西 | 43.73 | 60.64 | 4850 | 431 | 39.80 | 3.00 | 21.48 | 25.41 | 11.35 | 65.22 |
| 恩施市 | 30.86 | 62.64 | 6511 | 230 | 84.69 | 11.00 | 21.16 | 50.45 | 11.45 | 79.66 |
| 建始 | 38.43 | 61.88 | 3718 | 83 | 54.55 | 3.20 | 21.44 | 36.77 | 0.29 | 68.14 |
| 邵阳 | 27.14 | 48.50 | 3224 | 857 | 29.66 | 1.39 | 24.25 | 29.59 | 45.40 | 70.58 |
| 城步 | 27.86 | 45.67 | 4092 | 720 | 38.01 | 3.22 | 24.13 | 32.66 | 21.19 | 63.41 |
| 沅陵 | 27.12 | 57.63 | 4606 | 900 | 30.00 | 2.50 | 25.06 | 26.06 | 59.97 | 88.99 |

续表

| 三级指标 | 贫困人口比例（%） | 农村居民人均纯收入相当于中部地区平均水平的比例（%） | 人均社会消费品零售总额（元） | 实际利用外资（万美元） | 移动电话普及率（户/百人） | 互联网普及率（%） | GDP 增长速度（%） | 地方财政一般预算增长速度（%） | 规模以上工业总产值增长速度（%） | 非农产业占 GDP 的比重（%） |
|---|---|---|---|---|---|---|---|---|---|---|
| 凤凰 | 35. 58 | 63. 69 | 6284 | 62 | 29. 20 | 4. 05 | 21. 09 | 39. 39 | 22. 25 | 83. 69 |
| 莲花 | 23. 22 | 58. 50 | 3126 | 2912 | 55. 41 | 4. 54 | 24. 49 | 45. 46 | 14. 09 | 81. 26 |
| 安远 | 24. 05 | 59. 47 | 3065 | 1875 | 40. 00 | 5. 00 | 17. 68 | 32. 34 | 65. 51 | 67. 23 |
| 于都 | 22. 94 | 62. 41 | 3820 | 6455 | 42. 12 | 2. 79 | 19. 10 | 24. 39 | 16. 03 | 82. 88 |
| 兴国 | 22. 92 | 62. 88 | 3268 | 6774 | 35. 00 | 3. 34 | 16. 17 | 31. 97 | 31. 22 | 74. 39 |
| 井冈山 | 19. 47 | 85. 73 | 7785 | 1657 | 55. 19 | 13. 00 | 20. 59 | 40. 60 | 34. 33 | 89. 92 |
| 乐安 | 25. 74 | 49. 58 | 4765 | 1480 | 32. 00 | 3. 20 | 19. 37 | 39. 08 | 5. 66 | 79. 13 |

2011 年数据续　　表 3　指标 X21～X28

| 三级指标 | 人均固定资产投资额（元） | 人均年末储蓄存款余额（元） | 人均金融机构贷款余额（元） | 人口出生率（‰） | 义务教育巩固率（%） | 每万人接受中等职业教育人数（人） | 研发经费占GDP 比重（%） | 每万人专利拥有量（件） |
|---|---|---|---|---|---|---|---|---|
| 壶关 | 7811 | 11828 | 8847 | 10.00 | 93.00 | 53.40 | 0.25 | 1.28 |
| 左权 | 28689 | 25337 | 19490 | 12.19 | 99.00 | 159.06 | 0.40 | 1.75 |
| 太湖 | 8397 | 7467 | 4352 | 10.00 | 100.00 | 244.49 | 0.31 | 0.60 |
| 霍邱 | 4287 | 5602 | 5453 | 14.24 | 98.43 | 96.50 | 0.09 | 1.05 |
| 商城 | 10086 | 9078 | 4362 | 12.23 | 99.80 | 111.41 | 0.06 | 0.45 |
| 固始 | 6928 | 8212 | 3665 | 9.09 | 95.91 | 124.59 | 0.06 | 0.25 |
| 阳新 | 7866 | 8991 | 4231 | 17.25 | 99.00 | 25.00 | 0.13 | 0.20 |
| 郧西 | 3551 | 8863 | 3548 | 12.10 | 100.00 | 98.61 | 0.17 | 0.49 |
| 恩施市 | 6730 | 11687 | 20840 | 9.93 | 99.90 | 55.65 | 0.09 | 1.36 |
| 建始 | 8870 | 7605 | 5144 | 10.42 | 99.00 | 21.75 | 0.12 | 0.43 |
| 邵阳 | 5695 | 7527 | 2258 | 10.30 | 99.40 | 17.40 | 0.12 | 0.25 |
| 城步 | 5620 | 8646 | 4052 | 14.30 | 100.00 | 12.25 | 0.16 | 0.79 |
| 沅陵 | 6911 | 9151 | 3896 | 10.77 | 99.80 | 40.17 | 0.04 | 0.50 |
| 凤凰 | 6366 | 9282 | 9478 | 14.40 | 99.80 | 9.15 | 0.08 | 0.05 |
| 莲花 | 7790 | 11682 | 5075 | 11.41 | 99.00 | 46.28 | 0.13 | 0.78 |

续表

| 三级指标 | 人均固定资产投资额（元） | 人均年末储蓄存款余额（元） | 人均金融机构贷款余额（元） | 人口出生率（‰） | 义务教育巩固率（%） | 每万人接受中等职业教育人数（人） | 研发经费占GDP比重（%） | 每万人专利拥有量（件） |
|---|---|---|---|---|---|---|---|---|
| 安远 | 1802 | 7133 | 5860 | 13.35 | 99.80 | 91.26 | 0.07 | 0.70 |
| 于都 | 7569 | 10990 | 5372 | 14.00 | 100.00 | 33.84 | 0.03 | 0.70 |
| 兴国 | 5689 | 10197 | 6230 | 12.20 | 100.00 | 80.49 | 0.03 | 0.50 |
| 井冈山 | 15622 | 16853 | 6631 | 13.44 | 90.55 | 51.44 | 0.32 | 1.80 |
| 乐安 | 3949 | 11438 | 4574 | 13.20 | 97.00 | 60.00 | 0.05 | 0.25 |

2011 年数据续　　表 4　指标 X29～X36

| 三级指标 | 贫困人口人均纯收入增长速度（%） | 教育文化卫生支出占GDP比重（%） | 每万人拥有各种社会福利收养性单位床位数（张/万人） | 新农合参合率（%） | 城镇失业率（%） | 城乡收入比（%） | 整村推进覆盖率（%） | 培训劳动力当年人数占劳务输出人数的比例（%） |
|---|---|---|---|---|---|---|---|---|
| 壶关 | 16.09 | 9.69 | 46.38 | 98.00 | 2.14 | 4.43 | 4.10 | 21.43 |
| 左权 | 17.02 | 8.84 | 33.13 | 97.16 | 2.30 | 5.50 | 4.83 | 66.67 |
| 太湖 | 18.14 | 9.25 | 47.11 | 97.39 | 3.50 | 2.90 | 16.67 | 32.86 |

续表

| 三级指标 | 贫困人口人均纯收入增长速度（%） | 教育文化卫生支出占 GDP 比重（%） | 每万人拥有各种社会福利收养性单位床位数（张/万人） | 新农合参合率（%） | 城镇失业率（%） | 城乡收入比（%） | 整村推进覆盖率（%） | 培训劳动力当年人数占劳务输出人数的比例（%） |
|---|---|---|---|---|---|---|---|---|
| 霍邱 | 19.95 | 5.09 | 45.90 | 99.60 | 3.70 | 2.79 | 5.01 | 32.27 |
| 商城 | 16.14 | 4.34 | 33.18 | 96.72 | 3.80 | 2.50 | 2.70 | 46.00 |
| 固始 | 14.97 | 5.50 | 30.85 | 95.50 | 3.20 | 2.34 | 3.67 | 22.00 |
| 阳新 | 10.11 | 7.68 | 26.33 | 98.20 | 4.10 | 2.46 | 3.13 | 42.39 |
| 郧西 | 14.03 | 7.92 | 30.78 | 98.00 | 3.82 | 2.93 | 5.46 | 16.91 |
| 恩施市 | 21.42 | 5.94 | 41.02 | 96.59 | 4.10 | 3.81 | 6.98 | 46.00 |
| 建始 | 20.20 | 9.79 | 28.96 | 98.53 | 4.10 | 3.21 | 2.99 | 15.00 |
| 邵阳 | 15.21 | 8.98 | 0.10 | 91.00 | 4.30 | 4.11 | 5.58 | 46.00 |
| 城步 | 14.24 | 10.64 | 11.79 | 95.70 | 4.50 | 3.78 | 8.86 | 91.58 |
| 沅陵 | 38.20 | 4.53 | 9.09 | 93.90 | 4.50 | 3.67 | 3.23 | 58.00 |
| 凤凰 | 15.97 | 10.00 | 10.75 | 91.05 | 4.50 | 3.17 | 8.82 | 59.93 |
| 莲花 | 20.82 | 8.48 | 68.52 | 98.18 | 3.00 | 3.57 | 9.68 | 55.73 |
| 安远 | 18.58 | 13.07 | 71.03 | 95.43 | 3.50 | 2.35 | 11.66 | 45.00 |
| 于都 | 25.11 | 6.61 | 46.39 | 98.00 | 3.70 | 3.43 | 8.86 | 80.00 |

续表

| 三级指标 | 贫困人口人均纯收入增长速度（%） | 教育文化卫生支出占 GDP 比重（%） | 每万人拥有各种社会福利收养性单位床位数（张/万人） | 新农合参合率（%） | 城镇失业率（%） | 城乡收入比（%） | 整村推进覆盖率（%） | 培训劳动力当年人数占劳务输出人数的比例（%） |
|---|---|---|---|---|---|---|---|---|
| 兴国 | 23.82 | 5.59 | 15.87 | 95.98 | 3.80 | 2.75 | 10.86 | 47.00 |
| 井冈山 | 79.64 | 9.00 | 40.69 | 96.80 | 4.00 | 3.17 | 10.94 | 66.94 |
| 乐安 | 4.73 | 11.25 | 65.38 | 97.60 | 4.00 | 1.92 | 9.94 | 32.46 |

2012 年数据　　表 1　指标 X1～X10

| 三级指标 | 人均地区生产总值（元） | 人均地方财政一般预算收入（元） | 农民人均纯收入（元） | 城镇居民人均可支配收入（元） | 公路里程密度（km/万人） | 城镇化率（%） | 劳动力占总人口比重（%） | 人均耕地面积（亩） | 森林覆盖率（%） | 环保支出占 GDP 的比重（%） |
|---|---|---|---|---|---|---|---|---|---|---|
| 壶关 | 12955 | 692 | 3529 | 15201 | 37.79 | 44.0 | 52.63 | 1.38 | 50.60 | 0.52 |
| 左权 | 21010 | 2687 | 3236 | 17638 | 85.83 | 39.4 | 49.81 | 1.55 | 37.02 | 0.45 |
| 太湖 | 14078 | 498 | 5263 | 13158 | 29.70 | 38.0 | 51.73 | 1.20 | 52.03 | 0.50 |
| 霍邱 | 11611 | 794 | 6615 | 15876 | 17.78 | 41.0 | 53.31 | 1.12 | 9.81 | 0.15 |
| 商城 | 21839 | 536 | 6743 | 16689 | 25.67 | 31.5 | 49.64 | 1.04 | 56.00 | 0.48 |

续表

| 三级指标 | 人均地区生产总值（元） | 人均地方财政一般预算收入（元） | 农民人均纯收入（元） | 城镇居民人均可支配收入（元） | 公路里程密度（km/万人） | 城镇化率（%） | 劳动力占总人口比重（%） | 人均耕地面积（亩） | 森林覆盖率（%） | 环保支出占GDP的比重（%） |
|---|---|---|---|---|---|---|---|---|---|---|
| 固始 | 12669 | 369 | 7206 | 16578 | 16.50 | 32.5 | 55.00 | 1.34 | 28.60 | 0.26 |
| 阳新 | 18867 | 867 | 5551 | 13373 | 34.67 | 27.5 | 47.07 | 0.96 | 36.05 | 0.16 |
| 郧西 | 9080 | 407 | 4318 | 12555 | 75.06 | 31.0 | 51.69 | 1.10 | 63.63 | 0.20 |
| 恩施市 | 16132 | 1509 | 4619 | 16993 | 62.42 | 46.4 | 47.73 | 0.91 | 62.42 | 0.18 |
| 建始 | 13543 | 825 | 4480 | 14149 | 45.50 | 30.4 | 54.36 | 1.14 | 61.00 | 1.29 |
| 邵阳 | 9615 | 399 | 3499 | 14320 | 34.72 | 30.7 | 57.12 | 0.55 | 45.26 | 1.06 |
| 城步 | 10011 | 626 | 3271 | 12379 | 55.18 | 26.1 | 47.96 | 0.68 | 73.10 | 1.50 |
| 沅陵 | 24195 | 1158 | 4271 | 15165 | 50.92 | 32.3 | 50.00 | 1.02 | 76.19 | 0.31 |
| 凤凰 | 13367 | 1157 | 4569 | 14281 | 41.00 | 27.3 | 50.86 | 1.26 | 54.53 | 1.56 |
| 莲花 | 14835 | 1532 | 4720 | 14730 | 56.73 | 40.7 | 44.96 | 0.87 | 68.50 | 0.66 |
| 安远 | 10480 | 727 | 4236 | 9805 | 36.17 | 36.2 | 45.76 | 0.43 | 83.28 | 0.83 |
| 于都 | 14089 | 845 | 4430 | 15031 | 24.78 | 41.5 | 39.90 | 0.41 | 67.81 | 0.21 |
| 兴国 | 13809 | 715 | 4476 | 12208 | 29.38 | 43.2 | 45.79 | 0.54 | 74.12 | 0.09 |
| 井冈山 | 28653 | 3861 | 6163 | 19462 | 69.39 | 58.6 | 50.47 | 0.77 | 78.87 | 0.47 |
| 乐安 | 11499 | 1103 | 3542 | 10626 | 46.50 | 35.9 | 43.60 | 1.02 | 69.74 | 0.78 |

2012 年数据续　　表 2　指标 X11～X20

| 三级指标 | 贫困人口比例（%） | 农村居民人均纯收入相当于中部地区平均水平的比例（%） | 人均社会消费品零售总额（元） | 实际利用外资（万美元） | 移动电话普及率（户/百人） | 互联网普及率（%） | GDP 增长速度（%） | 地方财政一般预算增长速度（%） | 规模以上工业总产值增长速度（%） | 非农产业占 GDP 的比重（%） |
|---|---|---|---|---|---|---|---|---|---|---|
| 壶关 | 35.00 | 47.95 | 4143 | 0 | 49.48 | 7.00 | 40.67 | 78.87 | 34.51 | 89.77 |
| 左权 | 38.75 | 43.97 | 5895 | 0 | 69.42 | 11.81 | 35.62 | 34.65 | 77.30 | 91.81 |
| 太湖 | 29.46 | 71.51 | 4552 | 1161 | 47.62 | 5.01 | 42.82 | 63.84 | 104.02 | 76.12 |
| 霍邱 | 14.54 | 89.88 | 3434 | 4916 | 38.10 | 3.30 | 35.32 | 75.50 | 63.99 | 78.24 |
| 商城 | 14.97 | 91.62 | 7702 | 2950 | 29.80 | 1.49 | 35.27 | 56.46 | 42.02 | 70.88 |
| 固始 | 11.92 | 97.91 | 6089 | 3480 | 46.04 | 2.84 | 21.77 | 43.03 | 26.66 | 65.70 |
| 阳新 | 14.26 | 75.42 | 9423 | 2010 | 39.72 | 5.21 | 36.37 | 71.15 | 46.77 | 71.57 |
| 郧西 | 40.78 | 58.67 | 5701 | 0 | 37.06 | 4.00 | 38.22 | 54.04 | -11.67 | 62.48 |
| 恩施市 | 28.77 | 62.76 | 7711 | 350 | 94.07 | 12.80 | 41.59 | 120.27 | 29.23 | 81.52 |
| 建始 | 36.84 | 60.87 | 4396 | 262 | 60.00 | 3.60 | 42.24 | 60.04 | 6.24 | 71.59 |
| 邵阳 | 21.06 | 47.54 | 3615 | 1050 | 27.92 | 1.96 | 38.39 | 66.01 | 63.57 | 70.75 |
| 城步 | 23.93 | 44.44 | 4573 | 820 | 43.69 | 4.29 | 37.44 | 75.30 | 3.88 | 64.05 |
| 沅陵 | 23.35 | 58.03 | 5285 | 915 | 35.74 | 3.46 | 48.44 | 81.47 | 11.47 | 89.20 |

续表

| 三级指标 | 贫困人口比例（%） | 农村居民人均纯收入相当于中部地区平均水平的比例（%） | 人均社会消费品零售总额（元） | 实际利用外资（万美元） | 移动电话普及率（户/百人） | 互联网普及率（%） | GDP 增长速度（%） | 地方财政一般预算增长速度（%） | 规模以上工业总产值增长速度（%） | 非农产业占 GDP 的比重（%） |
|---|---|---|---|---|---|---|---|---|---|---|
| 凤凰 | 29.10 | 62.08 | 7416 | 80 | 35.37 | 4.68 | 36.66 | 117.78 | 9.20 | 84.68 |
| 莲花 | 19.38 | 64.13 | 3631 | 3826 | 52.16 | 6.02 | 40.70 | 96.37 | 33.34 | 81.99 |
| 安远 | 19.72 | 57.55 | 2898 | 2005 | 48.95 | 6.09 | 33.22 | 80.40 | 64.26 | 68.79 |
| 于都 | 19.46 | 60.19 | 3466 | 7104 | 39.60 | 4.60 | 34.21 | 59.71 | 38.31 | 83.58 |
| 兴国 | 19.85 | 60.82 | 3140 | 6418 | 42.28 | 4.35 | 29.63 | 63.76 | 56.45 | 75.22 |
| 井冈山 | 17.30 | 83.74 | 10361 | 590 | 82.53 | 14.50 | 26.76 | 100.40 | 26.04 | 89.43 |
| 乐安 | 22.15 | 48.13 | 5687 | 1653 | 32.35 | 4.24 | 38.85 | 48.71 | 3.46 | 79.92 |

2012 年数据续　　表 3　指标 X21 ~ X28

| 三级指标 | 人均固定资产投资额（元） | 人均年末储蓄存款余额（元） | 人均金融机构贷款余额（元） | 人口出生率（‰） | 义务教育巩固率（%） | 每万人接受中等职业教育人数（人） | 研发经费占 GDP 比重（%） | 每万人专利拥有量（件） |
|---|---|---|---|---|---|---|---|---|
| 壶关 | 13032 | 13640 | 7783 | 10.77 | 93.02 | 53.40 | 0.30 | 0.47 |

续表

| 三级指标 | 人均固定资产投资额（元） | 人均年末储蓄存款余额（元） | 人均金融机构贷款余额（元） | 人口出生率（‰） | 义务教育巩固率（%） | 每万人接受中等职业教育人数（人） | 研发经费占GDP比重（%） | 每万人专利拥有量（件） |
|---|---|---|---|---|---|---|---|---|
| 左权 | 35804 | 29739 | 23045 | 12. 95 | 99. 00 | 159. 06 | 0. 27 | 1. 94 |
| 太湖 | 9187 | 9365 | 5464 | 9. 90 | 98. 50 | 260. 30 | 0. 43 | 0. 68 |
| 霍邱 | 4869 | 6784 | 6046 | 15. 35 | 99. 72 | 104. 83 | 0. 15 | 1. 56 |
| 商城 | 17960 | 16606 | 7762 | 12. 27 | 98. 81 | 111. 41 | 0. 16 | 0. 40 |
| 固始 | 8864 | 10055 | 4739 | 11. 13 | 93. 80 | 119. 68 | 0. 04 | 0. 25 |
| 阳新 | 17725 | 11193 | 5605 | 17. 91 | 99. 00 | 28. 43 | 0. 12 | 0. 32 |
| 郧西 | 8255 | 11216 | 4463 | 12. 18 | 99. 60 | 46. 14 | 0. 31 | 0. 88 |
| 恩施市 | 8329 | 14620 | 25098 | 10. 48 | 93. 60 | 55. 65 | 0. 13 | 1. 02 |
| 建始 | 10933 | 8725 | 6794 | 10. 40 | 96. 00 | 21. 75 | 0. 24 | 0. 39 |
| 邵阳 | 7680 | 8857 | 2574 | 10. 95 | 99. 30 | 18. 38 | 0. 09 | 0. 31 |
| 城步 | 7489 | 10054 | 4800 | 14. 50 | 100. 00 | 11. 25 | 0. 15 | 0. 54 |
| 沅陵 | 9344 | 9617 | 4248 | 12. 37 | 94. 00 | 49. 02 | 0. 04 | 0. 50 |
| 凤凰 | 7259 | 11411 | 8150 | 14. 50 | 98. 00 | 13. 12 | 0. 08 | 0. 12 |
| 莲花 | 14903 | 13814 | 7064 | 14. 65 | 87. 35 | 46. 28 | 0. 18 | 1. 60 |
| 安远 | 2440 | 8890 | 7157 | 14. 02 | 99. 80 | 85. 29 | 0. 09 | 0. 78 |

续表

| 三级指标 | 人均固定资产投资额（元） | 人均年末储蓄存款余额（元） | 人均金融机构贷款余额（元） | 人口出生率（‰） | 义务教育巩固率（%） | 每万人接受中等职业教育人数（人） | 研发经费占GDP比重（%） | 每万人专利拥有量（件） |
|---|---|---|---|---|---|---|---|---|
| 于都 | 9779 | 12287 | 6464 | 14.00 | 100.00 | 33.84 | 0.03 | 0.89 |
| 兴国 | 7565 | 10279 | 7492 | 12.10 | 100.00 | 80.49 | 0.04 | 0.24 |
| 井冈山 | 24700 | 22564 | 20432 | 13.62 | 85.00 | 77.07 | 0.36 | 3.90 |
| 乐安 | 7670 | 14705 | 5864 | 13.20 | 97.00 | 60.00 | 0.05 | 0.16 |

2012年数据续　　表4　指标X29～X37

| 三级指标 | 贫困人口减少速度（%） | 贫困人口人均纯收入增长速度（%） | 教育文化卫生支出占GDP比重（%） | 每万人拥有各种社会福利收养性单位床位数（张/万人） | 新农合参合率（%） | 城镇失业率（%） | 城乡收入比（%） | 整村推进覆盖率（%） | 培训劳动力当年人数占劳务输出人数的比例（%） |
|---|---|---|---|---|---|---|---|---|---|
| 壶关 | 9.48 | 35.84 | 10.26 | 44.83 | 99.86 | 2.07 | 4.31 | 4.10 | 25.38 |
| 左权 | 6.06 | 36.66 | 8.55 | 52.56 | 98.00 | 2.30 | 5.45 | 2.42 | 44.78 |
| 太湖 | 9.24 | 36.56 | 9.44 | 54.12 | 98.07 | 3.90 | 2.50 | 16.67 | 15.00 |
| 霍邱 | 12.12 | 38.59 | 9.16 | 52.67 | 99.60 | 3.70 | 2.40 | 4.71 | 20.76 |

续表

| 三级指标 | 贫困人口减少速度（%） | 贫困人口人均纯收入增长速度（%） | 教育文化卫生支出占GDP比重（%） | 每万人拥有各种社会福利收养性单位床位数（张/万人） | 新农合参合率（%） | 城镇失业率（%） | 城乡收入比（%） | 整村推进覆盖率（%） | 培训劳动力当年人数占劳务输出人数的比例（%） |
|---|---|---|---|---|---|---|---|---|---|
| 商城 | 6.60 | 32.24 | 14.97 | 58.46 | 98.30 | 3.30 | 2.48 | 2.70 | 46.29 |
| 固始 | 10.87 | 31.42 | 8.13 | 30.99 | 99.00 | 3.00 | 2.30 | 2.75 | 22.82 |
| 阳新 | 9.06 | 24.49 | 7.52 | 17.32 | 98.20 | 4.10 | 2.41 | 3.13 | 38.46 |
| 郧西 | 6.73 | 28.90 | 9.69 | 44.61 | 98.00 | 4.00 | 2.91 | 3.16 | 17.00 |
| 恩施市 | 6.80 | 42.12 | 6.59 | 44.57 | 95.00 | 4.20 | 3.68 | 6.98 | 46.29 |
| 建始 | 4.13 | 38.14 | 11.23 | 28.96 | 96.20 | 3.92 | 3.16 | 2.99 | 15.00 |
| 邵阳 | 22.42 | 31.95 | 11.34 | 0.10 | 97.00 | 4.08 | 4.09 | 4.96 | 46.29 |
| 城步 | 14.10 | 29.89 | 16.27 | 13.04 | 99.00 | 4.00 | 3.78 | 9.23 | 91.67 |
| 沅陵 | 13.91 | 62.60 | 4.14 | 9.09 | 95.00 | 4.40 | 3.55 | 4.09 | 58.00 |
| 凤凰 | 16.16 | 32.07 | 12.69 | 13.90 | 90.04 | 4.30 | 3.13 | 8.82 | 59.00 |
| 莲花 | 16.85 | 54.75 | 9.34 | 61.34 | 91.67 | 3.00 | 3.12 | 9.68 | 56.00 |
| 安远 | 17.35 | 34.09 | 15.21 | 57.02 | 97.21 | 3.50 | 2.31 | 11.66 | 46.00 |
| 于都 | 14.62 | 40.99 | 10.61 | 26.98 | 103.26 | 3.80 | 3.39 | 8.86 | 82.00 |
| 兴国 | 12.10 | 39.92 | 9.27 | 14.59 | 100.00 | 3.80 | 2.73 | 10.86 | 47.58 |

续表

| 三级指标 | 贫困人口减少速度（%） | 贫困人口人均纯收入增长速度（%） | 教育文化卫生支出占GDP比重（%） | 每万人拥有各种社会福利收养性单位床位数（张/万人） | 新农合参合率（%） | 城镇失业率（%） | 城乡收入比（%） | 整村推进覆盖率（%） | 培训劳动力当年人数占劳务输出人数的比例（%） |
|---|---|---|---|---|---|---|---|---|---|
| 井冈山 | 8.90 | 105.02 | 8.80 | 39.70 | 96.44 | 3.05 | 3.16 | 10.94 | 60.72 |
| 乐安 | 14.20 | 18.78 | 13.85 | 65.56 | 98.45 | 4.20 | 3.00 | 9.94 | 86.56 |

2013 年数据　　表 1　指标 X1～X10

| 三级指标 | 人均地区生产总值（元） | 人均地方财政一般预算收入（元） | 农民人均纯收入（元） | 城镇居民人均可支配收入（元） | 公路里程密度（km/万人） | 城镇化率（%） | 劳动力占总人口比重（%） | 人均耕地面积（亩） | 森林覆盖率（%） | 环保支出占GDP的比重（%） |
|---|---|---|---|---|---|---|---|---|---|---|
| 壶关 | 13924 | 732 | 4005 | 16720 | 38.80 | 45.00 | 52.63 | 1.38 | 50.60 | 1.02 |
| 左权 | 21509 | 2694 | 3699 | 19561 | 90.88 | 40.69 | 49.81 | 1.55 | 37.02 | 2.31 |
| 太湖 | 16463 | 667 | 5974 | 20132 | 39.65 | 39.80 | 51.73 | 1.20 | 56.00 | 0.55 |
| 霍邱 | 17235 | 1150 | 7526 | 16889 | 20.59 | 43.00 | 53.31 | 1.10 | 9.81 | 0.23 |
| 商城 | 25138 | 428 | 7704 | 18516 | 25.67 | 32.99 | 49.64 | 1.02 | 56.00 | 0.14 |
| 固始 | 22231 | 444 | 8121 | 18442 | 16.46 | 33.90 | 55.00 | 1.33 | 28.60 | 0.10 |

续表

| 三级指标 | 人均地区生产总值（元） | 人均地方财政一般预算收入（元） | 农民人均纯收入（元） | 城镇居民人均可支配收入（元） | 公路里程密度（km/万人） | 城镇化率（%） | 劳动力占总人口比重（%） | 人均耕地面积（亩） | 森林覆盖率（%） | 环保支出占GDP的比重（%） |
|---|---|---|---|---|---|---|---|---|---|---|
| 阳新 | 20842 | 992 | 6362 | 14836 | 29.99 | 33.63 | 47.07 | 0.95 | 36.05 | 0.18 |
| 郧西 | 13127 | 556 | 4931 | 13825 | 79.31 | 35.85 | 51.69 | 1.08 | 63.63 | 2.95 |
| 恩施市 | 18524 | 2033 | 5329 | 18667 | 32.49 | 46.41 | 47.73 | 0.91 | 62.42 | 0.63 |
| 建始 | 15473 | 1517 | 5193 | 15962 | 47.84 | 29.80 | 54.36 | 1.14 | 60.23 | 1.14 |
| 邵阳 | 10531 | 529 | 6316 | 17442 | 36.07 | 32.49 | 57.12 | 0.54 | 45.80 | 0.86 |
| 城步 | 10595 | 772 | 4140 | 15544 | 55.18 | 27.93 | 47.96 | 0.68 | 73.30 | 1.48 |
| 沅陵 | 26525 | 1401 | 5681 | 15034 | 50.92 | 33.51 | 50.00 | 1.02 | 76.14 | 0.35 |
| 凤凰 | 15368 | 1449 | 5733 | 16156 | 41.10 | 29.21 | 50.86 | 1.22 | 54.26 | 1.62 |
| 莲花 | 20273 | 2743 | 5595 | 16676 | 43.03 | 41.61 | 44.96 | 0.86 | 68.50 | 0.70 |
| 安远 | 12928 | 1092 | 5234 | 16232 | 37.68 | 36.58 | 45.76 | 0.44 | 83.28 | 0.64 |
| 于都 | 16247 | 1008 | 5243 | 18133 | 25.28 | 44.31 | 39.90 | 0.41 | 67.81 | 0.47 |
| 兴国 | 15240 | 866 | 5296 | 16143 | 29.42 | 35.43 | 45.79 | 0.53 | 74.12 | 0.20 |
| 井冈山 | 32023 | 3410 | 6651 | 22390 | 71.04 | 59.64 | 50.47 | 0.77 | 78.87 | 0.47 |
| 乐安 | 12628 | 1207 | 4739 | 16003 | 46.65 | 35.18 | 43.60 | 1.00 | 67.12 | 0.75 |

2013 年数据续　　表 2　指标 X11 ~ X20

| 三级指标 | 贫困人口比例（%） | 农村居民人均纯收入相当于中部地区平均水平的比例（%） | 人均社会消费品零售总额（元） | 实际利用外资（万美元） | 移动电话普及率（户/百人） | 互联网普及率（%） | GDP 增长速度（%） | 地方财政一般预算增长速度（%） | 规模以上工业总产值增长速度（%） | 非农产业占 GDP 的比重（%） |
|---|---|---|---|---|---|---|---|---|---|---|
| 壶关 | 28. 57 | 48. 31 | 4716 | 0 | 38. 23 | 7. 37 | 51. 74 | 90. 56 | 40. 34 | 89. 16 |
| 左权 | 33. 75 | 44. 61 | 6817 | 0 | 64. 60 | 10. 00 | 40. 05 | 36. 81 | 70. 15 | 91. 72 |
| 太湖 | 24. 72 | 72. 05 | 5745 | 1441 | 56. 55 | 5. 87 | 50. 75 | 97. 91 | 142. 86 | 75. 06 |
| 霍邱 | 12. 54 | 90. 77 | 5246 | 5703 | 39. 07 | 4. 49 | 50. 26 | 90. 16 | 76. 49 | 78. 98 |
| 商城 | 13. 01 | 92. 92 | 5831 | 3200 | 26. 63 | 2. 49 | 54. 93 | 87. 78 | 88. 19 | 71. 09 |
| 固始 | 10. 34 | 97. 95 | 6840 | 3864 | 58. 13 | 3. 03 | 34. 36 | 77. 50 | -1. 16 | 67. 60 |
| 阳新 | 13. 16 | 76. 73 | 9878 | 2412 | 10. 58 | 6. 21 | 52. 67 | 108. 49 | 79. 27 | 71. 41 |
| 郧西 | 37. 02 | 59. 47 | 7381 | 560 | 44. 42 | 4. 96 | 59. 83 | 87. 20 | -0. 57 | 62. 06 |
| 恩施市 | 25. 78 | 64. 27 | 8959 | 367 | 96. 81 | 13. 80 | 62. 75 | 197. 25 | 45. 51 | 82. 82 |
| 建始 | 32. 80 | 62. 63 | 4907 | 45 | 66. 27 | 4. 12 | 62. 11 | 263. 92 | 154. 37 | 73. 95 |
| 邵阳 | 17. 71 | 76. 18 | 4093 | 1560 | 30. 58 | 2. 20 | 52. 39 | 120. 81 | 98. 89 | 72. 55 |
| 城步 | 22. 86 | 49. 93 | 5177 | 130 | 46. 98 | 4. 55 | 45. 82 | 117. 09 | 43. 67 | 69. 90 |
| 沅陵 | 20. 92 | 68. 52 | 5956 | 1220 | 41. 81 | 11. 22 | 63. 35 | 120. 75 | 27. 56 | 89. 36 |

续表

| 三级指标 | 贫困人口比例（%） | 农村居民人均纯收入相当于中部地区平均水平的比例（%） | 人均社会消费品零售总额（元） | 实际利用外资（万美元） | 移动电话普及率（户/百人） | 互联网普及率（%） | GDP 增长速度（%） | 地方财政一般预算增长速度（%） | 规模以上工业总产值增长速度（%） | 非农产业占 GDP 的比重（%） |
| --- | --- | --- | --- | --- | --- | --- | --- | --- | --- | --- |
| 凤凰 | 23. 40 | 69. 15 | 8687 | 88 | 36. 90 | 5. 79 | 58. 48 | 174. 25 | 17. 25 | 86. 47 |
| 莲花 | 13. 16 | 67. 48 | 4588 | 4443 | 56. 47 | 8. 53 | 72. 14 | 215. 35 | 50. 62 | 84. 45 |
| 安远 | 15. 89 | 63. 13 | 3592 | 2260 | 51. 84 | 7. 89 | 48. 50 | 144. 80 | 83. 75 | 69. 07 |
| 于都 | 15. 45 | 63. 24 | 3953 | 7437 | 41. 87 | 10. 17 | 55. 23 | 91. 46 | 64. 60 | 84. 56 |
| 兴国 | 15. 94 | 63. 88 | 3538 | 7064 | 44. 65 | 6. 37 | 43. 55 | 99. 35 | 100. 89 | 76. 35 |
| 井冈山 | 14. 76 | 80. 22 | 10598 | 40 | 69. 63 | 13. 85 | 56. 03 | 95. 06 | 13. 79 | 91. 08 |
| 乐安 | 17. 85 | 57. 16 | 6277 | 1813 | 40. 82 | 5. 42 | 52. 80 | 63. 16 | 29. 00 | 81. 37 |

2013 年数据续　表 3　指标 X21 ~ X28

| 三级指标 | 人均固定资产投资额（元） | 人均年末储蓄存款余额（元） | 人均金融机构贷款余额（元） | 人口出生率（‰） | 义务教育巩固率（%） | 每万人接受中等职业教育人数（人） | 研发经费占 GDP 比重（%） | 每万人专利拥有量（件） |
| --- | --- | --- | --- | --- | --- | --- | --- | --- |
| 壶关 | 12949 | 15487 | 10216 | 11. 54 | 100. 00 | 53. 40 | 0. 31 | 0. 50 |

续表

| 三级指标 | 人均固定资产投资额（元） | 人均年末储蓄存款余额（元） | 人均金融机构贷款余额（元） | 人口出生率（‰） | 义务教育巩固率（%） | 每万人接受中等职业教育人数（人） | 研发经费占GDP比重（%） | 每万人专利拥有量（件） |
|---|---|---|---|---|---|---|---|---|
| 左权 | 46941 | 31994 | 20874 | 12. 57 | 99. 80 | 137. 88 | 0. 27 | 0. 94 |
| 太湖 | 14380 | 12678 | 7590 | 10. 98 | 99. 25 | 145. 09 | 0. 29 | 1. 67 |
| 霍邱 | 9626 | 11137 | 9156 | 15. 00 | 99. 94 | 85. 35 | 0. 14 | 2. 47 |
| 商城 | 14612 | 13122 | 6355 | 12. 04 | 99. 00 | 111. 41 | 0. 20 | 0. 35 |
| 固始 | 10633 | 11764 | 5799 | 11. 52 | 91. 35 | 113. 63 | 0. 02 | 0. 25 |
| 阳新 | 22548 | 12865 | 6326 | 17. 35 | 99. 00 | 44. 33 | 0. 01 | 0. 46 |
| 郧西 | 11232 | 15110 | 6839 | 12. 14 | 99. 60 | 51. 58 | 0. 36 | 1. 35 |
| 恩施市 | 14654 | 15609 | 30072 | 9. 75 | 97. 89 | 55. 65 | 0. 26 | 1. 35 |
| 建始 | 10308 | 7332 | 4914 | 10. 40 | 94. 60 | 21. 75 | 0. 05 | 0. 35 |
| 邵阳 | 10476 | 10521 | 3800 | 11. 08 | 99. 67 | 20. 40 | 0. 21 | 0. 36 |
| 城步 | 10177 | 11852 | 5491 | 15. 46 | 100. 00 | 11. 71 | 0. 14 | 0. 50 |
| 沅陵 | 12598 | 13249 | 4793 | 12. 58 | 99. 93 | 28. 74 | 0. 05 | 0. 53 |
| 凤凰 | 10089 | 13067 | 9090 | 14. 40 | 98. 07 | 14. 14 | 0. 08 | 0. 07 |
| 莲花 | 18402 | 17691 | 9868 | 14. 01 | 99. 95 | 46. 28 | 0. 40 | 1. 07 |
| 安远 | 3465 | 11078 | 9624 | 14. 09 | 99. 80 | 85. 29 | 0. 08 | 0. 72 |

续表

| 三级指标 | 人均固定资产投资额（元） | 人均年末储蓄存款余额（元） | 人均金融机构贷款余额（元） | 人口出生率（‰） | 义务教育巩固率（%） | 每万人接受中等职业教育人数（人） | 研发经费占 GDP 比重（%） | 每万人专利拥有量（件） |
|---|---|---|---|---|---|---|---|---|
| 于都 | 11755 | 14694 | 8310 | 14.00 | 100.00 | 33.84 | 0.19 | 0.56 |
| 兴国 | 9397 | 11789 | 8993 | 14.50 | 100.00 | 80.49 | 0.16 | 0.77 |
| 井冈山 | 30121 | 24935 | 25355 | 14.57 | 84.02 | 73.66 | 0.60 | 0.69 |
| 乐安 | 8365 | 17333 | 7732 | 13.20 | 97.00 | 62.21 | 0.07 | 0.37 |

2013 年数据续　　表 4　指标 X29～X37

| 三级指标 | 贫困人口减少速度（%） | 贫困人口人均纯收入增长速度（%） | 教育文化卫生支出占 GDP 比重（%） | 每万人拥有各种社会福利收养性单位床位数（张/万人） | 新农合参合率（%） | 城镇失业率（%） | 城乡收入比（%） | 整村推进覆盖率（%） | 培训劳动力当年人数占劳务输出人数的比例（%） |
|---|---|---|---|---|---|---|---|---|---|
| 壶关 | 18.36 | 54.16 | 11.02 | 39.13 | 98.00 | 2.13 | 4.17 | 3.85 | 17.48 |
| 左权 | 12.90 | 56.21 | 8.97 | 52.56 | 98.26 | 2.30 | 5.29 | 4.83 | 55.72 |
| 太湖 | 16.08 | 55.01 | 9.52 | 59.39 | 98.79 | 3.90 | 3.37 | 15.52 | 23.93 |
| 霍邱 | 12.76 | 57.68 | 8.08 | 41.67 | 100.00 | 4.30 | 2.24 | 4.71 | 20.54 |

续表

| 三级指标 | 贫困人口减少速度（%） | 贫困人口人均纯收入增长速度（%） | 教育文化卫生支出占GDP比重（%） | 每万人拥有各种社会福利收养性单位床位数（张/万人） | 新农合参合率（%） | 城镇失业率（%） | 城乡收入比（%） | 整村推进覆盖率（%） | 培训劳动力当年人数占劳务输出人数的比例（%） |
|---|---|---|---|---|---|---|---|---|---|
| 商城 | 11.99 | 51.09 | 7.48 | 35.52 | 98.65 | 3.80 | 2.40 | 4.32 | 45.00 |
| 固始 | 12.20 | 48.11 | 7.43 | 30.63 | 99.42 | 3.20 | 2.27 | 2.75 | 24.00 |
| 阳新 | 6.87 | 42.68 | 7.34 | 20.12 | 99.20 | 4.17 | 2.33 | 3.13 | 46.33 |
| 郧西 | 7.45 | 47.19 | 8.42 | 41.83 | 99.00 | 4.00 | 2.80 | 4.02 | 17.00 |
| 恩施市 | 10.39 | 63.97 | 6.93 | 44.57 | 95.50 | 4.20 | 3.50 | 6.98 | 45.00 |
| 建始 | 10.96 | 60.13 | 10.13 | 29.16 | 98.69 | 4.05 | 3.07 | 2.99 | 15.36 |
| 邵阳 | 15.07 | 138.19 | 11.89 | 9.63 | 97.30 | 3.80 | 2.76 | 4.96 | 45.00 |
| 城步 | 4.48 | 64.40 | 15.76 | 20.87 | 98.00 | 4.00 | 3.75 | 9.23 | 91.40 |
| 沅陵 | 10.38 | 116.28 | 5.02 | 10.91 | 98.00 | 4.50 | 2.65 | 4.09 | 58.58 |
| 凤凰 | 17.60 | 65.71 | 11.49 | 16.19 | 95.01 | 4.30 | 2.82 | 9.41 | 60.00 |
| 莲花 | 31.70 | 83.44 | 8.42 | 48.58 | 94.36 | 3.00 | 2.98 | 9.68 | 55.00 |
| 安远 | 20.05 | 65.69 | 14.70 | 57.89 | 97.80 | 3.50 | 3.10 | 11.66 | 47.19 |
| 于都 | 20.37 | 66.87 | 10.54 | 25.71 | 99.00 | 3.80 | 3.46 | 8.86 | 86.59 |
| 兴国 | 18.89 | 65.55 | 10.18 | 33.33 | 98.03 | 3.80 | 3.05 | 10.86 | 48.00 |

续表

| 三级指标 | 贫困人口减少速度（%） | 贫困人口人均纯收入增长速度（%） | 教育文化卫生支出占GDP比重（%） | 每万人拥有各种社会福利收养性单位床位数（张/万人） | 新农合参合率（%） | 城镇失业率（%） | 城乡收入比（%） | 整村推进覆盖率（%） | 培训劳动力当年人数占劳务输出人数的比例（%） |
|---|---|---|---|---|---|---|---|---|---|
| 井冈山 | 14.72 | 121.26 | 9.18 | 33.54 | 94.97 | 3.18 | 4.48 | 10.94 | 54.51 |
| 乐安 | 17.53 | 58.92 | 14.74 | 27.01 | 99.13 | 2.80 | 3.38 | 9.94 | 44.48 |

注：GDP增长速度、地方财政一般预算增长速度、规模以上工业总产值增长速度、贫困人口人均纯收入增长速度四项指标的计算以2010年为基期，劳动力占总人口的比重用从业人员数占总人口比重替代。